JN102951

あたらしい
国語科教育学の基礎

山元隆春／難波博孝
山元悦子／千々岩弘一

溪水社

はじめに

本書『あたらしい国語科教育学の基礎』は、次のような先行書を基礎としてつくられている。

①『国語科教育学の基礎』（一九九三年）

②『国語科教育学の基礎　改訂版』（一九九八年）

③『新・国語科教育学の基礎』（二〇〇〇年）

④『新訂　国語科教育学の基礎』（二〇一〇年）

①から④の共著者の一人であった森田信義先生（広島大学名誉教授）に最初の『国語科教育学の基礎』の構想をつくっていただいてから、気がつけば三〇年が経っている。いわゆる一つの「世代」が形成される時間が過ぎた。その最初の『国語科教育学の基礎』で国語科教育法を学んだ人たちは、既にそれぞれの職場で中堅というよりももう少し責任の重い立場にあると思われる。

三〇年のあいだには、四度の学習指導要領の改訂があり、また、教育の基礎となる法律も変わった。パーソナルコンピューターで仕事をすることが一般的になったばかりでなく、改訂のたびにネットワークの利便性が高まり、ソーシャル・ネットワーク・サービス抜きの生活は考えられないほどになった。読み書き聞く話す生活も再考を迫られている。そして、本書編集段階で、世界規模での「新型コロナウイルス」の感染拡大という事態に直面することになり、オンラインでの授業や会議をどのようにすすめるのかという大きな課題に、多くの教育者が取り組んでいる。

これまでの「普通」がもう「普通」ではない、という思いを多くの人が抱かざるをえない時代である。「読む」とは紙の本を読む行為だけに限定されるのか。スクリーンで「読む」ことは読む行為ではないのか。スマートフォンをタップすることは「書く」行為に含まれるのか。オンライン会議で、音声が遮断されたときに「チャット」で反応することは「話すこと・聞くこと」に含まれるのか。そもそも「チャット」機能を使った「話合い」は、どのような新しい話合いの可能性をひらくのか。『新訂　国語科教育学の基礎』を使っていただいたこの一〇年ほどのあいだに、教育・国語教育の将来的な課題として語られてきたこれらのことが、いまや現実的な課題となりつつある。しかし、そういう「ポスト・コロナ」「ウィズ・コロナ」的な課題に取り組む上で、言葉の力が基礎となることは疑えない。では、言葉の力をどのように育てていくのか。その育て方の「基礎」をつくっていくために、国語科教育法ではどういうことを扱えばいいのか。

まさしくそういう意味で「基礎・基本を忘れて流行に流されることのないように、また、基礎・基本を尊重しつつも時代に即応できるようにという難しい課題に対する取り組みの結果」であるという、『新訂　国語科教育学の基礎』の「はじめに」の言葉は、本書にもあてはまる。しかし、「課題」は「不易」の部分を含みながらも、状況に応じて考えなおしていかなければならない部分にも生じている。国語科教育を見つめなおし、問いなおしながら進んでいくことが何よりも大切である。本書を『あたらしい国語科教育学の基礎』と題したゆえんでもある。

『新訂　国語科教育学の基礎』から執筆者と構成に若干の変化はあるが、志は変わらない。出版にあたりご高配をたまわった溪水社・木村逸司社長と、編集担当の木村斉子さんにあつく御礼申し上げる次第である。

著者一同

二〇二〇年一〇月一日

目次

三 文学教育

四 説明的文章教育

五　読書教育

六 話す・聞く・話合いの教育

七 「言語要素・言語文化」の指導

あたらしい国語科教育学の基礎

一　国語科教育の目指すもの

1　「国語科」の目指すもの

これからの初等国語科教育は何を目指すのか。平成二〇年版の小学校学習指導要領の国語科の「目標」には次のように記されていた。

国語を適切に表現し正確に理解する能力を育成し、伝え合う力を高めるとともに、思考力や想像力及び言語感覚を養い、国語に対する関心を深め国語を尊重する態度を育てる。

①「国語を適切に表現し正確に理解する能力」、②「伝え合う力」、③「思考力や想像力及び言語感覚」、④「国語に対する関心」、⑥「国語を尊重する態度」の五つを育てることが国語という教科の目標であった。多少の異なりはあるものの、昭和五二年版小学校学習指導要領以来国語科全体の「目標」は基本的にこのようなかたちで記述されてきた。

平成二〇年版の小学校学習指導要領と平成二九年版の小学校学習指導要領とのあいだには、戦後の教育の歴史を大きく変える出来事があった。「教育基本法」と「学校教育法」の改訂である。平成一九（二〇〇七）年に改訂された「学校教育法」第四章「第三十条」には、「小学校における教育」について次のように記されている。

第三十条　小学校における教育は、前条に規定する目的を実現するために必要な程度において第二十一条各号に掲げる目標を達成するように行われるものとする。

②前項の場合においては、生涯にわたり学習する基盤が培われるよう、基礎的な知識及び技能を習得させるとともに、これらを活用して課題を解決するために必要な思考力、判断力、表現力その他の能力をはぐくみ、主体的に学習に取り組む態度を養うことに、特に意を用いなければならない。

「第三十条」第一項に言う「第二十一条各号に掲げる目標」のなかで、直接国語科に関わるものは第「五」号であり、そこには次のような「目標」が掲げられている。

五　読書に親しませ、生活に必要な国語を正しく理解し、使用する基礎的な能力を養うこと。

「読書に親しませる」ことと、「生活に必要な国語を正しく理解し、使用する基礎的な能力を養う」ことが「小学校における教育」の「目標」だとされている。

「学校教育法」のこうした考え方を受けながら、中央教育審議会で検討を重ねた末に答申された『幼稚園、小学校、中学校、高等学校及び特別支援学校の学習指導要領等の改善及び必要な方策等について』（平成二八年一二月）では、「「生きる力」をより具体化し、教育課程全体を通して育成を目指す資質・能力」として次の三つの「柱」が示された。

①「何を理解しているか、何ができるか（生きて働く「知識・技能」の習得）」

②「理解していること・できることをどう使うか（未知の状況にも対応できる「思考力・判断力・表現力等の育成）」

③「どのように社会・世界と関わり、よりよい人生を送るか（学びを人生や社会に生かそうとする「学びに向かう力、人間性等」の涵養）」

これらの「資質・能力」を国語科としてどのように意味づけ、位置づけることができるのか。平成二九年版小学校学習指導要領（国語）は、この①〜③の「資質・能力」を育てることをめざし、そのための具体的方策を提示したものである。中央教育審議会答申でここまで明確に「資質・能力」が示されたのははじめてのことである。

こうした経緯を経て、「社会に開かれた教育課程」を目指した平成二九年版の小学校学習指導要領の国語科において、その教科目標は、次のように記されることとなった。

言葉による見方・考え方を働かせ、言語活動を通して、国語で正確に理解し適切に表現する資質・能力を次のとおり育成することを目指す。

(1) 日常生活に必要な国語について、その特質を理解し適切に使うことができるようにする。

(2) 日常生活における人との関わりの中で伝え合う力を高め、思考力や想像力を養う。

(3) 言葉がもつよさを認識するとともに、言語感覚を養い、国語の大切さを自覚し、国語を尊重してその能力の向上を図る態度を養う。

目標の前段で「国語で正確に理解し適切に表現する資質・能力」が国語科で「育成」すべきものとして示された後、「次の通り育成することと」として、知識・技能、思考力・表現力・判断力等、態度という三つの角度から具体的に育成すべき「資質・能力」が明示されている。「学校教育法」の「第三十一条」②の文言では、その三つの「資質・能力」が「基礎的な知識及び技能」の「習得」、「習得」した「知識及び技能」を「活用して課題を解決するために必要な思考力、判断力、表現力その他の能力」の育成、そして「主体的に学習に取り組む態度を養うこと」というふうに表現されている。が、「学校教育法」における「生活」の指す範囲は、法の性質上、かなり幅広いものと思われ、考え方によっては「人生」と同義にとることすらできる。このため、平成二九年学習指導要領国語科においては、小学校が「日常生活」、中学校が「社会生活」、高等学校が「生涯にわたる社会生活」というふうに「生活」という語の前に「日常」「社会」「生涯にわたる社会」という語が置かれて、限定が加えられている。

従来の学習指導要領で「日常生活に必要な国語」というフレーズが用いられたのは、昭和三三（一九五八）年学習指導要領であり、その教科目標は次のようなものであった。

1　日常生活に必要な国語の能力を養い、思考力を伸ばし、心情を豊かにして、言語生活の向上を図る。
2　経験を広め、知識や情報を求め、また、楽しみを得るために、正しく語を聞き、文章を読む態度や技能を養う。
3　経験したこと、感じたこと、考えたことをまとめ、また、人に伝えるために正しくわかりやすく話をし文章に書く態度や技能を養う。

4　聞き話し読み書く能力をいっそう確実にするために、国語に対する関心や自覚をもつようにする。

この時点ではまだ「経験」という言葉が教科目標のなかで少なからず使われている。「日常生活」という語はそれ以来の復活（昭和四三（一九六八）年版では「日常」が省かれて「生活」となった）である。このたびは「経験」という語は伴っておらず、「日常生活」は子どもの身近な生活環境を指示する語として用いられている。その「日常生活」の内実も、一九五〇年代と現在とでは大きく異なっている。それだけに、「日常」の変化がクローズアップされていると考えることができるだろう。子どもたちを取り巻く言語環境の変化を意識しながら「日常生活に必要な国語」の内実を見極めていく必要がある。

また、平成二九年学習指導要領では、中央教育審議会答申を受け、「言葉による見方・考え方を働かせ、言語活動を通して」というふうに、「言葉による見方・考え方」「言語活動」が強調されている。答申では次のように述べられていた。

○国語科は、様々な事物、経験、思い、考え等をどのように言葉で理解し、どのように言葉で表現するか、という言葉を通じた理解や表現及びそこで用いられる言葉そのものを学習対象とするという特質を有している。それは、様々な事象の内容を自然科学や社会科学等の視点から理解することを直接の学習目的とするものではないことを意味している。

○事物、経験、思い、考え等を言葉で理解したり表現したりする際には、対象と言葉、言葉と言葉の関係を、創造的・論理的思考、感性・情緒、他者とのコミュニケーションの側面から、言葉の意味、働き、使い方等に着目して捉え、その関係性を問い直して意味付けるといったことが行われており、そのことを通して、自分の思いや考えを形成し深めることが、国語科における重要な学びであると考えられる。

○このため、自分の思いや考えを深めるため、対象と言葉、言葉と言葉の関係を、言葉の意味、働き、使い方等に着目して捉え、その関係性を問い直して意味付けることを、「言葉による見方・考え方」として整理することができる。(1)

「学校教育法」「第二十一条」五号では「生活に必要な国語を正しく理解し、使用する基礎的な能力を養うこと」とされていた。「理解」して「使用」することができるように指導や支援を進めるためには、言葉を使うことによって人が身につけることのできる認識能力(認知能力)の内実を明らかにしていく必要がある。その認識能力(認知能力)こそ、答申本文に言う「言葉による見方・考え方」であり、エリン・オリヴァー・キーンの言う理解方略(理解するための方法)はその中核に位置づけられるものとなるだろう。(2)さらに、「第二十一条」五号が「読書に親しませ」というフレーズから始められていることをないがしろにすることはできない。「生活に必要な国語を正しく理解し、使用する基礎的な能力」の根源に「読書」があるということを明示したものとみなすことができる。小学校国語科における「読書」の位置を考える上でも重要なことである。

2　平成二九年版小学校学習指導要領(国語)の仕組み

このような経緯で改訂された平成二九年版小学校学習指導要領(国語)の領域構造は、平成二〇年版のそれとは大きく異なっている。各学年の「2　内容」の項目に従って示すと次のようになる。

〔知識及び技能〕
(1)言葉の特徴や使い方に関する事項
(2)情報の扱い方に関する事項
(3)我が国の言語文化に関する事項（この事項に「読書」が含まれることとなった。）
〔思考力、判断力、表現力等〕
A　話すこと・聞くこと
B　書くこと
C　読むこと

〔知識及び技能〕と〔思考力、判断力、表現力等〕は、教科目標の後段に記されている(1)と(2)にあたる。この二つの「資質・能力」について、従来通り、小学校の低学年（一・二年生）、中学年（三・四年生）、高学年（五・六年）の二学年ごとに指導の「内容」が示されている。平成二〇年版小学校学習指導要領（国語）領域構造と比較してみると、三つの「領域」が〔思考力、判断力、表現力等〕の下位項目A、B、Cとなり、〔伝統的な言語文化と国語の特質に関する事項〕の内容が〔知識及び技能〕のとくに(1)と(2)に反映されている。ただ、〔知識及び技能〕の(2)に置かれた「情報の扱い方に関する事項」は、平成二九年版小学校学習指導要領（国語）で新設されたものであり、教材・指導法・評価法の開発を新たに進めていく必要のある項目である。なお、「学校教育法」に記されているもう一つの「資質・能力」である「学びに向かう力、人間性等」については、「解説」のなかに次のように記されている。

「学びに向かう力、人間性等」については、教科及び学年等の目標においてまとめて示し、指導事項のまとまりごとに示すことはしていない。教科及び学年等の目標において挙げられている態度等を養うことにより、「知識及び技能」と「思考力、判断力、表現力等」の育成が一層充実することが期待される。

すなわち、教科目標の(3)「言葉がもつよさを認識するとともに、言語感覚を養い、国語の大切さを自覚し、国語を尊重してその能力の向上を図る態度を養う」がこれにあたり、学年目標でもその三項目に記載がある。

3　平成二九年版小学校学習指導要領（国語）の示す国語科授業像

本書の各章では、従来の国語科教育学で展開されてきた各領域の研究を概観し、小学校国語科授業をつくるための基礎的な知識や情報を提示するものである。詳しい授業のつくり方についてはそれぞれの章を参照いただくこととして、ここでは、新しい学習指導要領をふまえると、どのような国語科授業・国語科学習指導の姿が見えてくるのかということを考えてみたい。

(1)　暗記・復唱や語り直しに替わる、生きて働く〔知識及び技能〕の学び方を探る

「資質・能力」の三つの柱①の「何を理解しているか、何ができるか（生きて働く「知識・技能」の習得）」（平成二九年版の学習指導要領（国語）では〔知識及び技能〕）を、国語科で扱う読み・書きに即して言えば、読み手や書き手が言葉を認識し、流暢に読むのを助ける一連の技能と方法のことである。[3] 未知の語を識別したり、流暢に読んだり、語・文・文章の配置や構成の仕方を理解したりするためには、そうした技能と方法を身につけておくことが必

要である。

個別の「知識」や「技能」の暗記や語り直しだけで十分な成果は期待できない。「技能」を集めたワークブックのドリル練習で身につく力が「資質・能力」のアを実際に使って成果を得る力にはならないからである。ひたすら読んだり、書いたりする経験のなかで「知識」や「技能」を使わせる時間が必要となる。

また、「何を理解しているか、何ができるか」を明らかにすることは、「何を理解していないか、何ができないか」ということを明らかにすることでもある。その見極めができることもこの「資質・能力」の一部であると言えるだろう。[4] 学びは既知と未知とのあいだの行為なのだから、学習者に既知と未知との見極めができるようにしていくことは大変重要なことである。そのために、教師は、学習者が「理解している」ことや「できること」を「承認」し、そのことを前提として、「理解していないこと」「できないこと」を「手を添えながら」教え、そのうえで、「理解することができたこと」「できるようになったこと」を「承認」する隣人となる必要がある。[5]

(2) 〔知識及び技能〕を「使う」成果としての〔思考力・判断力・表現力等〕の育成

「資質・能力」の三つの柱②の「理解していること・できることをどう使うか（未知の状況にも対応できる「思考力・判断力・表現力等」の育成）」（平成二九年版の学習指導要領（国語）では〔思考力・判断力・表現力等〕）については「問題発見・解決」「協働的問題解決」のために必要な「思考力・判断力・表現力等」の育成が鍵となる。たとえば、ティム・ブラウンの言う「デザイン思考」[6]の過程は、この②の学習イメージを与えてくれる。

「デザイン思考」とは人間を物語の中心に据える、人間中心のデザインを求める思考だが、そこで重視される要素は「洞察」（insight）「観察」（observation）「共感」（empathy）の三つである。ブラウンは「洞察」と「観察」は不即不離の関係にあると言う。「洞察」はじっくり頭のなかで考えて「発見する」ことであり、「観察」は対象や問題を多角的にしっかりと「見る」ことだと言っていいだろう。[7]ブラウンの言う「洞察」「観察」とは、いろいろな現場に赴いてそこで人々が日常生活をどのようにやりくりしているのかをよく見極め、「人々のすること（しないこと）に目を向け、言うこと（言わないこと）に耳を傾ける」ことだ。そして、自身の先入観を排し、問題をじっくりと時間をかけて考えようとする態度のことである。

また、ブラウンは、対象に「共感」することが大切であるとも言う。「共感」とは「観察対象の人々と根本的なレベルでつながり合う」ことである。「デザイン思考」は「洞察」「観察」「共感」という過程を通して、「問題発見・開発」「協働的問題解決」のプロセスで働かせなければならない「思考力・判断力・表現力等」の姿を示している。

この②は既知・既有の知識や技能を活用することを言っているようだが、それだけではない。読み手や書き手が、筋を捉えたり、ヒントになるアイディアを深く理解したり、自分の理解を拡張して応用するための理解を助けたりする一連の技能と方法[8]として、それらをいかせるようにしていかなくてはならないのである。つまり、「洞察」「観察」「共感」を経て新しい価値を創造するための力を育成することを重んじた「要素」であると考えられる。そして、既知・既有の知識や技能を「使う」ことで、新しく何がわかったか、得られたかということに焦点化されていると考えられる。だから、「使う」ことができたかどうかに目を向けてばかりいると、「使う」こと自体の魅力を学習者が実感しにくくなるかもしれない。それだけに、意味づけたり、関連づけたり、優れた読み手・書き手となってその技能を使うことで「使う」ことの価値が学習者に実感されるようにしていく必要がある。

(3) 読み・書きをいかした人生を送るヴィジョンを持つこと

「資質・能力」の三つの柱③についてはどうだろうか。「どのように社会・世界と関わり、よりよい人生を送るか」（平成二九年版の学習指導要領（国語）では「学びに向かう力、人間性等」）という課題は人を育てようとする者にとっての共通の課題である。

平成二九年版小学校学習指導要領（国語）においてこの③に関する指導事項は設定されていないが、「知識及び技能」と「思考力、判断力、表現力等」を育成する前提として教科目標・学年目標に位置づけられている。この「資質・能力」を育てるためには、読み・書きをいかした人生を送るために必要な体験をさせる学習が必要である。学習者が自ら選んだ本や文章について自分たちの考えたことを話し合う、ブッククラブやリテラチャー・サークルなど、「ソーシャル読書」[9]の実践は「学びに向かう力」を育て、読み・書きをいかした人生を送るための有力な基盤になり、「読書に親しむ」人を育てる環境（読む文化）をつくり上げることである。

「ソーシャル読書」は、誰かと話し合うことの楽しさ・歓びに突き動かされながら、それに取り組むなかで、「関連づける」「質問する」「イメージを描く」「推測する」「何が大切かを見極める」「解釈する」「修正しながら意味をとらえる」という「理解するための方法（理解方略）」の使いこなす機会と場を子どもに教え、読み・書きをいかした人生を送るための源になる。

たとえば、「何が大切かを見極める」という「理解するための方法」を使って読む場合、ノートのページの左半分に自分がその本や文章で大事だと考えた箇所を選んで書く。そして、右半分にはそれぞれの箇所について自分が大事だと考えて選んだ理由や、大事なところを選ぶにあたってじっくり考えて発見したことを書く。話し合う内容はこのように「何が大切かを見極め」ようとして各自が選んだ箇所やその理由や発見したことについて、ということになる。つまり書き言葉によって自分の思考をとらえて、それぞれがとらえた事柄の共通点と相違点を共有することで、一人読みで気づいたことをさらに深め広げるのである。

このようにして本や文章について話し合うことは「メタ認知」能力を育てる。なぜ「メタ認知」が必要か。それは、実践したことの意味づけを行うためである。意味づけをするから、どこを修正していけばこれまでと違った成果があらわれるかを想定することができる。「できた」ことや「できなかった」ことにどんな意味があるのかを当事者が考えた時、深い思考がその人の内部に成り立つ。このようにしてもたらされる、成長し続けるためには何が必要かということを考え続ける知性とでもいうべきものが、言葉の教育を通して育てなければならない大切な「資質・能力」である。それは「国語教育」に関する中央教育審議会答申の「目的や意図に応じて情報を整理して文章にすること、筆者の意図を想定しながら文章全体の構成や表現の工夫を捉えることなどに課題がある」（八五ページ）という指摘に応えていくことでもある。

注

（1）中央教育審議会『幼稚園、小学校、中学校、高等学校及び特別支援学校の学習指導要領等の改善及び必要な方策等について（答申）』（平成二八年一二月二一日）一二六頁
https://www.mext.go.jp/b_menu/shingi/chukyo/chukyo0/toushin/__icsFiles/afieldfile/2017/01/10/1380902_0.pdf

（2）エリン・オリヴァー・キーン『理解するってどういうこと?――「わかる」ための方法と「わかる」ことで得られる宝物――』（山元隆春・吉田新一郎訳、新曜社、二〇一四年）の「付録A」に「優れた読者が理解するための七つの方法」として示されている。

（3）前掲キーン『理解するってどういうこと?』の第5章で「表面の認識方法」（文字と音声、語彙、構文の三つの領域があります）とされているもの。

（4）その「資質・能力」とは、スティーブン・デスーザ／ダイアナ・レナー『「無知」の技法――不確実な世界を生き抜くための思考変革――』（上原裕美子訳、日本実業出版社、二〇一五年）に言う「『ない』を受容する力（negative ability）」かもしれない。「『ない』を受容する力」とは、カップは満たすものであるはずなのに「カップをからっぽにする」、目を開けているから見ることができるのに「見るために目を閉じる」、まったく何があるかわからない「闇に飛び込む」、慣れないから楽しめないのが普通のはずなのに「『未知のもの』を楽しむ」といった行為をするときに発揮される力である。そのことを通してたくさんの

発見とこの世界を生きる知恵が生まれると著者たちは言う。

（5）松沢哲郎『想像するちから──チンパンジーが教えてくれた人間の心──』（岩波書店、二〇一一年）には、チンパンジーにはない人間独自の力として、未来を想像し希望を持つことができることと、「うなずく」「微笑む」「ほめる」ことで認め、手を添えながら、教えるということが挙げられている（一四〇ページ）。

（6）ティム・ブラウン『デザイン思考が世界を変える──イノベーションを導く新しい考え方──』（千葉敏生訳、ハヤカワ・ノンフィクション文庫、二〇一四年）

（7）フィリップ・ヤノウィン『学力をのばす美術鑑賞──ヴィジュアル・シンキング・ストラテジーズ──』（京都造形芸術大学アート・コミュニケーション研究センター訳、淡交社、二〇一五年）には、認知心理学者アビゲイル・ハウゼンとともにヤノウィンらがつくり上げたＶＴＳ（ヴィジュアル・シンキング・ストラテジーズ）のプログラムが示されている。ＶＴＳでは、「静かにじっくりみること」から始められ、①この作品の中で、どんな出来事が起きているでしょうか？　②作品のどこからそう思いましたか？　③もっと発見はありますか？という問いが続く（四三ページ）。「理解していること・できること」を使った「成果」を意識していくためにも重要である。

（8）前掲キーン『理解するってどういうこと？』の第5章で「深い認識方法」（意味づけ、関連づけ、優れた読み手・書き手となる、の三つの領域があります）とされているもの。

（9）次のような著書がその手引きとなる。吉田新一郎『読書がさらに楽しくなるブッククラブ』（新評論、二〇一三年）、ジェニ・ポラック・デイほか『本を読んで語り合うリテラチャー・サークル実践入門』（山元隆春訳、溪水社、二〇一三年）、プロジェクト・ワークショップ編『読書家の時間』（新評論、二〇一四年）、浜本純逸監修・赤萩千恵子編著『白熱！「中学読書プロジェクト」』（学事出版、二〇一六年）。なお「ソーシャル読書」とは『白熱！「中学読書プロジェクト」』の序文で監修者の浜本純逸が使った用語である。

二　書くことの教育

1　〈書く〉という行為を見つめてみよう

「感謝と慰めの言葉は手紙で贈ろう」ということばを聞いたことがあるだろうか。ありがとうや励ましの気持ちを書いて贈る効果を指摘したことばである。しかし、手紙や葉書を書くことは今や珍しいものになった。親しい友達や家族はもちろん、少し改まった内容を目上の人に伝えることさえメールですませる時代である。このような状況のなかで、小学校において鉛筆で紙に文字を書くスタイルで教えられる〈書く〉という行為は、何を目指して、どのような内容を扱うのであろうか。

はじめに、〈書く〉という行為を見つめてみよう。まず手紙や葉書。書いている間は相手のことを考え、何を伝えようかと少し改まって自分と向きあう気持ちになる。また、書くことによって漠とした心の中の想が言葉の形になり、整理されていくこともある。メモや言葉の連想マップを書くことでアイデアが生まれることもあるだろう。意見文やプレゼンテーションの原稿などは、自分の考えを筋道立てて説得力を持たせながら他者に伝える書きものである。報告書や記録簿は、したことや出来事を整理し、多くの人と広く共有するために書かれるものだ。

このように見ていくと、書くことは、伝達機能や思考整理機能などを持つことがわかる。小学校に入学したての子どもたちにとって、書くことは文字が書けるようになることから始まり、話し言葉を土台としながら、覚えたばかりの文字を使って自分の思いを書き言葉で表現することへ進んでいく。そこには、相手にわかるように気をつけながら、自分の思いを頭の中で整理し順序立て表現していく意識が必要になってくる。中学年になれば、メモを書いたり、言葉マップなどのスキルを使って考えを整理することを覚え、高学年になると、様々なジャンルとスタイルの文章表現を学び、書きこなせるように学んでいく。特に、自分の考えを根拠を示しながら説得力のある表現にまとめていく力を育てることは重要である。このようにして、諸々の媒体を使って考えを発出していく自在な書き手に子どもたちを育てていくことが、書くことの教育の要諦なのである。

2　書くことはどのように教えられてきたか

日本の書くことの教育には、かつて「綴り方教育」という名のもとに、国語科教育の枠を超えて、芸術（児童詩）創作・生活教育の理念のなかで展開してきた伝統がある。本節では、日本の書くことの教育の歴史をたどり、視野を広げていこう。

明治期（尋常小学校期一八八六・明治一九年〜一九四一・昭和一六年）の教育において、綴り方に関する動きで注目されるのは、随意選題論争である。これは、随意選題（いわゆる自由作文）を主張する芦田恵之助（東京高等師範学校訓導）と、系統的な技能練習を重んじる友納友次郎（広島高等師範学校附属小学校訓導）との間でなされた論争で、両者の綴り方指導観の違いが現れた論争であった。大正一〇年一月に小倉（福岡）で行われた講演の中で、芦田は、系統に沿って計画的に教えようとするのは立案者の気休めであり、教師の文章観に照らして児童の自然な発達を導いていくのが王道だとする。一方、友納は、綴り方は技能科であり、綴る技能を養うために一定の練習順序が必要だと主張した。この立場の違いは、何をどう教え育てるのかという指導観の違いを示したものであり、両者の力点の相違は、普遍的な問題を扱ったものであろう。

大正期において見逃してはならないのは、『「赤い鳥」綴り方』の登場である。「赤い鳥」とは、鈴木三重吉主宰の児童文芸雑誌で、大正七年から昭和一一年（途中昭和四年から五年休刊）まで一九六冊発刊されている。鈴木は、創刊号の中で、「芸術として真価ある純麗な童話と童謡を創作する運動を起こす」ことを目指すと述べ、ありのままを書くという綴り方観に立って、広く児童の「作文・綴り方」を募集した。「赤い鳥」には、刊行中一五三作が掲載されている。その中のひとつを紹介しよう。

ぼたん　　藪田小高二　大石くに

夕日の光にてらされた
ぼたんは赤く光ってる
光りながら　うごいて
花びら一枚
おちた。

子どもの持つ純粋無垢な感性を尊ぶ童心主義に立って、このような作品が生まれていった。鈴木の興味は児童文学（童謡・童話）の創出であり、選評を務めた詩人北原白秋の趣向もあって感覚的詠嘆を描くものが多かったといわれている。この「赤い鳥」に対して、子どもの作品はもっと子どもらしくあるものだという立場から、一九二九（昭和四）年に雑誌「綴り方生活」が創刊される。これは教師向けの雑誌であるが、子どもの詩は子どもたちの生活を見つめるためのものであるという綴り方観に立った雑誌である。この趣旨に傾倒した各地の綴り方教師によって、子どもの詩を掲載した雑誌が、一九三〇年以降次々に生まれていった。それらの雑誌に掲載された詩を紹介しよう。

たね　　　　北海道小一　阿部ひろし

せんせい　せんせい
ほうせんかのたねは
まるくて　ちゃいろで
じんたんみたいだね
こんな　たねから
はなが　さくのかなあ。　（「日本の子ども」より）

児童詩教育は、生活綴り方運動と連動して日本に広がり、児童の豊かな情操を養いながら生活現実を見つめる目を育てることを標榜して進められていった。しかし、満州事変（一九三一・昭和七年）を契機に高まった国家主義による弾圧を受け、生活綴り方教育の推進者である国分一太郎・村山俊太郎・寒川道夫らの熱心な教師は投獄され、これらの雑誌もすべて廃刊となった。しかし、戦後、児童詩教育は徐々に復活し、一九五〇・昭和二五年には、戦前の生活綴り方の理念を継承した、日本作文の会が誕生する。日本作文の会は、『作文と教育』誌（一九五〇年創刊）を発刊し、「すべての子どもに生活に根ざした表現と生きる力を」をスローガンに、現在（二〇二〇・令和二年）に至るまで、全国から寄せられた児童の作文や詩を機関誌に掲載している。

第二次世界大戦後（一九四五・昭和二〇年）、日本に民主主義がもたらされ、新教育が始まる。アメリカのコースオブスタディを参考にして作成された学習指導要領に則って進められることになった新教育のなかで、民主社会に必要な社会的通じ合いの機能に着目した書くことの指導が生まれる。言語生活的作文である。それは原稿用紙に向かって詩や作文を書き綴るという通念を打破し、広く言語生活で営まれる様々な書く活動を視野に入れた作文指導観であった。この作文観に立てば、メモや学級日誌、学級新聞、ポスターなども書くことの指導の範疇に入る。

このような作文観を打ち出した著書には、倉澤栄吉『機会と場を生かす作文指導』（一九七六・昭和五一年　新光閣書店）や、高森邦明『言語生活的作文の指導』（一九八四・昭和五九年　文化書房博文社）がある。特に、青木幹勇『第三の書く　読むために書く　書くために読む』（一九八六・昭和六一年　国土社）は注目される。青木の「第三の書く」とは、第一の書くを書写とし、第二の書くを作文と位置づけ、第三の書く活動として、視写・筆答・書き込み・書き抜き・書き足し・書き広げ・書きまとめ・寸感寸評・図式化を挙げている。これらの書く行為は、文章を読み解く手がかりとして行う書く活動である。青木の論は、書くことの指導を正面から扱ったものではないが、書く活動を広く捉えているため、書く行為への視野を広げることに貢献したといえよう。

短作文を通して指導することを提唱したのは、大西道雄（一九九一・平成三年）である。短作文による指導は、四〇〇字を超えない分量を目安とし、創構の仕方や特定の技能の習得を狙って、一段落程度の文章を書くというものである。目的をもって、誰に向かって何をどのような表現で書くかを明確に意識しながら短く書くことで、焦点化された内容を教えることを目指している。短作文を通して教えるという大西の作文指導論もまた、書くことの指導を多様化させる裾野を開いた。

まとまった作文を書く指導に関しては、終戦後、書く行為の過程にそって、主題（創構）・構想（構成・アウトライン）・叙述（文法・用語・文字・表記）・推敲（批正）の四段階を踏まえて作文指導を進めることが導入された。昭和二二（一九四七）年版学習指導要領国語科編（試案）には、取材・構想・記述・批正の項目によって学習指導が段階的に示されている。このような段階に分けた指導は、森岡健二『文章構成法』（一九六九・昭和四四年）によっていっそう普及した。森岡は、アメリカにおいて「コンポジション理論」として体系化されていた文章表現過程論を下敷きに、文章構成の方法を詳述している。これは一連の文章作成過程ではあるが、書くという行為はすべてこの段取りを踏んで順番に進められるわけではない。しかしこの順序だてた段階論は、作文の指導過程論としても広まり、系統的に整備され精緻化されていった。例えば、構成の指導については、序論・本論・結論、頭括型・双括型・尾括型を始め、トゥールミンモデルのような主張・理由・根拠を基本単位とした論理的展開をもつ構成等の指導が広まっていった。また、主題を生み出す指導については、インベンション（創構）に着目した研究や実践がある。インベンションとは、想（アイデア・考え）の創出と組織化に関する概念であり、どんな材料を使って何を書くのかについての基礎論となる。そのほか、マッピングを用いて発想を拡充し整理する方法（塚田泰彦　二〇〇五・平成一七年）の提唱も注目される。

一方、森田信義（一九八九・平成元年）は、書くことの教育は文章表現力を育てると共に、認識力を育てる働きもあると主張した。また、西郷竹彦は、作文指導の目的を、認識の方法と表現の方法を一体的に扱うことで、文学と同様に児童のものの見方や考え方を深め育てていくことであると主張した（一九八七・昭和六二年）。西郷は認識の方法を次のように整理している。

観点／比較（分析・総合）／順序・過程・展開・変化・発展／理由・原因・根拠／類別（分類・区別・特徴）／条件・仮定・予想／構造（形態）・関係・機能・還元／選択（効果・工夫）・変換／仮説・模式／関連・相関（連環）・類推

（『〈文芸研〉新国語教育事典』西郷竹彦監修・文芸教育研究協議会著　二〇〇五・平成一七年　明治図書　一一ページ）

両者の主張は、書くという表現活動を支える思考や認識に目を向け、書く活動の表層である文章表現過程を深層で支える認知活動に着目したものであった。一九八〇年代以降の認知革命といわれる学問のパラダイム転換が国語教育界にももたらされ、書く行為の深層にある認知プロセスの究明は今後も進展していくであろう。それを念頭に置いた実践の創出も期待される。書く行為の社会的な機能を効果的に使いこなせるように児童を育てていくと共に、その基底を支える児童の認識力を高め、書くことが児童の全人的成長につながるような書くことの教育が進みつつある。

3　小学校学習指導要領国語編の変遷にみる書くことの学習内容

戦後（一九四五・昭和二五年）の教育は、文部省（現在の文部科学省）が告示する学習指導要領の内容を基準として進められることとなった。そこで、ここでは、学習指導要領の「書くこと」領域について、その変遷をたどりながら、平成二九（二〇一七）年版（令和二年度より実施）小学校学習指導要領国語編へ至る流れを示しておきたい。

戦後の日本に導入された民主主義教育は、国語教育を広く言語生活を視野に入れたものへと変化させていった。そのため昭和二二（一九四七）年版小学校学習指導要領には、1年生では、「家庭から学校へ持ってくるものを忘れないようにノートに書かせる」「図画工作の作品に簡単な説明を書かせる」のような、学校生活のなかで必要となる書く活動が示されている。学習内容は、1から3学年、4から6学年に分けて示されている。低学年の発達段階は、前期発達段階（1年から2年前期まで）と後期発達段階（2年後期から3年まで）に分けられており、低学年では経験を順序立てて書くことが目指され、学校行事や動物の飼育・植物の成長観察を絵日記に書くことが示されている。高学年では、長文が書けるようになるため、場面をよく思い出して行動・会話・写生（描写）によって詳しく書くことが求められている。実用的な文章としては、学級日誌・学校新聞、手紙が挙げられ、併せて創作も位置づけられている。また、話すことと連動させて書く「口頭作文」が推奨されていることが着目される。総じて、社会科などの教科と連携させて学習をまとめたり、感想を書いたり、今後の計画を書く等、学校生活における書くことの値打ちを実体験を通して実感し、幅広い書きものを書くことが内容となっている。

昭和二六（一九五二）年版学習指導要領（試案）は、二二年版の趣旨をふまえつつ、国語能力表が加えられた。書くことの能力は次のような内容で示されている（太字・傍線は引用者による）。

一年

1　文字で書くことに興味がわいてくる。
2　簡単な**口頭作文**ができる。
3　自分で書いた絵に、簡単な説明をつけることができる。
4　家庭への伝言など、簡単なメモを書くことができる。
5　自分の行動や身辺のできごとなどについて、簡単な文を書くことができる。

二年

1　生活を主とした絵日記を書くことができる。
2　簡単な絵話を書くことができる。
3　感情のこもった短い文を書くことができる。

4 身近な生活の報告や記録を主とした簡単な文を書くことができる。
5 親しい友だちや先生などに簡単な手紙を書くことができる。
6 簡単な礼状や招待状を書くことができる。
7 **順序正しい筋の通った文**を書くことができる。
8 **お互の作文を読み合って楽しむ**ことができる。
9 文の時の使い分けができる。
10 てんや、まるをうつことができる。

三年

1 飼育栽培などの長期にわたる記録が書ける。
2 簡単な紙しばいの台本が書ける。
3 日記・手紙・報告などを書くために、その素材をまとめることができる。
4 児童会やクラブ活動に必要な情報を、短い文にまとめることができる。
5 **文を詳しくするために、必要なことばを書き加えることができる**。
6 **文の筋をはっきりさせるために、不必要なことばを削ることができる**。
7 自分の作品を整理したり、文集をつくったりすることができる。
8 新しいことばを使用する興味が出てくる。
9 ことばの正しい使い方の基礎ができる。
10 **よく推考することができる**。
11 **自分の作文や人の作文について、評価を始める**。

12　文字のほかの諸記号の使い方がわかる。

四年

1　読んだ本について、その荒筋や感想が書ける。
2　いろいろな行事についての標語や宣伝・広告の文が書ける。
3　見学、調査などの簡単な報告の文が書ける。
4　ゲームの解説や作業計画などについて、説明の文を書くことができる。
5　児童詩をつくることができる。
6　物語や脚本を書くことができる。
7　**多角的に取材して、**まとまりのある生活日記を書くことができる。
8　**文の組立を考えて、段落のはっきりした文を書くことができる。**
9　敬体と常体との使い分けをすることができる。

五年

1　調査や研究をまとめて、記録や報告の文が書ける。
2　児童会やクラブ活動などのいろいろな会の、簡単な議事録をつくることができる。
3　注文・依頼・お礼など、いろいろな用件に応じた手紙が書ける。
4　電文が書ける。
5　書いたり話したりするために、素材を整えて簡単な筋書きをすることができる。
6　**一つの文を補記したり、省略したりして、主題のいっそうはっきりした文にすることができる。**
7　**小見出しをつけて、文を書くことができる。**

8 方言を区別して書くことができる。
9 敬語を適切に使って、文を書くことができる。
10 適切な語を選ぶ能力が高まってくる。
11 語いが増大してくる。
12 表現が創造的になってくる。
13 多くの作品を読んで、書く能力を高めることができる。

六年

1 映画・演劇・放送などについて、感想や意見を書くことができる。
2 **自分の意見を効果的に発言するために、原稿を書くことができる。**
3 **自分の生活を反省し、文を書くことによって思索することができる。**
4 読んだ本について紹介・鑑賞・批評の文を書くことができる。
5 学校の内外の諸活動に必要なきまりを書くことができる。
6 学校新聞を編集することができる。

この能力表をみれば、児童の書く力をどのような方向に伸ばそうとしていたかがわかる。書くことの教育内容として、学校生活で必要な諸々の文種が挙げられていることにまず気づくが、単に書く文種を広げるだけではなく、傍線を伏した部分に示されているように、取材・構成・表現の練り直し（詳述・略述・推敲）という表現過程を念頭に置いた内容や、書くことによる思索も配慮されている点にも留意したい。

昭和三三（一九五八）年・昭和四三（一九六八）年版小学校学習指導要領国語科では、書くことの教育の目標が、「経験したこと、感じたこと、考えたことをまとめ、また、人に伝えるために、正しくわかりやすく話をし、文章に書く態度や技能を養う」とされ、社会生活に必要な諸々の文種を書くことを内容とする示し方が減少し、簡略なものとなっている。昭和五二（一九七七）年版小学校国語学習指導要領は、内容については昭和三三年・四三年版と大きな変化はない。この期の学習指導要領は領域の示し方が表現・理解と改められ、書くことの指導内容は話すことと併せて扱われたため、より簡略なものになっている。

平成一〇（一九九八）年版小学校学習指導要領国語科の目標には、新たに「伝え合う力を高めるとともに」という文言が付加された。そのため、相手意識や目的意識をはっきりさせて書くことが目指され、具体的な言語活動例（お礼状や学級新聞を書く等）が示された。このように、平成一〇年版は、改定の趣旨は異なるものの、昭和二二年版に近似する内容となっている。戦後第二の教育改革といわれるゆえんである。以下にその内容を示しておこう（平成一〇版小学校学習指導要領から、内容は二学年ごとにまとめて示されている）。

	相手・目的意識 選材・取材	構成	記述	推敲
第1・2学年	ア　相手や目的を考えながら、書くこと。 イ　書こうとする題材に必要な事柄を集めること。	ウ　自分の考えが明確になるように、簡単な組立てを考えること。 エ　事柄の順序を考えながら、語と語や文と文との続き方に注意して書くこと。		オ　文章を読み返す習慣を付けるとともに、間違いなどに注意すること。
第3・4学年	ア　相手や目的に応じて、適切に書くこと。 イ　書く必要のある事柄を収	ウ　自分の考えが明確になるように、段落相互の関係を考えること。 エ　書こうとする事の中心を明確		オ　文章のよいところを見付けたり、間違いなどを正したり

	集したり選択したりすること。	にしながら、段落と段落との続き方に注意して書くこと。		すること。
第5・6学年	ア　目的や意図に応じて、自分の考えを効果的に書くこと。 イ　全体を見通して、書く必要のある事柄を整理すること。	ウ　自分の考えを明確に表現するため、文章全体の組立ての効果を考えること。	エ　事象と感想、意見などを区別するとともに、目的や意図に応じて簡単に書いたり詳しく書いたりすること。	オ　表現の効果などについて確かめたり工夫したりすること

内容の取り扱い

・第1学年及び第2学年

絵に言葉を入れること、伝えたい事を簡単な手紙などに書くこと、先生や身近な人などに尋ねた事をまとめること、観察した事を文などに表すことなど

・第3学年及び第4学年

手紙を書くこと、自分の疑問に思った事などについて調べてまとめること、経験した事を記録文や学級新聞などに表すことなど

・第5学年及び第6学年

礼状や依頼状などの手紙を書くこと、自分の課題について調べてまとまった文章に表すこと、経験した事をまとまった記録や報告にすることなど

平成二九（二〇一七）年三月告示（令和二年度より実施）の小学校学習指導要領の改訂では、教育課程が「資質・

能力」による編成に改められ、「知識及び技能」と「思考力・判断力・表現力等」の枠が設けられた。〈書くこと〉領域は、「思考力・判断力・表現力等」の下位に位置づけられることになったのである。従って、書くことの学習は、目的を持って読んだり、話し合ったりしながら（思考）、考えたことを整理し（判断）、書いて表現する（表現）過程で営まれる書く活動すべてを視野に入れた学習となった。例えば、線を引いたりメモを書きながら読んだり、言葉マップや付箋を書いて考えを整理したり、ポスターや新聞などの諸々の媒体を書いて発信するといった三つの過程（思考・判断・表現過程）すべてに渡って営まれる学習という扱いとなったのである。

平成二九年版学習指導要領の国語科の目標は、次のように示されている。

目標

言葉による見方・考え方を働かせ、言語活動を通して、国語で正確に理解し適切に表現する資質・能力を次のとおり育成することを目指す。

(1) 日常生活に必要な国語について、その特質を理解し適切に使うことができるようにする。

(2) 日常生活における人との関わりの中で伝え合う力を高め、思考力や想像力を養う。

(3) 言葉がもつよさを認識するとともに、言語感覚を養い、国語の大切さを自覚し、国語を尊重してその能力の向上を図る態度を養う。

戦後最初の学習指導要領国語編（一九四七・昭和二二年）には、「言語生活」という文言がみられるが、ここではそれに近似した「日常生活」という文言が再び選ばれている。児童の生活、とりわけ言葉に関する生活事象に目を向けた指導が目指されているのである。例えば、日常生活における人とのやりとりの中で、人の話を受容的に聞き、相手に伝わるように話す意識、言葉遣いに気を付けて話そうとする意識、生活で使う言葉を大切にする心を育てることがそれにあたる。書くことに関していえば、日常生活に必要な書きものが書けるように指導し、様々な言語スキルを適切に使うことができるようにすることが目指されている。では、具体的な内容を見てみよう。

	相手・目的意識 選材・取材	構成	記述	推敲	意見感想交流
第1・2学年	ア 経験したことや想像したことなどから書くことを見付け、必要な事柄を集めたり確かめたりして、伝えたいことを明確にすること。	イ 自分の思いや考えが明確になるように、事柄の順序に沿って簡単な構成を考えること。	ウ 語と語や文と文との続き方に注意しながら、内容のまとまりが分かるように書き表し方を工夫すること。	エ 文章を読み返す習慣を付けるとともに、間違いを正したり、語と語や文と文との続き方を確かめたりすること。	オ 文章に対する感想を伝え合い、自分の文章の内容や表現のよいところを見付けること。
第3・4学年	ア 相手や目的を意識して、経験したことや想像したことなどから書くことを選び、集めた材料を比較したり分類したりして、伝えたいことを明確にすること。	イ 書く内容の中心を明確にし、内容のまとまりで段落をつくったり、段落相互の関係に注意したりして、文章の構成を考えること。	ウ 自分の考えとそれを支える理由や事例との関係を明確にして、書き表し方を工夫すること。	エ 間違いを正したり、相手や目的を意識した表現になっているかを確かめたりして、文や文章を整えること。	オ 書こうとしたことが明確になっているかなど、文章に対する感想や意見を伝え合い、自分の文章のよいところを見付けること。

第5・6学年
ア　目的や意図に応じて、感じたことや考えたことなどから書くことを選び、集めた材料を分類したり関係付けたりして、伝えたいことを明確にすること。
イ　筋道の通った文章となるように、文章全体の構成や展開を考えること。
ウ　目的や意図に応じて簡単に書いたり詳しく書いたりするとともに、事実と感想、意見とを区別して書いたりするなど、自分の考えが伝わるように書き表し方を工夫すること。
エ　引用したり、図表やグラフなどを用いたりして、自分の考えが伝わるように書き表し方を工夫すること。 オ　文章全体の構成や書き表し方などに着目して、文や文章を整えること。
カ　文章全体の構成や展開が明確になっているかなど、文章に対する感想や意見を伝え合い、自分の文章のよいところを見付けること。

例示されている言語活動

・第1学年及び第2学年

ア　身近なことや経験したことを報告したり、観察したことを記録したりするなど、見聞きしたことを書く活動

イ　日記や手紙を書くなど、思ったことや伝えたいことを書く活動

ウ　簡単な物語をつくるなど、感じたことや想像したことを書く活動

・第3学年及び第4学年

ア　調べたことをまとめて報告するなど、事実やそれを基に考えたことを書く活動

イ　行事の案内やお礼の文章を書くなど、伝えたいことを手紙に書く活動

ウ　詩や物語をつくるなど、感じたことや想像したことを書く活動

・第5学年及び第6学年

ア　事象を説明したり意見を述べたりするなど、考えたことや伝えたいことを書く活動

イ　短歌や俳句をつくるなど、感じたことや想像したことを書く活動

ウ　事実や経験を基に、感じたり考えたりしたことや自分にとっての意味について文章に書く活動

これらの内容は、これまでの学習指導要領の内容をほぼ踏襲し、諸々の文種が書けるように、また、どんな内容を（**取材**）、どんな**構成**で、どんな**表現**を使って書くか、そして書いたものを読み返して感想や意見を伝え合って吟味する（**推敲**）という表現過程を踏まえたものになっている。このような柱によって内容が螺旋的にレベルアップするよう意図されていることがわかる。

また、平成二九年版小学校学習指導要領国語編から、知識・技能に関する内容の中に、「情報の扱い方に関する事項」が盛り込まれた。その理由について、『小学校学習指導要領解説　国語編』には次のように述べられている。

「急速に情報化が進展する社会において、様々な媒体の中から必要な情報を取り出したり、情報同士の関係を分かりやすく整理したり、発信したい情報を様々な手段で表現したりすることが求められている（引用者中略）。話や文章に含まれている情報を取り出して整理したり、その関係を捉えたりすることが、話や文章を正確に理解することにつながり、また、自分のもつ情報を整理して、その関係を分かりやすく明確にすることが、話や文章で適切に表現することにつながるため、このような情報の扱い方に関する「知識及び技能」は国語科において育成すべき重要な資質・能力の一つである。こうした資質・能力の育成に向け、「情報の扱い方に関する事項」を新設した。この事項は、「情報と情報との関係」と「情報の整理」の二つの内容で構成し、

系統的に示している。」

この二つの内容は、次のように説明されている。

「**○情報と情報との関係**

情報と情報との様々な関係に関する事項である。各領域における「思考力、判断力、表現力等」を育成する上では、話や文章に含まれている情報と情報との関係を捉えて理解したり、自分のもつ情報と情報との関係を明確にして話や文章で表現したりすることが重要になる。このため、平成二〇年告示の学習指導要領では「A話すこと・聞くこと」、「B書くこと」、「C読むこと」の各領域において示していた内容も含まれている。今回の改訂では、話したり聞いたり書いたり読んだりするために共通して必要となる「知識及び技能」として改めて整理し、基本的なものを取り上げて系統的に示している。

第1学年及び第2学年

共通、相違、事柄の順序など情報と情報との関係について理解すること。

第3学年及び第4学年

考えとそれを支える理由や事例、全体と中心など情報と情報との関係について理解すること。

第5学年及び第6学年

原因と結果など情報と情報との関係について理解すること。

○情報の整理

情報の整理に関する事項である。情報を取り出したり活用したりする際に行う整理の仕方やそのための具体的な手段について示している。こうした「知識及び技能」を、言語活動の中で使うことができるようにすることが重要である。

第1学年及び第2学年

（引用者注：なし）

第3学年及び第4学年

比較や分類の仕方、必要な語句などの書き留め方、引用の仕方や出典の示し方、辞書や事典の使い方を理解し使うこと。

第5学年及び第6学年

情報と情報との関係付けの仕方、図などによる語句と語句との関係の表し方を理解し使うこと。」

（『小学校学習指導要領解説　国語編』一一三ページ）

ここに挙げられたものは、書く活動を営む上で、考えを生み出したり、整理する際の思考の進め方を例示したものとも位置づけられよう。これらの、考えを生み出したり関係づけたり、整理する思考様式を更に詳述しておこう。

・順序立てて物事を捉える（時間の順序　空間の順序　因果の順序）
・比較・分類・構造化（マッピングで広げ、出たアイデアを構造的に整理する　いくつかのことから共通するものを取り出したり共通点で束ねる）
・考えを展開させる思考（……といえば　もし、……ならば　それだったらこうも言える）
・考えを収束させる思考（具体例を一般化する　総括する）

・主張・理由・根拠で考える（三角ロジックを用いて整理する）
・関係づける（複数の事柄を関連させたり、ある対象に関係するものを見いだしたりする）
・推論（帰納的推論　演繹的推論　例：事例一と事例二から言えることは……）
・条件的思考（……に限って言えば　……の場合は……で、……の場合は、……だ）
・具体化と一般化（具体例で考えたり、抽象化したり、全体から俯瞰する　例：学級の問題を学校全体の視点から捉える）。いくつかの考えを束ね、見出しや考えをくくる言葉を考える）
・多面的思考（それまでになかった視点を出す　例：「〇〇の立場から見ると」、「逆から言うと」と考えていく）
・分析（話題を分節化・分解して捉え、それぞれを順序立てて考えていく。例：課題追究をするために何を考えればよいか手順をいくつかに分けて整理する）

これらの思考を働かせながら、辞書や事典から情報を引き出し、引用したり図表化したりして書いて（発信して）いく力を育てることが、新たに求められているのである。

4　書くことの指導方法

書くことの学習を始めるにあたってどのような指導方法を選ぶかは、教師が書くことの意義をどう捉えているか、言い換えれば教師の文章観にかかっている。教師の側にビジョンがあってこそ、それに向けてどう導くかが定まるからである。ここではまずそのことを確認したうえで、ビジョンに向けて様々な指導を行うための視野を広げておこう。

書くことの指導については、次の三つの柱で考えることが有効である。

(1) 年間の指導を見据えた全般的なカリキュラムデザインを描く。
(2) 単元構成や学習活動を構想する際のポイントを踏まえる。
(3) 文種（ジャンル）の特性に応じて、効果的な単元展開を構想し、指導し得るスキルはなにか、それをどのようなタイミングで教えるかを決める。

(1) 年間の指導を見据えた全般的なカリキュラムデザインを描く

国語の学習は、国語の教科書を使って行うものだという指導観は不十分である。言葉の学習は、教室でやりとりされる児童の言葉と教師の言葉が媒材となって営まれると考えるべきであろう。なかでも、聞く力や話し合う力の指導は日常の絶え間ない継続的積み上げが不可欠であるが、書くことの指導にも日常的継続的に働きかける側面は見逃せない。

年間を通したカリキュラムをデザインするにあたっては、①学校生活、②学級生活、③国語教科書に用意された単元、④特定の書くスキルを取り立てて指導する学習の四つの視点を持つとよい。

①学校生活に書く機会を見いだす

日常生活に生きて働く書く力を育てるためには、児童の学校生活の中で、書く必然性のある話題を選び、状況にマッチしたスタイルの書きもの（文種）を選ぶとよい。例えば、登下校を安全にするために、通学路の安全マップを作る。新入生のために、学校の特別教室案内リーフレットを書くなどである。学習活動をレイアウトするにあたっては、児童が意欲的にとりくめること、目的と相手が明確であること、書くにあたって必要となる書き方スキルをタイムリーに教えること、そして書いたものが実際に活用されることが肝要である。教科横断的なカリキュラムマネージメントの視点が求められる。

②学級生活に書く機会を設ける

教室には様々な書く機会がある。飼育日記・係活動の記録簿・コミュニケーションボード（何かに関するコメントを出し合って貼っておくホワイトボード）・えんぴつ対談・読んだ本の紹介コーナー・班日記・学級文集など。書くことによって豊かに広がるコミュニケーション文化があることや、書くことで記録を残す意義を知るよい機会が学級生活にはある。機を逃さず生かしていきたい。

③国語教科書に用意された単元や書くスキルを学ぶ学習材を活用する

G社教科書「みんなと学ぶ　小学校国語」（二〇一九・平成三一年二月二五日　検定済）をみてみよう。六年間の書くことに関する単元の内容と系統がわかり、書くためのスキルの学習がどのように設けられているのかが理解できる。また、これらの単元や学習活動は、その単元や学習活動の直前にある読むことの学習活動等に関連付けて配列されており、より学習効果をもたらすよう配慮されていることにも留意したい。

なお、表中の記号の意味は次の通り。

□継続活動
●学習単元
◎創作活動
○伝えるコミュニケーション活動
◇スキル学習

小学1年生	ひらがな 濁点（濁音符）／半濁点（半濁音符）／促音／長音／拗音 主語述語で文を作り、カルタにして遊ぶ ●昨日したことを思い出してみんなに話し、先生がそれを黒板上で書き言葉に改めたものを書き写す（口頭作文） 次に自分で書いてみる 読点／句点／数の漢字（一から十） ●絵日記を書く ●伝えたいことをカードに書き出し、みんなの前で話す かたかな ●観察日記を書く（学校で見つけた生き物や花木を見て、気付いたことをカードに書き、カードを見ながら、場所・数・動き・色・大きさ・形をくわしく書く） ●調べて書こう（乗り物を調べ、表に
小学3年生	□自分だけのノートを作ろう ●調べて書こう　食べ物のひみつを探ろう（直前にある説明文「ミラクルミルク」で学んだ「段落」を使って書く）ねらい：調べたことを基に内容のまとまりを考えて説明する文章を書く ●見つけたことを書こう（直前にある説明文「合図としるし」で学んだ「段落同士の関係」を意識して書く）ねらい：まとまりを考えて説明する文章を書く ●様子をくわしく書こう（毎日の出来事の中で伝えたいことを選び、表にまとめてそれをもとに書く　読み直して推敲しみんなで読みあい、よい所を見つけあう）ねらい：出来事と自分の思いを整理して様子をくわしく書く ●調べて書こう（身の回りの疑問について調べ、組み立てを考えて書く　書いた後は読み直す　例：本に付いているラベ
小学5年生	□自分だけのノートを作ろう ●意見文を書こう（二つの投書を読み比べ、自分の意見と根拠・予想される反論を考えて意見文を書く）ねらい：構成や書き方を工夫して説得力のある意見文を書く ●調べて書こう（直前にある説明文「『一本』から見える数え方の世界」で学んだ、図表にまとめながら論を進める書き方を使って、言葉について調べたこと　例：「数詞〈頭と匹〉の使い分け」についてレポートを書く）ねらい：調べたことについて図表を使いながら、事実と意見を区別して書く

乗り物の働きと作りをまとめ、それをもとに書く） ●日記を書く（冬休みの間に日記を書く） ●順序よく書く（したことの順序や思ったことがわかるように書き、読みあって感想を伝える　例：おふろそうじ） ◎想像を広げて書く（擬音語擬態語を使った文を作り、それを使って短いお話を作る） ◇レッスン　文章の書き方まとめ方 　句点・読点・かぎのつけ方 ・ふり返り　一年生をふり返り、頑張ったことやこれからも続けたいことを書く	ルの意味）ねらい：はじめ・中・終わりの組み立てを考えて報告文を書く ◎物語を書く（写真から想像を広げて物語を作る） ◎詩を作る（豊かに表現するために他のものになりきって詩を作り、読みあう） ○言葉をおくろう　案内状・お礼の手紙の書き方を学ぶ ◇レッスン　文章の書き方まとめ方 （推敲の記号を使って推敲する） ◇レッスン　考えのまとめ方広げ方 　考えをカードに書き出して分類し、まとまりごとに名前を付ける　思いついた事柄をつないで発想を発展させる ◇レッスン　文章の書き方まとめ方 　話題・問題提起・事例・まとめを意識して説明文を書く ・ふり返り、学びに向かう　学習を通して、ためになったことやこれからも続けたいことを書く	◎人物をいきいきと描き出そう 　脚本を書く（読んだことのある物語を脚本に書き変え、読みあったり演じたりして楽しむ） ◎俳句・短歌を作る（豊かに表現するためにその時感じたことに心の目を向けて、一つ一つの言葉やリズムを考えて作る） ○言葉をおくろう 　手紙の書き方を学ぶ ◇レッスン　文章の書き方まとめ方 　頭括型・尾括型・双括型の文章構成を学ぶ ・ふり返り、学びに向かう　学習を通して、新たに気づいたことやこれから取りくんでみたいことを書く

小学2年生	□ことばあつめ □たねあつめ「ことば発見カード」「たねカード」を作って作文を書くときに役立てよう ●今日を残そう　いろいろな日記を書こう（発見日記・やったね日記・ありがとう日記の中から選んで日記を書く） ●調べて書こう（直前にある説明文「ほたるの一生」で学んだ時間の順序と様子をつなげて読むことを活かし、生き物の一生を調べてカードに整理し、それをもとに説明する文章を書く）ねらい：順序がわかる言葉を使ってわかりやすく説明する文章を書く ●様子がわかるように書こう（生活を書き留めたたねカードの中から友達や先生家族に紹介する文章を書く）ねらい：したことの様子や思ったことがわかるように順序よく書く　例：お母さんとケーキを作ったよ
小学4年生	●見学したことを新聞にまとめよう（社会見学でクリーンセンターに行くために取材カード・記録カードを作り、資料と併せて整理して新聞にまとめる）ねらい：見たこと聞いたことを整理し、伝えたいことの中心を明らかにして書く ●文化の違いを調べて書く（世界の「おせち」を調べ、表に整理して文章に書き、読み合ってよいところを伝え合う）ねらい：わかりやすく伝わるように、事例のまとまりに気をつけて書く ●クラブの紹介チラシを作ろう（クラブ活動を紹介する、キャッチコピーをつけた横書きチラシを作る）ねらい：伝えたいことを明確にするための効果的な表し方を考え、紹介文を書く ◎想像を広げよう　これであなたも作家になれる（四コマ漫画を物語の始まり・続き・転換・終わりに並べ、書き出しを工夫したり会話など入れながら
小学6年生	●提案する文章を書いて伝えよう　日本の魅力、再発見（日本の魅力は何か、イメージマップを使って考えをひろげ、テーマを選んで資料を集めて整理し、構成を考えながら提案原稿を書く　書いたものを資料やフリップを使いながら提案する）ねらい：自分の意見の根拠となる資料を集め、文章にまとめて提案する　例：日本の魅力「和食」 ●今の気持ちを書き残そう　自分を見つめてみよう（卒業を控え、今感じていることや考えていることを自由な形式で書く）　ねらい：自分が考えていることや、それが自分にとってどんな意味を持つか、自分の見方や考え方を再発見する ◎豊かに表現しよう　連詩を作る（連詩とは何かを説明した文章を読んだ後、グループで連詩を作る）ねらい：言葉を通して人とつながりあう

●比べて書こう（レモンとみかんを観点立てて比べる表を作り、横書き文章にまとめる。読み返して確かめる）ねらい：二つのものを比べてわかったことを、組み立てを考えながら文章にまとめる

●調べて書こう（直前にある説明文「とべとべ回れ」で学んだ、作り方を確かめながら読むことを活かし、おもちゃの作り方について説明する文章を書く）ねらい：順序がわかることばを使って、作り方を説明する文章を書く

◎豊かに表現しよう　したことをいきいきと詩に書く（したことを音や様子を表すことばを使って書く　例：おふろそうじをしたよ）◎想像を広げよう　何があったのかな（二枚の絵を見比べ、間に起こった出来事を想像して伝え合う）

◇レッスン　文章の書き方まとめ方
　書き出しを工夫しよう（文章の書き出しを書き直し、読みたくなるような作文に書きかえる）

◇レッスン　文章の書き方まとめ方

物語を作り、読み合う）

○言葉をおくろう　お礼状の書き方を学ぶ（社会見学に行った先の方に、季節の挨拶、お礼の気持ち、末尾の書き方を整えて書く）

◇レッスン　文章の書き方まとめ方
新聞の作り方を学び、新聞を作る（見出し・割り付け・写真を入れる等）

◇レッスン　文章の書き方まとめ方
文章のまとまりと分かりやすさ（一

○言葉をおくろう　電子メールで質問しよう（調べ学習などで問い合わせる場合を想定して、電子メールの文体、形式、言葉遣いを学ぶ）

◇レッスン　文章の書き方まとめ方
様々な表現の工夫（「卒業式」谷川俊太郎を例に、表現技法（対句・反復・倒置・比喩・擬人法・仕掛け・空所）を学ぶ

◇レッスン　文章の書き方まとめ方

原稿用紙の使い方 ◇レッスン　文章の書き方まとめ方 組み立てを考えよう（はじめ・なか・おわりを意識して文を並べ替える） ・ふりかえり 二年生をふり返って国語の勉強で頑張ったことやこれからも続けたいことを書く	文を短くする・「はじめ・中・終わり」が分かるように段落を分ける） ・ふりかえり、学びに向かう 国語の勉強で、ためになったことやこれからも続けたいことを書く	文章構成の効果を考える（例文を比べながら、統括・尾括、事実・推論・結論、主張・根拠・事例・反論・反論への意見・結論の構成を学ぶ） ・ふりかえり、学びに向かう 学習をふり返って改めて考えたことや、社会に目を向けて取り組んでいきたいことを書く

④書くために必要なスキルを取り出して指導する学習活動

書くために必要なスキルとは、例えば次のようなものである。

・発想を耕すスキル（ことばマップ・マンダラ図等の思考ツールを使う）
・思考を整理するスキル（付箋・マトリックス・ピラミッドチャート・ベン図などの思考ツールを使う）
・考えを組み立てるスキル（順序よく書く、はじめ・中・終わりのまとまりを意識して書く、主張・理由・根拠、統括型・双括型・尾括型、トゥールミンモデルなどの構成スタイルを学ぶ）
・いきいきと描写するスキル（見たこと・したこと・聞こえたこと等五感を働かせて書く、擬態語・擬音語を使う）
・精述・略述のスキル（詳しくするために描写や事例を補いながら書く・簡単にするために削って書く）
・引用のスキル（引用部分はかぎかっこをつける、出典を明記する、文章をそのまま書き写す）
・新聞や報告文に必要なスキル（カードへ情報を取り出す、横書きスタイル、図表の入れ方、見出しをつける）

これらのスキルを学ぶ学習を、単元展開の中に機会を捉えて織り込み、学習や生活に生きて働くスキルとして定着を図りたい。

(2) 単元構成や学習活動を構想する際のポイントを踏まえる

児童の日常生活に生きて働く書く力を育てるというビジョンをもって単元や学習活動を構想するためには、まず日常生活である学校生活や学級生活上の機会を生かす視点と、書く学習活動に必然性を持たせることを意識しよう。これが単元を作り、学習活動を構想するためにをスタートポイントとなる。例えば、登下校を安全にするために通学路の安全マップを作ったり、社会見学の時に職員の方のお話を上手にメモできるようにメモの書き方を学ぼうなど、学校生活や他教科学習と関連させせながら書く学習を設計していくのが望ましい。

第二のポイントは、日常的に継続して指導する視点を持つことである。日常的な指導が必要なのは、書いて表現することにやりがいを感じる情意面の指導と、日常生活を見つめる目と心を耕す指導である。自分が書いて表現したことを受けとめてもらえる喜びや、書いたことによって相手に伝わった達成感が、書くことへの意欲ややりがいを生み出す。それが児童の書く生活の定着を促し、日常を繊細に捉える認識の目を育てていくのである。

日常的な指導には、書く種ノート（取材活動）、リレー式班日記、読書郵便などが有効である。書く種ノートを作ることで、生活の中に書く種を見つけるために細かな目と心で生活を見つめる態度を養うことが期待できる。班日記を班のメンバーで回して書き合い、今日の出来事や思ったことや話題をリレーでつないで書いていき、読み合う。これは、自分が書いたものを友達が受けとめ、対面でかわす話し言葉とは質の違う書き言葉で思いをつなぎ返してくれるという、書くことによる心の交流の場を作ることになる。読書郵便は、読んで面白かったお勧め本について葉書サイズの紹介文を書き、郵便ポストに入れ、誰かに送る（例えば、「気持ちが沈んでいる人へ」）活動である。読んだ本を媒介にして、児童間に書くことを通した共感的感情の伝え合いの場を作ることができる。

日常的な指導はマンネリ化しがちであるので、常に新しい工夫や、意欲的な児童の取組みを紹介し、他の児童へ広げていくことに留意したい。

第三のポイントは、書いたものを生活に生かすことである。例えば、日めくりことわざカレンダーを学級のみんなで分担して書いたとすれば、そのカレンダーは教室の大切な掲示物として扱われるなど、書いたことに達成感があり、書きがいのある状況を作っておかなければならない。

第四のポイントは、書くという表現過程に即した指導を念頭に置くことである。書く時に辿る過程とは、想の創出→取材→構成→表現→相互批正と推敲→交流という過程を指す。読んでもらう相手、目的、文種（ジャンル）を意識しながらこの書く過程を進めていくように学習活動を組み立てる。この過程は必ずしも一本線で順序よく進めると考えなくてもよい。まず尊重されるべきは児童の問題意識に貫かれた必然的な学習過程となっているかどうかである。教師は書く過程を配慮しながら多様な学習展開を周到に作っていくのである。

相互批正や、批正を経たのちの推敲（書いたものの見直し）活動としては、例えば、サンプル文章と自分の文章との比較、お互いの書いたものに対するコメントカードの交わしあい、試しの発表会をしてアドバイスしあうなどの学習活動を経て、改めて書き直す時間をとるような単元展開が考えられる。また、交流活動は、展示会や掲示ボードにコメントをもらう等、書いた（作った）ことに達成感が得られ、楽しめるものが望ましい。

第五のポイントは、読むことの学習や話す・聞くことの学習など、あらゆる学習に書く活動を組み込むことである。書くことには、思考を促し、整理する働きがある。これを生かし、書くことによって考えが開けていくことを実感させたい。例えば、文章を読むときに書く活動をどう生かすかについて、青木幹勇の『第三の書く』（一九八六・昭和六一年）には次のような活動が提案されている。これをもとにして説明しよう。

視写・筆答・書き込み・書き抜き・書き足し・書き広げ・書きまとめ・寸感寸評・図式化

視写とは、文章を書き写すことで、教師が板書に書く活動と児童がノートに書く活動が同時並行に行われる。同じスピードで板書とノートに文章が書かれていく。そこに黙読や音読では届かない文章理解の世界が広がる。

筆答は、問いに対する考えをすぐ口頭で発表するのではなく、まず書いてから話すことを指す。じっくり自分と向きあって、考えをことばにする時間が保証される。

書き込みは、文章を読む際に、直感的な寸感、疑問、自分の解釈をサイドラインを引いて短く書き込むことを指す。文章と対話しながら読んでいく足跡を残すのである。

書き抜きは、文章理解のための要点を書き抜くものである。例えば、問題提起部分と結論部分や、人物の性格や心情が読み取れる部分などを書き抜いてみる。

書き足しは、文章の中で省略されている部分やあえて書かれていない部分を捉えて、そこにことばを書き足す活動である。

書き広げは、省略されている部分を補うのではなく、積極的に想像を巡らせて、人物のつぶやきを吹き出しに書いたり、会話を想像して作ってみたり、続き物語を書いたりする活動である。

書きまとめは、文章を要約したり、要旨をまとめたり、登場人物像を適切なことばを使って集約するような活動を指す。

寸感寸評は、一〇〇字から二〇〇字程度で、読みながら捉えた疑問や感動などをある程度まとまった文章として書いておくことを指す。

図表化は、文章の内容を図や表に表すことである。物語の星座図(1)、物語の展開地図、人物関係図、文章構造図、伝記を年表に書き換えるなどがある。

このほかにも、えんぴつ対談も有効な方法である。考えたい話題や話題に関して、二人で書き合いながら考えを展開し掘り下げていく方法で、話し言葉による対話より、じっくりと考えを進め、相手を意識しながら考えを言葉にしていくことが促せる。

これらの書く活動はいずれも、書くことによって自分の考えを引き出したり、構造化して整理したり、思考を展開したり集約させる働きを促すものである。これらを積極的に活用し、書くことのもたらす多様な効果を児童に体得させる機会を設けることが肝要である。

(3) 文種（ジャンル）の特性に応じて、効果的な単元展開を構想し、指導し得るスキルはなにか、それをどのようなタイミングで教えるかを決める

どのような文種（ジャンル）が指導内容として想定されるのかを小学校国語教科書掲載の事例をもとに整理しておこう。

文種（ジャンル）

・創作　想像したことを書く　物語　詩　短歌・俳句
　例：連詩作り　続き物語を書く　写真から想像したことを書く

・論理的な文章　観察記録　説明文　報告文　意見文　レポート　提案文
　例：朝顔の観察日記　おもちゃの作り方を説明します　ごみ焼却場見学報告　数詞「匹」と「頭」の使い分けについて（レポート）　バリアフリー社会に向けて提案したいこと

・社会的な文章　案内状　お礼の手紙　メール　依頼状　ポスター　パンフレット　リーフレット
　例：手洗い励行ポスター　メールで質問を送る　図表やインタビュー記事を用いた新聞　図書館祭りの案内状

・思索的文章　感じたことを書く　日記　読書感想を書く　鑑賞文　随筆
例：お母さんの仕事　ぼくの飼っているポチ　心落ち着く場所　私の好きな絵　私を元気にしてくれる曲　六年間の思い出　私を支えてくれた○○　僕たちはなぜ学校へ行くのか

これらの文種すべてを扱わなければならないと考える必要はないが、①書くことに関する知識や技能を、使えるスキルとして獲得させ、②社会に出て必要な諸々の文種を書きこなし、③筋道立てて考えを作り発信する思考力を育て、④書くことで自分と向き合い深く考える思慮深さを養うことを目指して、適宜選択しながら指導に臨みたい。

(4) 事例紹介

○ 写真から想像したことを書く（参考：『みんなと学ぶ小学校国語　三年下』学校図書11　学図304）

学習活動

①写真から分かることを出し合おう
何が見えますか。どのようなことに気がつきますか。
季節・時間・場所

②写真の前後を想像して出し合い、連想したことを伝えて広げあおう

③物語を作ってみよう
設定（場所、時間、状況）登場人物　人物同士の

関係
書き出し　山場　結末
したことや会話　周りの様子　描写なども入れましょう
④物語が出来たらみんなで読みあい、よいところを伝えよう
この学習を通して、どのようなスキルが指導できるか考えてみよう。

5　書く力をどう評価するか

書く力の評価は、できあがった表現物に対してのみなされるべきではない。書く表現過程ごとの評価や、単元展開の中で習得を狙ったスキルが獲得されているかについての評価、書くことの値打ちを体得しているかに関する評価等に渡って、ねらった内容が習得され、生活に生きて働く力となっているかを評価することこそ肝要となる。

評価のあり方として現在進められているのは観点別評価である。平成二〇（二〇〇八）年版の学習指導要領から始まった四観点（「関心意欲態度」・「思考判断表現」・「技能」・「知識理解」）を設けた評価は、平成二九（二〇一七）年告示の学習指導要領に三つの観点（「知識・技能」「思考・判断・表現」「主体的に学習に取り組む態度」）に改訂された。この観点別評価が導入されて以来、評価の規準（評価の観点によって示された子どもにつけたい力を、より具体的な姿として表したもの）と基準（習得状況の程度をあらわす指標を、数値（1・2・3）、記号（A・B・C）、または文章表記で示したもの）を設け、目標に準拠した評価を行うことが始まった。このような系統的な評価の網の目を設けておくことは必要である。ただし、この既にある枠組によって評価をくだすことが万全だと考えるべきではないだろう。一年間を通して、どのような単元や学校生活の中で機会を捉えて獲得させていくかを念頭に置いて指導を進

め、その中でどのような知識技能、思考力、態度が育ったのかを見取っていくボトムアップ型の評価が実際的かつ効果的な評価方法であろう。観点を設けた評価は、その指導が学校教育目標の大綱にてらして偏りなく実施されているかを保証するための見取り図（指標）のような役割なのである。

また、書く力は、単元を通して一律の到達目標を立て、目標に準拠した評価をすべての児童に施すことになじまない側面がある。というのも、いかに表現するかは、その児童の個性の発現であるからだ。その子らしい物の見方や感じ方を大切に扱い、個性を丸ごと受けとめ、伸ばしていく構えで見取る（評価する）ことも欠かせない。それが教育的評価のあるべき姿であろう。

ポートフォリオ評価も書くことの評価には有効に働く。学習活動の経過や、集めた資料を一冊のファイルとして整理し、ポートフォリオを作成すること自体が、書くことがもたらす創造的営みだからである。児童と教師が共に作っていくポートフォリオを評価の窓口とすることにも積極的に取り組んでいきたい。

(1) 評価のための枠組例

次に掲げたのは、日本作文の会『作文指導系統案集成』に収録された「文章表現体系試案」（国分一太郎一九六一・昭和三六年）である。これは、日本の綴り方（作文）教育の伝統を継承してきた日本作文の会の指導者的存在である国分一太郎[2]によって作成された。内容は、過去の出来事・現在の事象・説明（二種）・意見・呼びかけ（伝達）の六種で構成され、それらが、取材・構想・記述・推敲過程によって細分化されている。これによってどのような内容を指導するのかという評価の枠組が定まり、ぶれない意図的な指導が可能になる。特に着目したいのは、表現スキル（技術）と共に、物の見方・考え方の指導に関して項を立てている点である。個性的な見方を推奨したり、自分で考えて主張することの大切さを知ることなどが指導内容として掲げられているのである。ここに児

推こう指導	綴ったあとの指導	
	物の見方・考え方	表現技術
・マルをちゃんとつけてあるか ・テン（、）のつけかたはよいか ・「　」に，はなしがはいっているか ・ぬけ字がないか ・くりかえしがないか ・よみかえすくせをつける	・他人の話や文章のおもしろいところを指摘しあう ・自分の似た経験を出しあう ・ちがう経験も出しあう ・発見や感動に注目させる	・「それから」「そして」「ので」などでつなぐつなぎ方 ・原稿用紙に清書させながらマス目のつかい方を教える ・過去形について意識させる
・よくわかるように書いてあるか	・こまかい観察，新鮮な見方をほめあげる ・みんなのをプリントや文集にならべてやる	・「います」「しています」の書き方 ・「している」「ある」の書き方 ・行わけのし方
・前後のくいちがいはないか ・よくわかるように書いてあるか	・よく考え，よくまとめているところをほめあう ・よく説明しているところをほめてやる ・わからない点を質問しあう	・あるとき，ある場所であったこと，いつものことをまぜないように ・ただし，この混同はきびしくとがめない
	・勉強したことも書くことが大切	
	・相手を意識して表現意欲をおこすように	

小学校低学年

(1)＼(2)	取材の指導	構想の指導	記述の指導
過去にあったことを過去形で書く力をつけるために	・きのうのことを口頭発表させる ・見たこと，したこと，きいたこと，あったことを自由にどしどし書かせる ・あそびのことをよけいに書かせる ・「私は×月×日に生まれました」と大過去のことも書かせる	・「はじめ」「なか」「おわり」のある話になるようにうながす ・できごとの順序にしたがって書くように ・教科書やプリントの文章で，段落意識を自然にもたせていく	・教師が子どもの話を，口で文章のように言ってやる ・よく思いだしながら書くように ・人の言ったことも入れさせる ・「しました」「いました」形式を主として ・「した」「いった」体についても知らせる
現在進行形で書く力をつけるために	・山や野原や海に紙をもっていって，バラバラに「います」「あります」「しています」と写させるしごと ・同上をスケッチした詩のように書かせる		・現在形で書くことを文例によって教える
長い間にわたる経験を説明風に書く力をつけるために	・「ぼくのからだ」「わたしのもちもの」について書かせる ・「うちの人」「ぼくの友だち」などについて課題して書かせる	・書くことがらをきめさせ，すきなことから，順々に書かせる	・「です・ます」体の書き方 ・「だ・である」体の書き方（全部に要求できない ・ひとつのことを書きおわったら段落をきる（二年）
新しく獲得した知識や経験を説明風に書く力をつけるために	・「私は×××の本をよみました」の課題作 ・「こんな勉強をしました」と勉強のことを書かせる		・「それで」「すると」などのつなぎコトバに注意させる
評論風，思索風，主張する風に書く力をつけるために			
他に呼びかけ，たのむように書く力をつけるために	・先生やおかあさんに知らせるつもりで書く ・先生や母や友だちへてがみをかく		・「……ですよ」の書き方 ・「してください」の書き方

推こう指導	綴ったあとの指導	
	物の見方・考え方	表現技術
・マルとテンとカギはついているか ・誤字脱字がないか ・かなづかいはよいか ・「だ・である」体と「です・ます」体がまじっていないか	・ほんとうに書きたくてたまらないことはどこか ・個性的な見方をほめあげる ・部分的，一面的な見方について吟味する ・感情のゆれうごきについて吟味する	・過去形で文章を書きすすめる方法 ・段落のつけ方について ・いちばん書きたいことをくわしく書くこと ・概念的な書き方の克服 ・普通文と敬体
・過去形と現在形のごちゃまぜはないか ・コトバの先だけでなく事実で書いているか	・よい観察をすると，ものごとの真実がつかめることについて ・新鮮な個性的な見方について	・過去形の文章の部分にあらわれた現在形のところを指摘してほめる ・過去形と現在形のちがいについて自覚させる
・説明していることが，よくわかるだろうか ・文章のすじみちがとおっているか	・長い間にわたることを反省してみる習慣をつけるべきこと ・すこし抽象化して，まとめることについて	・文脈のとおらぬところの吟味 ・描写風のところと説明風のところのちがいについて
	・事実から学ぶことのほかに，文化から学ぶことが大切なことに関して話し合いをする ・正確さについて	
・すじがとおっているかどうか ・自分だけにしかわからぬところはないか	・ウソを書かぬこと ・コトバでかざらず，思ったとおりを外に出すように ・自分で考え主張することの大切さについて	・すじのとおし方について ・「……だろう」「かも知れない」などの表現について
・普通のいい方と，ていねいないい方について	・文章をみんなのなかに生かすことのいみについて	・「呼びかけ」「たのみ」の文体について

小学校中学年

(1) ／ (2)	取材の指導	構想の指導	記述の指導
過去にあったことを過去形で書く力をつけるために	・生活経験のなかで，書きたくてたまらないことをどしどし書かせる ・題材を学校生活のこと家庭生活のこと，社会のこととひろげさせる ・「うれしかったこと」「くやしかったこと」「はらのたったこと」というように心理の内面にも取材を向けさせる	「はじめ」「なか」「おわり」の意識をさらに強めさせる 事件や行動の時間的順序にしたがって書くことを徹底させる ・中心点をきめる ・「はじめ」の部分，なかの部分を段落にわけさせる	・よく思いだしながら，うんとくわしく書かせる。すこし平板になってもかまわない ・「会話」の入れ方をたくみにさせる ・文脈がよくとおるように注意させる ・つなぎコトバに気をつけさせる ・自分のコトバで書くことをやかましくいう
現在進行形で書く力をつけるために	・スケッチしにいく ・スケッチするつもりで見てきて，それを，いま進行しているように書きとめる ・継続観察の記録をつくる ・写生詩をかかせる	・書くことがらをきめて，そのならべ方の順序を考える。	・「風が吹く」「吹いている」の書き方について教える。 ・段落をきちんとさせて書く ・読む人の目に情景がうかぶようにかく ・自分の心をどこにおいてかくか
長い間にわたる経験を説明風に書く力をつけるために	・課題作（例，いつも考えていること，困っていること） 自由作のときも，長い間の経験から，何かをまとめて説明風に書く習慣をつけさせる ・文例を示して暗示する	・文章に入れることがらをきめさせる ・その順序を考えて組み立てさせる ・1，2，3，4と小節に分けて書くことを教える（小見出しもつけさせる）	・文例を示して「だ・である・です・ます」式の書き方を教えてから書かせる ・文の末尾に注意しながら書かせる
新しく獲得した知識を説明風に書く力をつけるために	・本で知ったことや勉強でわかったことからも題材をえらばせる ・学習してわかったことを確認するつもりで書かせる	・書くことをよくまとめさせて，その順序をきめさせる ・いちばん大事なところをおさえさせる	・目の前によむ人がいるとおもってそれに話しかけるように書く ・必要な図解なども入れさせる
評論風，思索風，主張する風に書く力をつけるために	・「もしも何々だったら」「大きくなったら」というような題でかかせる ・先生やみんなの前に主張したい事も書かせる ・日記に考えを入れさせる	・言いたいことの中心をきめさせる ・それを「はじめ」に入れるか「なか」に入れるか「おわり」に入れるかをきめさせる	・感情や意見をあらわすコトバに注意して ・だいたんに書きつけるように
	・学級のなかで手紙の交換をする ・「みなさん××してください」の文章を書く ・手紙も書く	・手紙の「はじめ」「なか」「おわり」について知らせる	・目の前の人に言ってるつもりで

記述の指導	推こう指導	綴ったあとの指導	
		物の見方・考え方	表現技術
・くわしく書くところとかんたんに書くところを区別して書く ・事実や情景を書いて，考えや気持の表現をしょうこだてる ・段落をきちんとつけさせる ・修飾，被修飾の関係をハッキリさせる ・題名のつけ方のくふうをさせる ・行わけに注意して	・表記上の約束をまもっているか ・すじがとおっているか ・自分だけのひとりがてんになっていないか ・誤字やあて字をつかっていないか ・キザな単語や慣用句をつかっていないか	・個性的な見方をするように ・ひろい角度からみるように ・深く考えるように ・教科で勉強した知識も使って判断するように ・自分の見方を大事にするのと一緒に，他人の見方も大事にする ・歴史的に見る	・くわしく書くことと簡潔に書くことのちがい ・会話の効果的な入れ方 ・途中に現在形や説明風の文章を入れる入れ方 ・自分のものになったコトバで書くこと　・原稿用紙の使い方　・文章のねり直しのこと
・「している」「ある」ふうの書き方の文章のよい例を知らせる ・過去形や説明風のなかに，この形をはめこむ方法を教える	・時（テンス）のちがいはないか ・主述がきちんとなっているか ・過去形が主で他の形が途中にまじっているときは，このつづきぐあいがよいか	・自分の過去のある時点において表象したり想起したりする能力 ・ものごとをこまかく観察すること ・うごきや変化をよくみること	・自然に出てきたこの形をとりあげてほめる ・意識してこの形で書くことのすすめ ・この形で書かれたよい文章の鑑賞
・「だ・である」体を正確につかって書く ・コソアドコトバに注意して ・特殊な例は「たとえば」とか「この二三日前も」といった形で入れながら	・あるとき，あるところであったことの表現と，まとめて書く表現のごちゃまぜがないか ・概括したコトバが正確か	・長い間にわたってあること考え感じていることを，まとめてみる習慣をつけるように ・変化発展をつかまえることについて	・説明文と描写的な文のちがいについて ・論理をとおす書き方について
・過去形で書いたり，説明風に書いたりするのを内容によってきめさせる（歴史的なことや人物の説明などは過去形にする）	・これをよんで，自分が書こうとしていることが他人によくわか ・るだろうか 説明の効果があらわれているか	・大事な所をおさえてまとめる力をつける　・知識や法則を，ほんとうに自分のものにすることについて ・自分の頭のなかを整理する	・相手をハッキリ予想して書く書き方について ・段落や行わけを正しくすること
・よく考えながら書く ・書きながら考える ・相手が目の前にいるつもりで書く ・文脈がとおるよう，よみ直しながら書く	・大げさな言いまわしがないか ・ウソを言っていないか ・小さなコトバにも注意がゆきとどいているか	・自己主張の大切さについて ・内省の必要について ・すなおな感想の尊さについて	・「私」の考えや気持，その姿勢のよく出た書き方について
・普通体と敬体に注意して ・相手の気持を考えて ・コトバに注意して ・なれなれしく呼びかけて ・だいたん卒直に	・コトバづかいはよいか ・願望，推量などのコトバが正確につかってあるか	・学級生活のなかで相互の意見の衝突や補いあいを大切にすることについて	・特定の相手を直接予想したときのコトバづかいの大切さについて ・独白の詩の表現の特徴について

小学校高学年・中学1年

(1) ＼ (2)	取材の指導	構想の指導
過去にあったことを過去形で書く力をつけるために	・経験したことについて「どう考え」「どう感じたか」を中心において題材をきめさせる（テーマ，主旨） ・題材を自然，社会，人間，人間の心の内部にわたって，ぐっとひろげさせる ・ひろい範囲の課題もする ・行動を主とした詩	・ことがらの進行にそって書くことをいっそう徹底させる ・前後の転倒した組み立てのくふうもさせる ・中心点をハッキリきめさせる ・「書きだし」と「むすび」のくふうをさせる
現在進行形で書く力をつけるために	・過去のことを現在進行形に書くような作業をさせる（すぎた日曜日のことを「きょうは日曜日だ」という形でかかせるなど） ・街頭スケッチや自然のスケッチに行く ・描写風の詩を，ときどき書かせる	・ポット出風の書き出しを教える ・現実のどこからどこまでをきりとって書くのかを考えさせる ・焦点（詩の場合はとくに）をきめさせる
長い間にわたる経験を説明風に書く力をつけるために	・「うちのしごと」「わたしのくせ」「わたしの勉強」といった題材で，まとめて書かせる ・説明文を書く必要をクラスの中につくりだす（例，クラスの人びとの生活） ・村の風俗・習慣について書かせる	・文章にもりこむことがらをハッキリきめて，書く順序を考える ・どんなことをいちばん説明したいのか，内容の重点を考える ・各節にわけた書き方も教える
新しく獲得した知識や経験を説明風に書く力をつけるために	・新しく発見したこと，気がついたこと，なるほどと確認したことを書かせる ・本をよんだり，話をきいたりしてわかったことを要約して書かせる ・教科の学習でわかったことを書かせる	・主要なことがらをきめさせ，それを「はじめ」「なか」「おわり」と組み立てさせる ・箇条書，1，2，3と分けて書く書き方も指導する ・小見出しをつけて書かせる
評論風，思索風，主張風に書く力をつけるために	・このごろのこと ・自分の考え，感じに主点をおいた題材をえらばせる ・他人の前に主張したいことを書かせる　・このごろ考えていること ・読書の感想　・ひとりごとの詩	・序論，本論，結論ということの内容を教える ・「はじめ」に結論を書いて，その理由，根拠をあとでのべる方法も教える
他に呼びかけ，たのむように書く力をつけるために	・手紙文 ・提案の文章 ・学級集団や個人への抗議 ・人や物に呼びかける詩	・「はじめ」「なか」「おわり」とよく組み立てさせる。 ・提案，抗議の要旨をまず書いて，その理由をハッキリ書く書き方 ・詩の組み立て

推こう指導	綴ったあとの指導	
	物の見方・考え方	表現技術
・よみ直しの習慣をかならずつける ・漢字，かなづかい，表記についてふりかえる ・段落がよくついているか ・書き加え，けづりとりの方法を教える ・題名のつけ方はよいか	・現実のなかから，正しいもの，美しいもの，真実なものをみつけだす態度をやしなう ・他教科で勉強したことを生かして，物事について判断する力をのばす ・歴史的，社会的，科学的な見方をもつように導く	・過去形の文章を完全に書けるように仕上げる ・テーマを生かすための，力を入れた書き方について ・ありきたりのコトバで書くこと，自分のものになったコトバで書くことのちがいについて
（同上）	・書き手の視点のおき方について	・過去形の書き方とのちがいをハッキリ教える
・まとめに大事なことがおちていないか	・長い間にわたる経験をよくふりかえってみる態度をやしなう ・比較，分析，総合などの思考力をやしなう	・おとなの書いた概括的，説明的文章のよいものを鑑賞させる
・抽象語や専門的な術語を正しく使っているかどうか	・知識や見解を本当に自分に血肉化することについて ・知識を正確にまとめてみることが自分の思考の整理に役立つことについて	・おとなや他の生徒の書いたよい解説的文章を，ときどき鑑賞させる
・題名のつけ方は適切か ・暗示的な題名のつけ方のくふう ・コトバの効果を考えて入れかえたりする	・自己主張の習慣を身につけさせる ・集団のなかで各人の意見を検討する作業を大切にする	・よい作品の鑑賞による指導を大切にする ・おたがいの作品の比較により文章の効果について考えさせる
・便せんに書く書き方，白紙に書く書き方について吟味させる	・人間の心理の複雑さについて	・よい手紙文などの鑑賞を大切にする

中学２年以上

(1) (2)	取材の指導	構想の指導	記述の指導
過去にあったことを過去形で書く力をつけるために	・真実なもの感動的なものをもとにして文章を書けとすすめる（ねらいのある文章） ・自己の生活や社会生活の深いところからも題材をつかませる ・批判のこもった詩を書かせる	・ガッシリした文章の組み立てについて考えさせる（よい文例を示して指導する） ・表現の効果を考えた組み立てをくふうさせる ・書きだしと結びに注意させる ・詩の構成について学習させる	・事実や行動をつみかさねて意見や感情をあらわしていく ・文脈にふさわしい適切なコトバをえらんで書く ・段落のつけ方を意識して考える ・しりきれとんぼにならないように注意して書く ・なくてもよいコトバの省略（詩の場合）
現在進行形で書く力をつけるために	・（このための特別な題材をえらばせることはしない） ・スケッチ風の詩や文章を書かせる		・過去形の文章のなかに現在進行形の文章を，部分としてうまく入れて書くようにくふうさせる ・説明風の文章のなかに，現在進行形の文章を入れて書く
長い間にわたる経験を説明風に書く力をつけるために	・身辺のことだけでなく，自然，社会，人間のひろいところから，長期にわたってつかんでいること，考え，感じていることをまとめて書く題材とっくませる	・中学一年までに指導したことを，さらに徹底させる ・簡潔にまとめて書くためにテーマを生かすような，うまい組み立てを考えさせる	・「だ・である」体と「です・ます」体を適宜にえらびわけて書かせる ・また相手をよく考えて，わかりやすい表現をとらせる
新しく獲得した知識や経験を説明風に書く力をつけるために	・小さな論文を書かせる ・本や勉強でわかったことの要約をさせる ・研究した結果を報告させる	・さまざまな素材をよく整理して，組み立てを考える ・箇条書，小節に分ける書き方，小見出しのつけ方	・事実と自分の意見，感想をハッキリ書きわけるように ・字数を限った書き方もさせる ・きめられた時間内に要領よくまとめるしごともさせる
評論風，思索風，主張風に書く力をつけるために	・「友情について」「私の理想について」といった題材で書かせる ・読書の感想文を書かせる	・序論，本論，結論，といったていさいについて ・同上を，あとさき転倒した組み立てについて	・いちいち根拠を示して考えたり，主張したりするように書く ・主旨，論旨を生かす ・結論がモンキリ型にならぬように ・よむ人にも考えさせるように
他に呼びかけ，たのむように書く力をつけるために	・手紙文を書かせる ・提唱，抗議，返答などの文章を書かせる	・前文，本文，後文についてのみこませる ・主旨がどこにあるかをハッキリきめて書くようにする	・他人の立場・気持をよく考えて書く ・手紙の書式についても知らせる

童を大切にし、その全人的成長を願い、書くことを通して生きる上で大切にすべきことをも育てていこうという国分一太郎の想いが反映されている。

(2) 評価の方法

教師が児童の書いた表現物に対して赤ペンでことばを添えることは、児童にとって何よりの喜びをもたらす。先生が自分に対して語りかけてくれる赤ペンのことば。それは、暖かく児童を導くことばでありたい。この赤ペンによる指導は、児童を伸ばしたい方向へ導く教育的評価となる。では、どのように赤ペンを書き込むとよいかについて、事例を元に説明する。

ここでは、まとまった作文を書くことを対象にした指導で、「この頃あった出来事をよく思い出して、でした・ましたと順序よく書く」（小学3年生）ことを指導目標にした事例をあげておこう。これは、小学校教員であり、日本作文の会の会員である亀村五郎によって書かれたものである。

かいこ　　　三年　男

この間の、五日の月曜のほうかごのあそびがおわって帰るしたくをして、
理科室に行って、かいこをもらいました。
ぼくは、
（うまく、がまで、かえるかなあ。）
と思いました。

いつのことかを思い出した

理科室、かいこのようすは？

←

ああ、あとでてきた

この気もちよし

よく見ていた

大場先生の話をよく書いた

ちゃんと聞いたね

よし、この気もち、よく書いた

大きなトマトのあきばこに、しなびたからからのくわの葉と、たくさんの小さなかいこがはいっていました。もらう時は、ジョアのビンに、四センチぐらいのからからのくわの葉と、五ミリぐらいのかいこをいれてもらいました。その時、理科の先生に、

「家のそばにくわの葉ある?」

と聞かれました。そして、ぼくは、

「友だちがくれるからくわの葉は、あります。」

といいました。そうしたら、

「それならいい。」

と、先生がいいました。

そして、かいこをもらったら、ぼくは、

「今日、一日くわの葉これだけでたりますか。」

と聞きました。そうしたら、先生は、

「たります。」

といいました。

ぼくは、

(本とうにたりるのかなあ。)

と心ぱいしながら、そおっともって帰りました。

そうだ、おかあさんは
生きものを大切にする

おかあさんがよくでて
いる

よし、この話し合いよ
ろしい
いい、電話の話だ
これもいい
男の約束(やくそく)だ

家に帰ると、すぐおかあさんに見せました。そうしたら、おかあさんは、

「またこんなものもらってきてどうせころしちゃうんだから、やめなさいよ。」

といいました。ぼくは、

「そんなこといわないでよ、ちゃんとかうから。」

といいました。そして、また、ぼくが、

「今日一日くわの葉たりるかなあ。」

とおかあさんにいったら、おかあさんは、

「こんなのでたりるわけないでしょ。」

とプスプスしていいました。

　そして、ぼくは、くわの葉をもらうやくそくをしていた、南の吉野くんの家に電話をかけて、吉野くんに、

「あしたぜったいにくわの葉もってきてよ。」

といったら、

「わかってるよ、えだごともってってやる、だいたいはっぱは、二十まいぐらいくっついてるよ。」

と、吉野くんがいいました。ぼくは、また、

「男の一言だぞ、かならずわすれないでよ、それじゃあバイバイ。」

おやおや、ずっこけた

よし、こう思うのも男だ

といって、いっせいのせできりました。

　ぼくは、あとで、

（ほんとうにもってきてくれるかなあ。）

と心ぱいしたけど、

（まあもってきてくれるだろ。）

と思っていて、夜が明けてつぎの日、学校に行ってほうかごのあそびの時にくわの葉をもらいに行ったら、あれだけやくそくしておいたのに、一まいしかくれませんでした。でもぼくは、

（けちだなあ、あいつ。）

なんて思いませんでした。だって一まいだって、もらったことにはいるのだからいいです。

　ぼくは、

（これからがんばってかおう。）

と思いました。

めあて

このごろあったできごとを、よく思いだして、でした ましたと順序よく書く。

だい　かいこ

組

よく見たところ

① できごとを、よく思いだしている。
② でした、ましたと順序よく書いてある。
③ ようすがよくわかるように書いてある。
④ 字も文もていねいに書いてある。
⑤ 原こう用紙のつかい方がいい。

	A		B		C
①	○				
②		○			
③	○				
④		○			
⑤	○				

この作文を見てボクはこう思う

よし、いい作文です。おもしろい、おもしろい。ボクがとくにいいと思ったのは、そのときどきのようすや、人のいったことばをよく思い出していること。そして、それを書いていることです。とくに、おかあさん、それから、吉野君とのやりとりがいい。できれば、人の動きを、もっと書くと、なおよかった。

おおば先生のようす
そのときどう思ったの
もらうときのようすを
かくのだよ
家へ帰ったときのよう
す
はらっぱをさがしたよ
うす
そのときの気もち
前道って何だろう
ここからましたでなく
なった
これかこれかとさがし
ているようすを書く

くわの葉さがし

三年　男

この前のりかの時間、おおば先生が、
「かいこをあげます。」
といった（いいました）。
帰るときもらいにいきました。
それからもって帰りました。
家へ帰って大きいてつのはこに入れておきました。
きがえてからすぐいもうとのじてん車にのってさがしにいきました。
はらっぱには、ありませんでした。
前道を通って、ずーっといきました。
足がつかれた（ました）。
そのままいったらよこさわくんの家のちかくまできてしまいました。
もっと遠くへいった（いきました）。
だけどと中で帰った（りました）。
それはいくらいってもほかの木ばかりだったからだ（です）。
どうしようかな、どうしようかな、と思いながら帰った（りました）。

思いながらというのが
いい
これは、どうしたの、
次の日ではないの
この思ったところは、
よく書いた
持って帰ったようす

おとうさん、きっと何
か言ったよ
どうしてBくんにおし
えてくれなかったの

帰ってきてひるごはんを食べていると、おとうさんが、
「あとで、さがしてきてやるよ。」
といった（いいました）。
ぼくは、ほんとにさがしてきてくれるかな、（かいこが）みつからなかったらどう
しよう、と思った（いました）。
少ししたらおとうさんがそとからくわのはをもってきてくれた（ました）。
ぼくは、
「どこにあったの。」
ときいた（ききました）。
だけどおとうさんはおかあさんにおしえていた（いました）。
どこにあるのかわからないけど、みつかってよかった（とおもいました）。

めあて	このごろあったできごとを、よく思いだして、でした ましたと順序よく書く。
だい	くわの葉さがし
	組

よく見たところ		A	B	C
①	できごとを、よく思いだしている。			
②	でした、ましたと順序よく書いてある。			
③	ようすがよくわかるように書いてある。			
④	字も文もていねいに書いてある。			
⑤	原こう用紙のつかい方がいい。			

この作文を見て ボクはこう思う
くわの葉をさがしてもなかったのに、おとうさんがさがしてくれて、ほんとうによかったねえ。これは、やはり、Bくんでは、むりだったのかな。かいこが、これで助かった。この作文は、Bくんが、もうすこしよく（ていねいに）思い出して書くと、もっともっとよくなる作文ですよ。

赤ペンは三種類にわたって付されている。三種類とは、①児童の文章に直接書き加えられている波線や修正、②文章上部に話しかける口調で書かれたアドバイスや感想、③「この作文を見てボクはこう思う」欄に書かれた総括的なコメントである。それぞれに異なった働きを持つ赤ペンの書き方が窺える。併せてねらいに即してＡＢＣの三段階で評価することもなされている。

二種類の児童作文を比較してみると、それぞれの児童の文章の特徴が見えてくる。それぞれの児童の表現は、どこが優れているのか、何が足りないのか。この事例は、それを見取って、指導すべき事柄を直接的かつ具体的に教えている。評価と指導が一体化しているのである。しかも、教師と児童との書くことを通した対話になっているため、児童に教師の思いが伝わるものとなっている。評価は、教師が児童の達成状況を見取る目的でなされるものではあるが、併せて児童が自分の状態を知り、どうすればよいかを示すことにつながるのが望ましい。

評価は、児童の達成状況を判定するものであるが、そこには児童を育てる教師の暖かい思いが基底にあるべきであろう。教育的評価は、児童の個性を受けとめ、その児童を伸ばすべき方向を見定めるための営みでありたい。観点別評価と評定によって指導要録に記載する、いわゆる制度として定められている「評価」について学んでおくことはもちろん必要であるが、書くことを通して児童の中で全人的に育つものを見据え、ビジョンを持って指導に臨むことこそ大切にしたい。

6　書くことの教育のこれから——ネット社会の中で、書く行為の意味はどう変わっていくか——

(1)　表現媒体の多様化の中で

書くという行為は、現在かつてないほど変容している。筆記用具を使って紙に書く行為ばかりを視野に入れて指導を進める時代は終焉を迎えた。書き言葉、打ち言葉、SNS上の言葉などが現れ、媒体ごとに多様な表現スタイルが生まれている。それはそれぞれに特徴のあるものだ。これらの言葉は、対面して発せられない点では共通しているが、相手を想像しながら表現するというより、自分の感情を放出するつぶやきに近い表現であったり、選ばれることばも類型的感覚的なものになりやすいものもある。このような社会の中で、自ら判断して良識ある基準をもって言葉を選び、書いて（発信して）いく、柔軟で主体的な書き手を育てることが、今、必要になっているのではなかろうか。

(2) グローバル社会をよりよく生きるために

携帯の登場によって、即時にリアルタイムで書いて（打って）発信することが容易になってきた。書く（発信する）ことで世の中の人と広くつながることが容易にできる状況が生まれている。このグローバル社会において、書く（発信する）ことで世界中の人と意見交換し、考えを共有しあう可能性が広がっているのである。この状況をよりよい方向に向けて活用し、社会を前進させていくことに目を向けた、開かれた書くことの指導が求められているといえよう。

(3) 外に向かうことば、内に向かうことば

書くという行為は、外に向かって発信することばかりではない。文章を書くということは、自分と向き合い、漠とした想に言葉を与えて確かなものとし、自分にとって何が大事なことかをすくい上げる作用をもたらす。これは今日の社会においても変わることのない、書く行為の本質的な側面である。書いてみることで改めて自分を見つめたり、生活を捉え直すことができる。文章を書くことによって、考えを確かなものにし、自分のありようをくっき

りと見定め、生活に確かな文脈を作っていくことになるのだ。このような書くことの値打ちを教師が自覚し、児童が体得できるように導いていくことをこれからも忘れてはならないだろう。

7　書くことの教育研究を深めるために

——論文作成の手引き——

(1)　研究の対象と研究の方法

Ⅰは、時代のメルクマールとなる教育論や資料を対象にして、その特徴を明らかにしたり、歴史の中に位置付けることを試み、時代を切り拓いた価値や独自性はどこにあるのかをみいだすものである。

Ⅱは、書くという行為を対象にして、文章を産出する認知過程を明らかにしたり、自らの書く体験を振り返り、その価値について個体史から考察したり、時代状況の変化に応じて生じる書くという行為の質の変容を明らかにしたりする研究である。

Ⅲは、児童の書く力に焦点を当て、児童の書いたもの（作文等）を対象にして、年齢・環境・学習歴等を配慮しながら分析し、仮説・検証等によって発達の実態解明を目指す研究であ

Ⅰ　書くことの教育の原理的研究
　理論的研究
　歴史的研究
　　研究方法：文献研究、論証
Ⅱ　書く行為の研究
　研究方法：調査、事例分析、仮説検証
Ⅲ　児童の書く力の発達研究
　研究方法：児童の作文分析　調査
Ⅳ　書くことの指導内容研究
　創作指導
　論理的な文章の指導
　社会的な文章の指導
　思索的な文章の指導
　　研究方法：それぞれの文章の特質について考察する、文献研究、教科書研究、実践調査、児童の作文分析
Ⅴ　書くことの指導方法研究
　研究方法：文献研究、実践分析、調査
Ⅵ　書くことの教育実践研究
　研究方法：文献研究　仮説検証　調査

る。

Ⅳは、書くことの指導の内容についてどのようなものが考えられるかについて、時代の必要性に鑑みたり、書く行為の究明研究の成果を踏まえて研究するものである。

Ⅴは、諸々の書くことの指導方法について比較考察したり、特定の方法について望ましいありようを解明する研究などが考えられる。

Ⅵは、特徴ある実践記録の分析や、諸実践の比較考察、自ら実践することを通して仮説を検証する類いの研究である。

(2) 論文題目例

・文章産出過程に応じた書くことの指導研究
・青木幹勇『第三の書く』が書くことの教育に与えた影響に関する研究
・児童の作文に見る、ものの見方の特性に関する研究
・K児の作文の経年変容に関する研究―発達をうながす契機は何か―
・SNSの文体と活字書籍の文体の比較研究
・マッピングを用いて発想を広げる取材指導の研究

(3) 基本資料一覧

『作文指導事典』一九八〇　中西一弘・樺島忠夫　東京堂出版
『作文指導技術大辞典』一九九六　国語教育研究所編　明治図書

『国語科教育研究の成果と展望』二〇〇二　全国大学国語教育学会編　明治図書
『児童詩教育事典』一九七二　日本作文の会編　百合出版
『作文指導系統案集成』一九六四　日本作文の会編　百合出版
『国語教育辞典』「コンポジション理論」「短作文」二〇〇一　日本国語教育学会　朝倉書店
『国語科重要用語３００の基礎知識』「コンポジション理論」二〇〇一　明治図書
森岡健二『文章構成法―文章の診断と治療』一九六三　至文堂
飛田多喜雄『表現能力を伸ばす新作文指導法の開発』一九六九　明治図書
福岡教育大学国語科研究室・附属小倉中・福岡中・久留米中編『認識力を育てる作文教育』一九七五　明治図書
倉澤栄吉『機会と場を生かす作文指導』一九七六　新光閣書店
森田信義「作文教育実践体系の構築」一九七七　井上敏夫・野地潤家編『国語科教育学研究４』明治図書
亀村五郎『子どもを励ます赤ペン〈評語〉の書き方』一九七九　百合出版
高森邦明『言語生活的作文の指導』一九八四　文化書房博文社
青木幹勇『第三の書く　読むために書く　書くために読む』一九八六　国土社
西郷竹彦『子どもの認識と表現力を育てる作文と教育』一九八七　明治図書
森田信義『表現教育の研究』一九八九　溪水社
大西道雄『作文の基礎力を完成させる短作文指導』一九九一　明治図書
大西道雄『短作文の授業』一九九一　国土社
吉永幸司『作文の基礎力を育てる短作文のネタ』一九九一　明治図書
森岡健二監修『新版　文章構成法』一九九五　東海大学出版会
田中宏幸『発見を導く表現指導―作文教育におけるインベンション指導の実際―』一九九八　右文書院
廣中淳「詩教育の可能性―話者論を用いて鑑賞から創作へ連携させる詩の授業」二〇〇三『国語科教育』第五三集

全国大学国語教育学会
塚田泰彦編著『国語教室のマッピング』二〇〇五　教育出版
中西淳「俳句の指導法の開発―コミュニケーション媒体の視点から―」二〇〇五『国語科教育』第五八集全国大学国語教育学会
『みんなが書ける！　あつめて、まとめて、書く技術』二〇一四　光村図書
①巻　観察記録を書く　説明文を書く　感じたことを書く　読書感想文を書く　詩を書く
②巻　手紙を書く　報告文を書く　新聞を作る　物語を書く
③巻　意見文を書く　パンフレットを作る　鑑賞文を書く　短歌・俳句を作る　随筆を書く
『学習評価の在り方ハンドブック』二〇一九　国立教育政策研究所
http://www.nier.go.jp/kaihatsu/shidousiryou.html
学習指導要領データベース https://www.nier.go.jp/guideline/　二〇一九　一一月二二日最新訂正

注

（1）仁瓶弘行（筑波大学附属小学校教諭）の提唱したもの。児童が物語を自力で読めるようにするために、物語作品を、人物・展開・作品の心にわたって一枚の図に書き表したもの。参考：「物語の『自力読み』の力を獲得させる」二〇一三　東洋館出版社

（2）国分一太郎　一九一一（明治四四）～一九八五（昭和六〇）年。　一九五一年の日本作文の会発足に携わり、全国の綴り方教育を実践する教師の先導的指導者的存在。『新しい綴り方教室』（一九五一　新評論社）、『君ひとの子の師であれば』（一九五一　東洋館）は多くの教師に感動を与えた（『国語教育研究大辞典』一九八八　明治図書による）。

三　文学教育

1　概観

わが国戦後の文学教育論は、読みの過程における「読者」の役割を重視することから始まった。それは、「読者」としての学習者の読みの生成・交流を促す学習の開拓を伴っていた。一九五二年に荒木繁が報告した「民族教育としての古典教育」[1]は、「戦後」日本の社会状況を背景とした高等学校の教育現場において、この問題に正面から取り組んだ実践報告である。[2]荒木は『万葉集』に対する高校生の素朴な感想から出発した。あらかじめ何らの注釈も加えなかった場合に、『万葉集』に対して高校生はどのような読みを示すのか、ということに荒木の実践の焦点は当てられていた。荒木実践は、戦後の文学教育の大きな関心のありようをものがたっている。[3]以後、荒木の『万葉集』の実践を契機として、読者の積極的な役割を重んじる文学教育論が展開されていくことになる。[4]

この実践報告をめぐる協議に端を発して、いわゆる「問題意識喚起の文学教育」論争が生じる。この論争において争点となったのは、文学作品に対する学習者の興味・関心をどのように引き出していくかという問題であり、学習者の興味・関心を引き出していく文学作品の機能の問題であった。読むプロセスで学習者の内部に生じたものを文学の授業の出発点に据えようとした荒木の実践は、読者としての学習者の積極的な役割を最大限に認めようとするものであったと言うことができる。そこには、教える側から教えられる側への一方的「伝達」ではなく、教師と学習者との「対話」をひらいていこうとする姿勢を読み取ることができる。また、同時期に、読者が文学作品から受け取る「インタレスト」(interest: 興味・関心)を作品理解の中心とする桑原武夫の『文学入門』[5]が刊行されたことや、伊藤整・竹内好らによる国民文学論が提唱されていたこと等も論争の重要な背景である。

この論争の過程で、読者の興味・関心を強調しすぎると、文学の授業そのものが情緒主義に流れてしまいかねないという危惧や、読者の興味・関心を重んじるだけではその文学作品を授業においてきちんと読んだことにはならないのではないかという疑問が提出されたことも確かである。ここから、文学教育は、文学作品「を」教えることなのか、それとも文学作品「で」何かを教えることなのか、という問いも生み出された。

しかし、文学の授業の実際においては文学作品「を」教えることと、文学作品「で」何かを教えることとの双方が営まれる。文学教育の目標と内容を考える場合に、この両者をいかに統合していくのかということがいまだ重要な課題であり続けている。「問題意識喚起の文学教育」論争が文字どおり「喚起」したこのような問題は、その後大河原忠蔵の「状況認識の文学教育」論、熊谷孝の「文学的認識」論及び「文体づくりの国語教育」論、西郷竹彦の「関係認識・変革の文学教育」論、太田正夫の「十人十色を生かす文学教育」論等へと批判的に継承されていき、一九八〇年代における「読者」と「読み」に焦点を当てた文学教育論にその水脈をつなぐことになる。

しかし、読者の主体性を強調すればするほど、読者の反応を促す媒材として文学作品を捉える傾向は強まる。これに対して、文学作品がなければ読者の読みや解釈はありえない、文学作品はけっして単なる媒材などではない、と反論することもできる。さらに、読みや解釈の客観性・妥当性を求めようとする場合、私たちはその根拠を文学作品の形式的側面に求めるか、読者側の規範や約束事に求めるかのいずれかである。

作品内に主題や思想が客観的に存在しているとし、「文章の知覚」「ことがらの理解」「内容の検討」という3段階の読みの過程を通してそれに到達することが指導の任務だとする奥田靖雄・宮崎典男ら教育科学研究会国語部会の主張[6]や、表現分析のための「批評の文法」そのものを学習者のものにし、作品理解の武器とすべきだとする、井関義久の提唱に始まる「分析批評」による指導論[7]などは、文学作品の「形式」面の吟味を学習者に行わせて、その読みと解釈の客観性・妥当性を保証しようとする営みとして定位することができよう。向山洋一の「分析批評」による「やまなし」等の授業[8]等は、この方向での授業改善の提案であった。文章の叙述及び構造を捉えるための手だてを子どもの前に提示しながら進めるこのような授業のあり方は、物語理論の成果の一端を作品理解の手がかりとする文学の学習法として定位しようとする試みである。それは、文学の授業で扱う教育内容を明確にしていこうとする意思のあらわれであった。これらの理論には、学習者に確かな読み及び解釈のための確かな方法をもたらそうという強い願いをみてとることができる。

読者の役割を重んずる論にしても、文学作品の形式・構造の分析を問う論にしても、文学教育を推進していくための論である限り、読者が文学作品にどのようなかたちで出会い、文学作品を読むという行為を通じていかなる葛藤を経験していくのか、そして読者としての児童・生徒がどのような力を手にしていくのかという問題に無関心なものはみられない。いずれの立場にも共通するのは、読者と文学作品との交渉の過程をどのように捉え、活性化していくのか、という課題である。「解釈」と「分析」という概念を手がかりとして文学教育の在り方を克明に考証した鶴田清司の著作は、この課題に応じたものである[9]。鶴田の著作でも扱われたわが国戦後における文学教育に関する「理論」は少なくとも例外なくこの課題に取り組んできたと言うことができる。それは、文学教育の目標をどのように考えるのかという問題でもある。

2　文学教育の目標

大河原忠蔵は一九六〇年代に「既成の文学作品を、たんねんに読ませることだけが、文学教育だろうか。生徒たちをとりまき、生徒たちをまきこんでいる状況、また、生徒たちの内部の状況、そうした状況を、文学の視点から、言葉でとらえさせていくところにも、文学教育のしごとがあるのではないか[10]」と問いかけ、藤原和好は一九八〇年代に「教材研究にあたっては、作品の精密な分析にとどまるのでなく、その基本において、作品の思想(作品が内包している価値観)と生徒の思想(生徒の価値観)がどこで鋭くぶつかり合うのかを見すえておかなければな」らないとし、「その両者の価値観が葛藤していくありさまが文学の授業なのではないか」と述べた[11]。大河原と藤原が問うたのは、作品と生徒が切り結ぶ接点をいかに見出すのかという問題であった。そのことを離れては、いかなる文学の授業も成り立たないという見方を示したものである。文学作品を読むという経験が、学習者にとって現実を見すえ、考え、葛藤していく起点になると考える立場に立つ考え方である。

アメリカの文学理論家・文学教育理論家であるルイーズ・ローゼンブラットも、文学作品が「社会的な生産物」であると言い、「文学的な様々な技法が生まれたのも社会という母胎のうちでのことだ」と述べた上で、「しかし、つまるところ、テクストによってもたらされることばの刺戟に対して、ひとりひとりの読者の心と感情が反応する過程においてこそ、文学作品はその重要性をあらわす」という見解を示している[12]。ローゼンブラットは、読者の読みの経験のなかで文学作品が姿をあらわすと主張した。そして読むという行為を読者による一種の制作行為とみなしている。ひととかかわりあうことによって、文学作品は、かかわりあうひとびとにとって抜き差しならぬ重要性を帯びることになるというのである。このような考えに立てば、文学作品は「実体」ではなく、読者との「関係」

のなかで立ちあらわれるものだということになる。西郷竹彦が「関係認識・変革」というフレーズを用いて、独自の文芸教育論を展開したのも、彼が文学を「関係認識」「関係変革」の重要な手がかりを読者にもたらすものとして捉えたからである。

教育の機会がより多くの人びとにもたらされるようになった結果として、文学教育が一部の人たちだけのものではなくなったということは、「戦後」の教育の特徴の一つとして指摘されていることでもある。だが、むしろ現在問題としなければならないのは、学習者の暮らしのなかで文学作品の占める割合が著しく減少しつつあるということである。たとえば、戦後文学教育の議論で、時折引き合いに出され、実際に教材として用いられた文学作品群は、必ずしもそのすべてが現代の学習者たちの興味関心をひくものだとは言えない。学習者たちの日常との「接点」をどのように探っていくのか、その日常に文学作品がどのように位置づけられるのかということは、依然として大切な問題であり続けている。

メディアとその受容のしかたが多様化している今日、文学教育の有用性に対する疑念は、教師にも学習者にも広がっているのかもしれない。そのような現在であるからこそ、むしろ一旦は文学教育を疑ってみることには大きな意義がある。だが、言語実践の姿として文学作品ほど巧緻に練り上げられたものは世の中にそれほど多くない。カナダの国語教育学者デニス・スマラが言うように、私たちはそのような文学作品を読むなかで「作者や登場人物や他の読者といった自らとは異なる他の誰かの思考構造と持続的にかかわりあうという実践に取り組む[13]」のであり、学習者たちはその取り組みの過程で生きるための準備をすることになるのである。文学の持つ力を引き出し、それを人々の育ち、生きる力とする役割が「文学教育」には求められていると言ってよい。

3　文学教育の内容

(1) 学習指導要領において求められている文学を読む能力

近年の学習指導要領国語編に「文学教育」という語彙は見あたらない。しかし、文学教育に関わる事項は、平成元年度版までは「理解」の領域に、平成一〇年版以降は「読むこと」の領域に読み取ることができる。

二〇〇三（平成一五）年のＯＥＣＤによる生徒の学習到達度調査（ＰＩＳＡ調査）の結果の公表を受けて、「読解力」育成が教育界全体の急務となった。その結果として平成二〇年版の小学校学習指導要領の「Ｃ　読むこと」の領域にも次のような特徴があらわれることとなった。

①「自分の考え」「自分の思いや考え」という語句がとくに高学年にあらわれる。

②「比べる」という活動も少なくない。「比べ読む」ことが求められる傾向にあると言うことができるだろう。これは平成二〇年版から意図的に加えられた新たな活動であると言うことができる。

③「発表し合う」という活動が一年生から六年生まで求められている。

④「文章の内容」と「自分の経験」を「結び付ける」ことと、「自分の思いや考えをまとめ、発表し合う」ことと繰り返しあらわれる。「文章の内容」の狭い意味での理解にとどまらず、それを受け止めた読者が「自分の経験」と結びつけて能動的な意味づけを行っていくことまで含んだ「読解力」を求められている。

⑤文章の大事なところを見つけたり、自分の経験との関連を探らせるということが、低学年の能力として明記されている。

⑥「言語活動例」が「内容」の（2）として明記され、「伝統的な言語文化と国語の特質に関する事項」が新設され、その中に「昔話や神話・伝承」「易しい文語調の短歌や俳句」「ことわざや慣用句、故事成語」「親しみやすい古文や漢文」「近代以降の文語調の文章」「古典について解説した文章」などの学習が予定されている。

平成二九年版の学習指導要領では学習者の身につける「資質・能力」の明確化が行われ、小学校国語科の場合も〈思考力、判断力、表現力等〉という資質・能力のなかに「C 読むこと」が位置づけられた。「読むこと」の指導事項の「内容」（1）は、「構造と内容の把握」「精査・解釈」「考えの形成」「共有」という四つの学習過程に沿って示されている。この学習過程の一つひとつは『小学校学習指導要領（平成二九年告示）解説 国語編』（三六〜三九ページ、以下『解説』と略す）で次のように定義されている。

○構造と内容の把握…叙述を基に、文章の構成や展開を捉えたり、内容を理解したりすること
○精査・解釈…文章の内容や形式に着目して読み、目的に応じて必要な情報を見付けることや、書かれていること、あるいは書かれていないことについて、具体的に想像することなど
○考えの形成…文章の構造と内容を捉え、精査・解釈することを通して理解したことに基づいて、自分の既有の知識や様々な体験と結び付けて感想をもったり考えをまとめたりしていくこと
○共有…文章を読んで形成してきた自分の考えを表現し、互いの考えを認め合ったり、比較して違いに気付いたりすることを通して、自分の考えを広げていくこと

文学作品を読むことに関する指導事項もこの枠組みのなかで扱われることになるが、とくに「文学的文章」に特

徴的な指導事項があらわれるのは「精査・解釈」にあたる「イ」「エ」の事項である。また「考えの形成」と「共有」は、文学作品だけの指導事項ではないが、詩歌や物語を読む学習では理解を広げたり深めたりする働きをもつ。

「学習過程」のそれぞれについて、低・中・高学年の違いを検討してみよう。

○精査・解釈（イ）

（1・2年）場面の様子や登場人物の行動など、内容の大体を捉えること。

（3・4年）登場人物の行動や気持ちなどについて、叙述を基に捉えること。

（5・6年）登場人物の相互関係や心情などについて、描写を基に捉えること。

「内容の大体」→「叙述を基に」→「描写を基に」と展開している。『解説』には「叙述を基に」というフレーズについての定義づけは見られない。中学年では作品の言葉に忠実に「精査・解釈」することが求められ、高学年では作品の言葉のなかでも「描写」の部分についての推論が求められていると考えることができるだろう。高学年の「描写を基に」の「描写」とは『解説』によれば「物事の様子や場面、行動や心情などを、読み手が想像できるように描いたもの」である。低学年では文章内の「場面の様子」「登場人物の行動」等を大まかにつかむことができることが、中学年では作品の言葉に忠実に「登場人物の行動や気持ち」を把握すること、そして、高学年では作品の言葉を手がかりにして「登場人物の相互関係や心情など」を推測することが求められている。

○精査・解釈（エ）

（1・2年）場面の様子に着目して、登場人物の行動を具体的に想像すること。

（3・4年）登場人物の気持ちの変化や性格、情景について、場面の移り変わりと結び付けて具体的に想像すること。

（5・6年）人物像や物語などの全体像を具体的に想像したり、表現の効果を考えたりすること。

「エ」では、おもに「想像する」ことが求められている。低学年では「場面の様子」から「登場人物の行動」のイメージを描くことが求められている。中学年では登場人物の「変化」を「場面の移り変わり」の関連づけながらそのイメージを描くことが求められている。低学年との違いは「場面」を超えた関連づけが求められる点である。高学年では「全体像」の「想像」が求められる。中学年までで求められていた関連づけを、いま読んでいる作品の全体に及ぼすことが要求されている。さらに、「表現の効果」にも目を向けるような「精査・解釈」が求められている。

○考えの形成（オ）

（1・2年）文章の内容と自分の体験とを結び付けて、感想をもつこと。

（3・4年）文章を読んで理解したことに基づいて、感想や考えをもつこと。

（5・6年）文章を読んで理解したことに基づいて、自分の考えをまとめること。

作品と関わるなかで読者が意味をつくり出す過程を重んじた指導事項である。低学年は「自分の体験」との関連づけが重んじられている。中学年以降は、作品と関わる過程で生み出された理解を言葉にすることが求められている。高学年では「自分の考え」をより集約することが求められている。

○共有
（1・2年）文章を読んで感じたことや分かったことを共有すること。

（3・4年）文章を読んで感じたことや考えたことを共有し、一人一人の感じ方などに違いがあることに気付くこと。

（5・6年）文章を読んでまとめた意見や感想を共有し、自分の考えを広げること。


「共有」とは分かち合うことであるが、まず低学年で、各自の考えを「分かち合う」ことができるようになることが求められる。中学年では、「分かち合う」なかで「一人一人」の「違い」に「気付く」ことが目指されている。「違い」の重要性に気付くことがここでは重要である。その上で、高学年では「分かち合う」ことによって「自分の考え」を「広げる」ことが目指される。おそらく「広げる」だけではなく「深める」ことにもなるが、そのことが「共有」という学習過程の意義であることは言うまでもない。

このように検討してみると、「学習過程」のそれぞれの局面において、「文学的文章」を「読むこと」の学習指導でどのような成長を求めていけばいいのか、その目安が明確にされていることがわかる。


平成二〇年版から加わった（2）の「言語活動例」としては、次のような例が挙げられている。

（1・2年）読み聞かせを聞いたり物語などを読んだりして、内容や感想などを伝え合ったり、演じたりする活動。

（3・4年）詩や物語などを読み、内容を説明したり、考えたことなどを伝え合ったりする活動。

（5・6年）詩や物語、伝記などを読み、内容を説明したり、自分の生き方などについて考えたことを伝え合ったりする活動。

低学年で「演じる」ことが求められているが、中・高学年では考えたことなどを言葉にして「伝え合」う活動が提示されている。もちろん、「伝え合」う手段は言葉だけではない。一人読みでひたすら読んで感じたことを分かち合い、個々の文学作品を読む行為がお互いの考えを広げたり、深めたりするための資源になるような学習が展開されることが期待されている。

(2) 小・中学生は文学作品を読む力の発達

小・中学生は文学作品に対して実際にどのような読みと解釈を展開するのだろうか。

小学校から中学校までの九年間にわたる文学作品を読む力の発達上の特徴を、文学作品について書かれた児童・生徒の文章を分析することによって跡づけてみよう。

「きつねの窓」（安房直子）に関する、「このお話は何についてのお話だと思いますか」という問いに次のように答えた小学校1年生がいる。

①きつねのことがかいてありました。

②きつねのどうぶつか（がー山元注）そめやにばけました。おとこのこがやまのみちにまよいました。きつねがおとこのこのゆびをそめました。ははきつねがてっぽうでうたれました。おとこのこはほんのすこしあおいききょうのはなばたけでやすみました。

いずれも、「きつねの窓」という作品の筋立てのすべてを答えているわけではなく、作品中で自分自身に印象深かったことがらをまとめている。①の児童は作品の展開にまったく踏み込んでおらず、②の児童は作品展開の冒頭部の要約で終わっている。同じ問いかけに対する次の6年生の回答と比較してみるとそのことがより明瞭になる。

③ぼくが山道にまよってききょうの花畑にいた。そこで、ひとやすみしていると白いきつねが前を走った。てっぽうを持っておいかけようと思ったら白ぎつねはいなくなった。この時うしろで、「いらっしゃいまし」という声をきいてふりむくとそめものききょうやという所があった。そこで手をそめてもらって、まどをのぞいてみたりした。家につくと、うっかり手をあらってしまった。それでもういちどさがしてみたけどどこをさがしてもいなかった。ときどきまどをつくってみてみんなに笑われる。

この6年生の回答は、「きつねの窓」という作品の筋をほぼ万遍なく再現している。しかも、自分自身の印象に残った部分を書いているのではなくて、「きつねの窓」という作品の勘所を的確に要約しているのである。児童のうちに生まれた作品像は、小学校六年間の間に、少なくとも右の①や②の状態から③の状態へと変容する。

しかし、①②と③との間にはいくつかの階梯が想定される。まず、児童たちが取り組むのは作品世界に参加し、没入するという営みである。そのことがかなわなければ、文学作品に近づくことはできない。次の④は「きつねの窓」（安房直子）を学校でも家庭でも読み聞かせてもらった日に記された、小学校2年生男子の日記の一節である。

④今日、家へ帰っても「きつねの窓」をよんでもらいました。みんな、いいお話だといってよろこんでいました。ゆめがあってすこしさみしい話でした。ぼくもあんな青いつめでひし形の窓をつくって中をみてみたくなりました。よんでもらっていたりよんだりしていたら自分がその世界にはいっているようになりました。

④の後半に表現された姿勢が低学年の文学作品受容の典型的な姿勢であると言ってよいだろう。作品の叙述をもとにして自らの内部に世界を作り上げ、それに没入したことを表現している(「自分がその世界にはいっているようになりました」)。この状態を、作品世界に参加した状態を言葉であらわしたものと捉えることができる。④の児童は自らの世界構造を内に抱きながらも、まだ物語の生み出す状況(世界)の内部にとどまっているとみなすことができる。文学作品とのこのような関わり方が、文学作品受容の基本的な姿であることは間違いない。まずは作品の呈示する世界構造を自己の抱く世界構造と重ね合わせることが必要なのである。

やがて、自己の抱いた世界構造と作品の呈示する世界構造との間にズレが生じ、そのことを無視できない状態が生まれる。次の⑤は「おにたのぼうし」(あまんきみこ)についての小学校4年生男子の感想文である。ここでは、中心人物おにたについての評価が中心になっているが、作品世界をその外側から対象化する思考が表現されており、読者なりの論理構造が組み立てられている。

⑤おにたは、本当にいいおにだと思いました。それは、なぜかとゆうとまこと君のビー玉をさがしてくれたりくつをみがいてくれたりものほしを茶のまにおいてくれたりしたからです。でもおにたがいまどこにいるのかも分からないしどうなっているかも分からないけどぼくは、きっとどこかでいいことをしていると思います。ぼくはそうしんじます。

この読者は少しずつ作品の世界構造に基づきながら、作品に描かれた状況を膨らませつつ解釈を行っている。比喩的に言えば、読みの対象としての作品とは異なった「もう一つの作品」を自分なりに生み出すことが可能になった状態であると言えるだろう。解釈という営みはこのようにして生まれるのである。このレベルに至って、人物同士を対比させたり、ある人物の変化や変容に焦点を当てたり、物語状況の変化に焦点を当てたりして、自分なりの論理構造を構築しながら読みを進めることが可能になる。④のような感想のレベルと⑤のような感想のレベルとの違いは思いのほか大きい。わが国の国語教室で多くの教師が心を砕いているのは、④のような感想のレベルから⑤のような感想のレベルへと、子どもの感想の質を変容させることである。

この問題を、「オツベルと象」（宮沢賢治）についての小学校高学年から中学生までの感想文を比較することでさらに追究してみよう。次の⑥から⑧を読んでほしい。

⑥オツベルは白象が来た時、他のみんなは話しかけなかったのに話しかけるなんてすごいと思います。それに話しかけるというのは象がしゃべれると思っていたのだと思いました。私は、象が入ってきたら、こわがっているだろう。もちろん話しができるとも思ってません。ただこわそうに大人の人のところへよっていくだけでしょう。だって象は人間よりだいぶん大きいし、武器は使えないけどとても強そうだからです。白象はオツベルにはたらかされかわいそうでした。でも仲間の象が手紙を読み、助けに来てくれます。もし、こなかったら今ごろつかれきって死んでしまっているかもしれません。ひゃくしょう（オツベル）たちはどうしても白象をわたしたくなかっただろうけど武器なしでも、仲間の象達はへいをのぼったりして助けに行ったので感心しました。（小学校5年生女子）

⑦オツベルは血もなみだもないやつだなあと思いました。けれども象もちょっとあたまが悪すぎると思いました。サンタマリアに「苦しい」とか言わずにオツベルに直接言ってやさしくしてもらったらいいと思いました。どうしてこんなに欲があるのかなと思いました（オツベル）。動物にはやさしくしないといけないなと感じました。なんでも痛めつけたり、殺したりするのはいけないと思います。仲良くしたらいいのにと思いまし

た。（中学校1年生男子）

⑧僕は、オツベルは、人間のみにくさがそのままでている現代の人間と似ていると思った。今日の社会にたとえてみると、オツベルはそのまま人間で、象の集団は何かの自然現象のように感じた。つまり、人間はこのままでいると、自然からしっぺ返しをくらうということだ。この話の最後の文は僕にはあまり意味がわからなかったが、何か空しい物だけが残ったような感じだった。（中学校3年生男子）

⑥の感想は具体的に「オツベルと象」という作品のいくつかの場面に即して書かれている。とくにオツベルや白象、仲間の象といった人物の行動を具体的に押さえながら、この作品に対する自らの感想を述べている。先の⑤と基本的には同じだが、さらに整ったかたちで自らの世界構造を組み立てている。

⑦の感想の前半部分は、⑥と同じく、オツベルという中心人物の具体的な行動を踏まえてそれに対する自分なりの評価を下したものである。⑦はその末尾の三つの文において、⑥の感想と異なっている。ここにはオツベルの行動に対する自らの評価から引き出された教訓が語られている。作品から何らかの教訓を引き出すというこのような反応には、自らの感想に何らかの結束性を持たせようとする傾向の萌芽を見て取ることができる。このように自らの反応に結束性を持たせようとする傾向がさらに強くなるのが、⑧の感想である。オツベルという人物を「現代の人間」の「みにくさ」の象徴として捉えようとしている点がこの感想を先の二つの感想から際立たせている。虚構内の人物を媒介としながら、自己を組み込んだ世界構造が作り出されている。⑦や⑧のような感想を一歩進めると、作品世界の構造を生み出した書き手＝作者との対話が生じることにもなる。書き手＝作者の語りの目的を探究しようとすることができるのもこの⑦や⑧の段階である。

この段階に至ると、作品と関わりながらも読者側の世界構造を確立することが可能になり、作品の世界構造と対峙することができるようになる。こうして「批評」という行為が可能になる。自らの読みとったものを対象化することも可能になると思われる。

右に記したいくつかの文学作品について書かれた児童・生徒の文章の分析によって、文学を読む力の発達の全容がわかるというわけではない。しかし、そこに読者反応の成長・発達の姿のなにがしかがあらわれていることは確かである。児童の読みが今どのような水準にあるのかということを、児童が示す反応を手がかりにして捉え、そのことを踏まえながら、教材の叙述を検討し、授業での課題を考え、文学のカリキュラムを構想していく必要がある。

4　文学教材研究法

文学作品を教材として研究するということは、授業においてどのような学習活動が可能になるのかということを念頭に置きながら対象とする作品を読み解いていくという営みである。作品のなかに、学習の対象としての何らかの価値を見出していくために行われるのが教材研究であると言ってもよい。

しかし、学習指導を担当する自らの心に何ら響くところない対象を教材として授業を営んでいくことほど苦しいことはない。指導者自らがまずその作品に「おもしろさ」を感じるということが、教材研究の出発点であると言って言い過ぎではないだろう。作品研究すなわち教材研究ではないが、まず扱おうとする作品を文章としてどのように読むことができるか、ということを指導者自身が自ら考え抜くことから事をはじめなければならない。

では、文学の教材研究の観点にはどのようなものがあるだろうか。

作品分析の観点を細やかに掲げた研究書は少なくない。たとえば、愛知教育大学国語科、井関義久、大内善一、西郷竹彦、足立悦男、藤原和好、井上一郎、田近洵一、田中実、鶴田清司らの著作には、文学作品分析のための詳しい観点が示されている（本章末の「基本資料一覧」に文献名を掲げてある）。文学教育の内容をつくっていこうとするときに、まず作品の叙述（ことば）の検討から事を始めていくことは重要なことである。以下では、文学作品の叙述（ことば）を分析・検討し、教材として研究するするための一般的な観点について述べたい。

(1)　題名や冒頭部に注目すること

「白いぼうし」（あまんきみこ）のように、題名に象徴性のそなわった作品もあるし、「スイミー」（レオ・レオニ／谷川俊太郎訳）のように中心人物の名前をそのまま用いた作品もある。その題名が作品の内容とどのような関係にあるのかを捉えていくことは重要な観点である。「白いぼうし」であれば、なぜ「夏みかん」が題名として用いられず、「白いぼうし」が題名なっているのかを考えることによって、作中における白いぼうしの働きを考えていくことにつながる。短い詩の題名を伏せて、どういう題名かを考えさせ、題名を明かした後、なぜそのような題名が選ばれているのかを考えさせたりすると、他の作品を読む時に、題名のもつ意義に注目するようになるだろう。

また、文学作品の冒頭部分は、その作品を読み進める間に、何がどのように書かれていたのかということを忘れてしまいがちな部分であるが、情報としてはかなり重要で基本的な事柄が記されていることも少なくない。この部分と作品のほかの部分との関連を考えていくことは、作品の構成や主題を考察していくことにつながる。

(2)　登場人物の形象の検討

登場人物中心に読むという読み方が文学作品の読みのすべてではないが、依然として重要な観点であることはまちがいない。作品の描写を手がかりとしながら、その人物がどのような性格の人物として描かれているのか、ということを明らかにすることは作品理解の大切な入り口である。登場人物の風貌についての描写があれば、それをもとにしてできるだけ具体的に人物像を明らかにしていく必要がある。また、人物の行動をあらわす叙述を手がかりにしながら人物像を描き出すことも重要である（時には絵画化してみる必要もあるだろう）。

人物の変化・変容に目を向けていくことは、その作品の筋を捉えていく契機となる。中心人物の変容の過程には、必ずといってよいほど、その作品の展開上重要な要素があらわれるからである。このため、人物の変容に焦点を当てていくことで、筋の理解や主題の理解に結びつく手がかりを少なからず得ることができる。たとえば、「わらぐつの中の神様」（杉みき子）を読む場合、「マサエ」の変化・変容に目を向けていくことは、「マサエ」の人物像を確かめていくというだけにとどまらず、この作品の構造の理解や、この作品が読者に働きかけることを考える重要な手がかりとなる。

(3) 視点の検討

文学作品の「視点」が問題になるのは、それを明らかにすることによって、人物と人物の関係や、人物と事物との関係が明らかになるからである。それは、作品に描かれている「時空」を明らかにすることにもつながる。

たとえば、「白いぼうし」の次のような記述に注目してみよう。

> みどりがゆれているヤナギの下に、かわいい白いぼうしが、ちょこんと置いてあります。
> 松井さんは、車をでました。
> つまみあげたとたん、ふわっと、なにかがとびだしました。
> 「あれっ」

モンシロチョウです。
あわてて、ぼうしをふりまわしました。そんな松井さんの目のまえを、チョウはひらひらとびながら高くまいあがると、並木のみどりのむこうに、見えなくなってしまいました。

右に引用した部分においては、中心人物松井さんの視点から書かれた文と、この物語の「語り手」の視点から書かれた部分が交錯している。

まず、はじめの二つの文は、いったい誰の視点から書かれたものなのであろうか。

第一文は松井さんの視点から書かれたものとも、この物語の「語り手」の視点から書かれたものとも、受け取ることができる。いわば人物の視点と語り手の視点が重なり合った記述である。これに対して、第二文は、明らかに「松井さん」の視点から書かれたものではない。なぜなら、この文は、松井さん以外の誰かが彼の行動を描いた文だからである。自らのタクシーから、「ヤナギの下」にある「ぼうし」を手に取ろうとして、ドアを開けタクシーの外に出て行こうとする「松井さん」の姿を、読者は思い浮かべようとするに違いない。

ところが、第三文「つまみあげたとたん、ふわっと、なにかがとびだしました。」で読者は再び松井さんと視点を共有することになる。第二文においては松井さんを外側から眺めていた読者が、ここでは松井さんの側に立って、「つまみあげた」ぼうしの下から「ふわっと」「とびだし」たものに注意を向けることになる。

「あれっ」という松井さんの驚きに同調し、その「とびだし」たものが「モンシロチョウ」だと読者にわかったその次の文、「あわてて、ぼうしをふりまわしました。」はどうであろうか。これは、一見、松井さんの行動を外側から眺めて描いた文のようにも思われるが、「あわてて」「ふりまわし」といった語には、予想外の出来事に驚く松井さんの心的状態が反映されていると解釈することができる。

引用した部分の最後の文では明らかに語り手が松井さんと彼を取り巻くこの場面の状況に一定の距離を置いている。この文があるからこそ、読者は「白いぼうし」を「つまみあげ」ることで、チョウが隠されていたことをはじめて知り、うろたえている松井さんの姿と、その姿を尻目に悠然と飛び去るチョウの姿を、具体的に思い浮かべることができる。と同時に、この文の語り手の視線の中心は松井さんから「チョウ」に移されており、「チョウ」の行方を追って、「並木のみどりのむこう」に向けられたまま、この場面が閉じられることになる。

このように「白いぼうし」という作品を読むにあたっては、「視点」の交替に着目することによって、作品の叙述とそれが読者にもたらす効果を探っていくことが可能になる。

(4) 会話部分の働きの検討

作品によっては、会話の働きに注目する必要もある。会話のやりとりを分析することによって、登場人物の言動のもつ意味を推論することが可能になるからである。「白いぼうし」の冒頭には会話文が効果的に用いられている。

> 「これは、レモンのにおいですか。」
> ほりばたで乗せたお客のしんしが、話しかけました。
> 「いいえ、夏みかんですよ。」
> 信号が赤なので、ブレーキをかけてから、運転手の松井さんは、にこにこして答えました。
> 今日は、六月の初め。
> 夏がいきなり始まったような暑い日です。松井さんもお客も、白いワイシャツのそでを、うでまでたくし上げていました。

「ほう、夏みかんはこんなににおうものですか。」

「もぎたてなのです。きのう、いなかのおふくろが、速達で送ってくれました。においまでわたしにとどけたかったのでしょう。

「ほう、ほう。」

「あまりうれしかったので、いちばん大きいのを、この車にのせてきたのですよ。」

信号が青に変わると、たくさんの車がいっせいに走りだしました。その大通りを曲がって、細いうら通りに入った所で、しんしはおりていきました。


「これは、レモンのにおいですか。」という「しんし」のことばは、それまでに松井さんのタクシーの車内に香りが満ちていたことをあらわしている。この冒頭に「夏みかん」の描写はない。松井さんのタクシーの車内に「夏みかん」があるということは、松井さんと「しんし」との会話によってはじめて読者に知らされるのである。ことばを換えて言えば、「白いぼうし」という物語において重要な役割を果たす「夏みかん」は、この二人の会話によって存在することになった。しかし、「夏みかん」の視覚的な描写があらわれるのは、もう少し後の、「たけのたけお」くんのぼうしをつまみあげたために、チョウを逃がしてしまったことに松井さんがあわてて、チョウの代替物として「夏みかん」を車から持ち出すという場面においてである。「あたたかい日の光をそのままそめつけたような」という比喩によって、はじめて読者の前に「夏みかん」があらわれることになる。が、それまでは読者の前に「夏みかん」があらわれることはない。

それゆえ、この冒頭の二人の会話は重要なのである。「におい」についての二人の話を、読者である私たちはいわば立ち聞きして、松井さんのタクシー車内にあるらしい「夏みかん」が、とてもいいにおいのするものであることを知る。しかも、その「夏みかん」がどこから来たものかということをも、松井さんのことばは明らかにしている。読者は、松井さんの「おふくろ」さんが、「もぎたて」の「におい」を松井さんに届けたくて送ってくれたものであったと想像することができる。

もし松井さんのタクシーに「お客のしんし」が乗らなければ、冒頭の会話は起こらなかったことになり、「夏みかん」の印象は私たち読者に伝わらないことになってしまう。二人の人物のことばのやりとりが、間接的に物語の状況を読者に伝える働きをするということを、「白いぼうし」の冒頭部分は教える。

(5) 作品のことばを吟味するための観点

作品の叙述を分析・検討するための観点としては、この他にも次のようなものが考えられる。

①擬声語・擬音語・擬態語の効果

「やまなし」（宮沢賢治）には、宮沢賢治独特の擬声語・擬態語が用いられている。

A

> つぶつぶあわが流れていきます。かにの子どもらもぽつぽつぽつ、続けて五六つぶあわをはきました。それはゆれながら水銀のように光って、ななめに上の方へのぼっていきました。

B

> そのとき、トブン。
> 黒い丸い大きなものが、天井から落ちてずうっとしずんで、また上へ上っていきました。きらきらっと黄金のぶちが光りました。

C

まもなく、水はサラサラ鳴り、天井の波はいよいよ青いほのおを上げ、やまなしは横になって木の枝に引っかかって止まり、その上には、月光のにじがもかもか集まりました。

（AからCの引用は、光村図書『国語六　創造』令和二年版による。）

Aは谷川の底を流れる水の「泡」や「蟹の子供ら」の吐く「泡」の描写であり、Bは水面に落下した「やまなし」の描写である。そして、Cは落下直後に水面の「木の枝」にひっかかった「やまなし」に「月光の虹」の光が集まっているところの描写である。それぞれの描写のなかで「つぶつぶ」「もかもか」のような擬態語や「トブン」のような擬音語がどのような効果を上げているのか、また、「もかもか」のような独自の擬態語の表現効果などを吟味することは、この作品を鑑賞する上で重要である。また、カタカナ表記とひらがな表記との使い分けについても、その表現意図を考えていくとよい。

②比喩表現の役割

「スイミー」（レオ・レオニ／谷川俊太郎訳）には、スイミーが海のなかの生き物たちを眺める場面で、「水中ブルドーザーのようないせえび」や「もも色のやしの木みたいないそぎんちゃく」といった直喩表現があらわれる。それぞれの生き物の特徴や様子を表現するために用いられたこのような表現に目を向けさせ、喩えるものと喩えられるものの関係を整理していくと、比喩の働きを理解することにも有効であろうし、学習活動を考える上での手がかりにもなるだろう。また、「大造じいさんとがん」（椋鳩十）で大造が残雪の姿にみたものを表現する「人間と同じような心」という比喩表現について考えることは、この作品の主題に関する思考を導くことにつながる。

文学作品における比喩表現の重要性は、小学校国語教科書教材に限ってみても大変大きいものがある。それだけに、作品のなかの比喩表現に着目して教材研究を進めることは、文学の授業のための準備として欠かすことができない。ただ、比喩表現が生かされるのは、喩えるもののなかに読者に既知の部分が含まれる場合である。小学生の場合、この条件が満たされず、比喩表現の理解に困難が生じる場合も少なくない。できうるかぎり、読者の既知の情報の掘り起こしを行った上で比喩表現を吟味させるための工夫が必要であろう。

③文末表現の働き

「ごんぎつね」（新美南吉）の「六」場面の次の箇所は教材研究上、よく議論の対象になるものである。

> 兵十は立ちあがって、なやにかけてある火なわじゅうを取って、火薬をつめました。
> そして、足音をしのばせて近よって、今、戸口を出ようとするごんを、ドンとうちました。ごんは、ばたりとたおれました。兵十はかけよって来ました。うちの中を見ると、土間に栗が固めて置いてあるのが、目につきました。
>
> （学校図書『みんなと学ぶ　小学校国語』４年下、令和二年版による。）

引用部分四文目の「兵十はかけよって来ました。」の文末表現は「いきました。」であるべきはずで、作者の誤りではないかという解釈もある。三文目まではいずれも語り手が兵十の外側から彼を眺めているような描き方であり、四文目もそうなっているのだが、三文目までの語り手の立ち位置が兵十の近くにあると思われ、また、五文目も語り手が兵十と視点を共有しているように思われる文だから、四文目の文末表現が「来ました」であると違和感を覚えるという見解が少なくない。この問題は、登場人物に寄り添ったり離れたりする、いわば立ち位置自由な語り手が語っている（「ごんぎつね」は「茂平さん」から聞いた話を語り手が語り直しているという設定である）と想定することでいくぶんは解消するものであろう。ごんが倒れた時点で語り手はごんの間近に行く。映像であれば、倒れたごんにクローズアップして、それから兵十の方角にカメラをパンするようなものである。だから、五文目のように、ごんに駆け寄って土間に視線を向け変えた兵十の視野に「土間に栗が固めて置いてある」ようすが飛び込んでくることになる。

文末表現そのものの種類を問題にするだけでなく、このように文末表現を中心として、一文ごとの記述内容の余白にある動きのようなものに目を向けることで、その場面の様子を具体的に把握することが可能になる。

右に挙げた以外にも、視覚的表現・聴覚的表現・触覚的表現（「野の馬」（今江祥智）の中心人物である太郎が閉じ込められた蔵のなかで屏風のなかの馬が現実化するのに立ち会うくだりでは、馬の肌触りの描写があり、この場面のリアリティを高めている）、指示語の働き（詩「うち知ってねん」（島田陽子）のなかの「あの子」の「あの」の指示する対象を想像していくことは、この詩を読み深める上で重要である））、作品に特徴的な語彙・語句（「やまなし」（宮沢賢治）の「クラムボン」とは何か、ということは、読者にとって常に謎である）など、作品のことばを吟味する観点は少なくない。これらの項目は平成二九年版学習指導要領における「知識及び技能」の内容にあたるものを含んでいる。これらの事項を文学作品の学習指導において扱っていく場合、「知識及び技能」に関する要素を学習者が理解するために恰好の文脈がもたらされることになる。

(6) 主題の概念とその把握

「主題」については、文学教育に関する論議において多様な意見が交わされてきた。どのような作品についても、ある一定の手順にしたがっていけば「主題」を導くことができるという主張がなされた一方で、作品の読みを単一の「主題」に還元することなどできないという批判も展開されている。もちろん、文学作品に「主題」をまったく認めないでよいかと言えば必ずしもそうではない。

「主題」を措定しながら作品を読むということは、各々の学習者の読みの焦点を明確にしていく上で重要な営みであり、それを交流させることによって、友人の読みの焦点の在り処を知り、その共通点と差異を検討することができる。「主題」を問題にすることを「結果」とみなさず、「出発点」とみなしていきながら、それを追究する「過程」を重んじる限りにおいて、「主題」指導はいまだに文学作品の指導における重要な局面なのである（「主題」指導において、その主題把握の過程を重んじることに意義があるという見解は、つとに市毛勝雄の『主題認識の構造』（明治図書、一九八〇）において的確に指摘されている）。

5　文学教育の方法

(1)　文学の指導過程

文学教材をどのように教えるかという問題は、つまるところその教材によってどのような読むことの体験を成立させるかという問題につながる。成人の読書であれば、自分なりの読み方をそれぞれに工夫していけばよいわけだが、文学の授業において求められる「読み」は、各々の指導者が工夫する「指導過程」（指導のための一連の手続き）によって異なってくる。同じ教材であっても、それを扱うための「指導過程」が異なれば、その指導で目指される「読み」の姿も異なったものとなる。

わが国の文学作品指導の諸理論においては、このことについての議論が繰り返し行われてきた。

現在までのところ、文学作品の指導過程論は、大別して三つの種類に分かれる。すなわち、一読法、二読法、三読法の三つである。これらはそれぞれの指導過程論を特徴づけている読みの方法に基づいて、便宜的につけられた名前である。次に、それぞれの代表的な指導過程を掲げる。

A　一読法

児童言語研究会

1　題名読みと予備会話

2　立ちどまり……共同の立ちどまり場所（一文、段落、内容上）を設定し、共同学習によるひとり読みが深く豊かになる。

・読みの基本作業　　　　　　・基本作業の形式

①話しかえ　　　　　　　　ア．書きこみ・書きだし

②関係づけ　　　　　　　　イ．話しあい

③見通し・予想

④感想・意見・批判だし

⑤まとめ（プラン）の仕事

3　表現読み（自分の読みとったすべてを傾けて表現する読み）

（児童言語研究会『今から始める一読総合法』一光社、二〇〇六）

B　二読法

文芸教育研究協議会

Ⅰ　導入の段階　　1〈だんどり〉児童の読みの構えをつくる

（作者や作品について、難語句）

Ⅱ　展開の段階　　2《とおしよみ》（共体験の段階、視点を媒介として切実な文学体験の形成）

〈ひとりよみ〉〈よみきかせ〉

〈はなしあい〉
《たしかめよみ》（全体の指導計画の～1／3の時間）
・視点をとおす読み　・相関をおさえる読み
・過程にそっての読み　・あいだの感想
3《まとめよみ》（典型化の段階、文学体験の思想化と典型化をめざす）
・構造をつかむ読み　・性格をつくる読み
・主題・思想にせまる読み　・典型をめざす読み

Ⅲ　整理の段階

4〈まとめ〉
〈おわりの感想〉（はじめの感想との比較）
〈つづけよみ〉〈くらべよみ〉
（西郷竹彦監修・文芸教育研究協議会著『文芸研・新国語教育事典』明治図書、二〇〇五）

C　三読法

輿水実・文学教材の基本的指導過程
（1）教材を調べる　わからない文字・語句を辞書で引くなり、文脈のなかで考えて全文を読み通す
（2）文意を想定する　読みの目標や学習事項をきめ、読み方の性格を決定する
（3）文意にしたがって各段落、各部分を精査する
（4）文意を確認する
（5）この教材ででてきた技能や、文型、語句、文字の練習をする

（輿水実『講座国語科における基本的指導過程』明治図書、一九六五）

（6）学習のまとめ、目標による評価

右に掲げた三つの方法のうちもっとも伝統的なものがCの「三読法」であると言ってよい。「三読法」は「三層読み」とも呼ばれ、読むことに関するあらゆる指導過程論の基礎となっている。「三読法」ないし「三層読み」の基礎を築いたのは、次のような理論家たちであり、各々が左に掲げたような読みないし解釈の三段階を考えていた。

（1）垣内松三（かいと・まつぞう　一八七八—一九五二）『国語の力』[14]

形象の直観↓形象の自証↓形象の証自証

（2）西尾実（にしお・みのる　一八八九—一九七九）『国語国文の教育』[15]

素読↓解釈↓批評

（3）石山脩平（いしやま・しゅうへい　一八九九—一九六〇）『教育的解釈学』『国語教育論』[16]

通読（①素読②注解③文意の概観）↓精読（①主題の探求・決定②事象の精査及び統一③情調の味得又は基礎づけ④形式による証自証）↓味読（鑑賞）（①朗読②暗誦③感想発表）（↓批評）

これらの説はいずれも国語教育解釈学に拠っている。とりわけ、石山脩平の説はヘルバルト学派による五段階教授説（予備—提示—比較—総括—応用）を文章の解釈の実践過程に応用したものであると位置づけることができる。石山の説における最後の「（↓批評）」の部分は、当初彼の『教育的解釈学』における解釈過程論に「批評」が含まれていたけれども、後の『国語教育論』に至って「批評」を解釈の枠の外に置いた、ということを意味する。

先に掲げた三つの指導過程論は、程度の差こそあれ、このような読みの三段階説を前提としている。

そのうち、輿水実の「文学教材の基本的指導過程」はこれらの理論を継承し、簡潔に定式化したものである。教

材とする文学作品が何であるかを問わず、また、誰が授業者であるか（学習者であるか）を問わず、読みの指導を営む場合にこの「指導過程」に則ることによって、授業を進めることができるという意味で「基本的」なのである。輿水は後年次のように述べている。

国語読本、国語教科書の読みは、教室において教師がついて読ませる、だいたいみんなが一斉に読む読みである。それは単なる楽しみ読み、すなわちレクリエーションの読みではない。単なるインフォメーション、知識情報のための読みでもない。同時に発達的な読み、読む力をつけるための読みでなければならない。（中略）とにかく、読本系教材では、その内容を読みとり、読みとりの技術を身につけ、そこに出てきた文字、語句等に習熟することが必要で、教材の持っているこの三要素、三方面を、できるだけ自然に、順序よく、しかも十分に学習し得るようにくふうしたのが基本的指導過程である。

それは、誰もが心得て、その指導の出発点とならなければならない指導過程である。

（輿水実『昭和国語教育個体史』溪水社、一九九〇、五八九〜五九九ページ）

輿水が「基本的」という言葉を使った意図とこの指導過程の特徴がよくあらわれている。

児童言語研究会や文芸教育研究協議会の主張する指導過程は、こうした「三読法」「三層読み」の指導過程に対する代案として提起されたものであって、「三読法」や「三層読み」を読むことのすべての指導にわたって用いることに対する批判の上に成り立っている。児童言語研究会の指導過程は、「三読法」や「三層読み」がもたらす指導過程が、繰り返しを多く含み、ともすれば学習者の学習意欲を減退させる嫌いがあるということを重くみて、それを克服するためにつくられたものである。文芸教育研究協議会の指導過程は、文学作品（文芸研の言い方に倣えば「文芸作品」には文学作品の独自性を踏まえた指導過程が必要であるという立場から生み出されたものである。

しかしながら、児童言語研究会や文芸教育研究協議会の指導過程論にあっても、学習の過程における読むという行為を多層的なものとしてとらえること自体は否定されていない。読むことの指導過程を構想しようとすれば、まずは〈全体〉→〈部分〉→〈全体〉という流れを持つ「三読法」ないし「三層読み」的な過程こそ、もっとも基本的な過程となるだろう。輿水実の唱えた指導過程に「基本的」と冠されているのも、このためである。

これはつまり、文学作品の指導過程論に、これが絶対であるという決定版はまだ作られていない、ということである。文学作品は多様であり、そのすべてを覆うことのできる指導過程論を作ることは、きわめて難しい。目の前の教材を扱うために、どのような指導過程を組み立てることがもっともよいのか、単元の目標を扱うためにどのような指導過程が必要となるのか、ということを絶えず考える必要がある。

また、〈全体〉↕〈部分〉という流れと平行して、指導過程構築の際には、〈個人〉↕〈集団〉という流れも考慮に入れていく必要がある。教室という集団での読みが必要となるのは、多くの場合〈部分〉の検討の場面である（もちろん、教材の主題や思想を扱う場合は〈全体〉と〈部分〉との関係を扱う）。最終的に、教材とする文学作品全体についての把握が為されるのは個人の内部である、ということを忘れてはならない。あくまでも、読むことの指導とは、一人一人の読者を育てるということにその目標があるためである。しかしそれも、一人一人バラバラにというのでなく、《誰かとともに育つ》ことをめざすものだからこそ授業が必要になるということも忘れてはならない。

右に取り上げた種々の指導過程論は、これまでの国語教育が築いてきた遺産の一部であると言ってよい。しかし、これから教師になろうとする者にとって大切なのは、自らが教壇に立つ教室の状況にかなった「指導過程」を、自らの力であるいは子どもに同僚に学びながら作っていくということである。もちろん最初は、様々な形で報告されている先達の遺産を模倣するところから始めなければならないし、そうすべきでもあるが、模倣を繰り返す中で、少しずつ自分なりの工夫を加えていくことができるといい。

このように、諸々の指導過程論を検討し、比較してみると、それぞれの団体の主張には重なりあう部分が少なくないことがわかる。叙述を大切にするという視点と、読者の読みの多様性を保証するという視点とのいずれかのみを重んずる指導過程はむしろまれである、と言ってよい。

(2) 文学教材の指導方法

文学の授業が読むことの力を学習者のものにするために営まれることは間違いがない。しかし、文学作品には他の文章には見られないさまざまな属性がある。指導にあたっては、読むことの学習指導全般に共通して求められる学習内容と、文学独自の学習内容との双方を把握していかなければならない。

文学の学習指導においては、学習者が作品から受け止めた感想や意見を重視していく必要がある。もちろん、初発の感想や意見のなかには、作品と十分に関わり合わないままに提出されたようなものもあるかもしれない。学習指導をおこなっていくなかで、学習者と作品とのあいだの葛藤を生み出し、初発の感想や意見を修正し、変容させていく過程を作り出す必要があるだろう。

文学作品を読むことの学習には、およそ次のような段階を想定することができる。

①作品に対する子どもの関心を促し、反応をひらいていく
②自らの抱いた感想を作品の表現とかかわらせ、作品に対する自らの反応を深化・拡充していく
③作品を繰り返しひたすら読む過程で自らの読みをまとめあげ、作品に対する意見を確立する
④自らの読みを他の人々の間に置き、自らの読みの特徴を他者の読みと比較するなかで明らかにする

⑤再び、自らの読みをかたちづくる

このような諸段階をそなえた指導過程と、それによる学習指導を通して子どもの文学体験を豊かなものにしていくようにしたい。

ア　作品に対する児童の関心を促し、反応をひらいていくこと

①の段階においては、児童の作品に対する関心をひきだしていくことが重要である。これから授業で扱う作品について感想を持たせて、読むことの学びに取り組み構えを作っていく必要がある。

岩井幹明による「ひとつの花」の実践報告[17]は「子どもの読者」の研究を自覚的に進める必要から生まれた授業実践の報告である。このため、岩井実践では、「ひとつの花」が子どもたちに起こしたこと、生み出したことを重んじる取り組みが行われることになった。岩井の言葉を借りると「教材化における子ども読者とのかかわりについて考える」ことが、この実践での重要な目的であった。

岩井の実践における「授業過程」は次のような五段階にわたる。

一　作品の読み聞かせと感動の表出

○教師が作品を読み、出合わせる（ずばりと読むこと）／○読み聞かせ直後、各自に感動を表出させる。〈方法は、感想文、読（ママ）、絵、口頭、動作など、学年や作品による〉

二　感想交流と作品追求の課題づくり

○感想の班、学級集団での交流／○ひとり読み、書き込み、課題づくり／○班を学級の課題づくり
三　学級集団による課題（作品）追求
○ひとり読みの追求の中味づくり（課題ごとに）／○課題に対する班、学級集団による話し合い／○課題ごとのまとめ
四　課題追求の総まとめと成長のたしかめ
○作品に対する自分の意見をまとめる〈方法は、論文、感想、詩、手紙、その他〉／○成長のたしかめとして「まとめ」の交流発表／○成長の典型を重視し、この作品のねうちの発見／○作家との結びつき
五　個人、班、学級集団による読書活動
○わたしの読書体験の交流／○家庭での親子読書活動／○学級読書活動の具体化（今月のベストセラー発表など）

「一」の段階で、二時間をかけて書かれた子どもの「感動」（教師の読み聞かせを通しての、作品に対する初発の感想）の一つに次のようなものがあったという。

きれいな花　　三年Y子

わたしは、「ひとつの花」を聞いて、思ったことや考えたことは、なんでも、もうひとつというと、なんでもくれるけど、なぜあげるのか、お母さんにいうと、なんでもくれると思っているのだとおもいます。こどもはいつも、お母さんがいうことをしっているのだから、もうひとつといったりするのだとおもいます。お父さんは、せんそうにいってしまうからかわいそうです。
わたしは、せんそうなんてないほうがいいとおもいます。せんそうがないとへいわにくらせるからです。お

とうさんは、こどもにコスモスの花を一つとってあげたときのきもちや、こどもがもらったときのきもちは、どんなきもちだったかとおもいます。お母さんのきもちもどんなきもちだったのか。おわり。

このY子は「まだほとんど仲間と口をきかないし、学習もおくれている子ども」であったという。しかし、岩井も考察しているように、Y子の文章には作中人物の関係をしっかりと捉え、その捉えたことがらを「学級の仲間や自分に対して」投げかけようとする心の動きを感じ取ることができる。

四二名学級の全員が、このようにして「感動」を記した後、授業過程の「二」に入る。感想（感動体験）の交流と課題づくりであるが、授業時数「二十一時間」であったとされている。各自が「表出した感想文」をもとにして「課題〈作品追求の視点〉」を、班や学級で探っていく営みが展開されていく。このとき、授業者である岩井は繰り返し次の三つのことを子どもたちに「要求」したという。

1　「ひとつの花」を自分で聞いて（「読んで」か？——山元注）、自分の感想文のうんといいなと思ったところへ赤線を引くんだよ。

2　友だちの感想文を聞いたり読んだりして、いいなとか、自分とちがうなと思ったことや考えたことを、メモ用紙〈ノートでもよい〉に書いといて、あとで友だちに話すんだよ。

3　友だちの感想文や自分の感想文で、みんなに発表した方が、自分もみんなもよくなると思う感想文を、班内で発見して、発表する人を何ん（ママ）でもよいから決めること。

具体的に感想を表現し、交流するために必要なことをわかりやすく指示されていたことがわかる。このようにして感想を交流しながら、班の「課題」と学級全体の「課題」づくりへと授業は進んでいった。岩井の「ひとつの花」実践の冒頭は、子どもの感想をどのように引き出し、受け止めるかということのすじみちを伝えるものとなっている。

イ　「一人読み」の際の「書きこみ」

②（自らの抱いた感想を作品の表現とかかわらせ、作品に対する自らの反応を深化・拡充していく）の段階や③（作品を繰り返しひたすら読む過程で自らの読みをまとめあげ、作品に対する意見を確立する）の段階は、たとえば児童言語研究会の「一読総合法」における「一人読み」の段階である。「一読総合法」の「一人読み」においては、「書き込み」や「書き出し」を積極的に進めることで、作品を読んだ子どもの内面に生じた疑問や感想、意見などを言語化していくことが求められている。読みの姿勢を能動的なものにする上で、このような「書き込み」や「書き出し」といった活動は有効である。「一読総合法」に拠る拠らないにかかわらず、「書き込み」や「書き出し」は多くの教師が授業実践に取り入れている。アで触れた岩井幹明の実践では「赤線」を引いたり、「メモ用紙」に感想を書き出すことが行われていた。

しかし、「書き込み」という方法を読みの指導において取り入れていく上で、もっとも大きな問題点は、書き込みの仕方についての理解に個人差が見られるということである。この点をどうにかしていかないと、「話し合い」などの「一人読み」を踏まえた学習活動にまでその影響が及んでしまう。

石井順治は、「白いぼうし」の学習指導にあたって、この問題を克服するために、次のような「書き込み」例を含む「学習の手引き」を児童に配布した。[18]これは、「白いぼうし」の既習部分について、実際に四人の児童がおこなった「書き込み」をもとにして作成されたものである（左の「書き込み」例において、○△□◇の記号はそれぞれ別々の児童の「書き込み」であることを示す。）

□どうしてここに置いたんだろう。
◇なんだ。だから置いてあったのか。
○なぜ、ちょうをにがしてしまったのに、こんな言葉をつかったんだろう。
△なぜ、こんないやなことばを言うんだろう。

「ちっ、わざわざここに置いたんだな。」

ぼうしのうらに、赤いししゅう糸で、小さくぬい取りがしてあります。「たけやまようちえん　たけのたけお」

○なぜ名前を見てため息をついたのかな。もしかして知っている子かな。
◇にげてしまった。どうしよう。かなしむかな。
□何と言ってあやまろうかな。
△なぜため息をつくのかな。にがしたからだな。

小さなぼうしをつかんで、ため息をついている松井さんの横を太ったおまわりさんが、

△おまわりさんにじろじろ見られていやだっただろうな。
◇どうしてじろじろ見たのかな。あやしいと思ったから
□何をやっているんだろう。あの人。
○松井さん、じろじろ見られて、かわいそう。

じろじろ見ながら通りすぎました。

△やっぱりやさしい人なんだな。
○えものって、ちょうのことかな。
○自分がこの子みたいに松井さんは思った。
□ほんとうに、なんてあやまればいいのかな。

「せっかくのえものがいなくなっていたら、この子は、どんなにがっかりするだろう。」

（石井順治『子どもとともに読む授業―教師主導型からの脱皮』（国土社、一九八八年）による。）

このような「手引き」は学習者に「書き込み」のモデルを提示し、どのような「書き込み」をすればよいのかということを教えるものである。学習者は、自分の取り組みやすい「書き込み」の見本を見つけることになる。

右の書き込み例に関して、児童の学習のための「手引き」のなかで石井自身は次のように解説している。

四人の「書きこみ」は、とってもいいですね。心の働かせ方がいいのです。

では、どのように心を働かせているか考えてみましょう。

・登場人物の松井さんの気持ちになっている。

・松井さんのすることを、やさしいなあなどと感心している。

・夏みかんの色やにおいを思いうかべている。

こういう心の働かせ方をしたから、いい「書き込み」ができたんですね。

それに対して、なんでも「なぜ～だろう」「どうして～だろう」というふうに書きこむのは、よくありません。「なぜかたをすぼめたのだろう」「なぜ車にもどったのだろう」「なぜいいにおいがしたのだろう」と、「なぜばかり考えていたのでは、なんだか「なぞなぞ」か「クイズ」をしているみたいになってしまうからです。

四人の人のんこうにして、「白いぼうし」の後半の「書き込み」を力いっぱいしてみましょう。

ここには、主として文学作品を読む際の「書き込み」の具体例とその分析が示されている。「なぜ」型の「書き込み」も時には必要だが、ともすれば、「なぜ」と問うことが作品の世界を想像するという、文学の読みにおいて大切な行為を遂行する妨げになることを、右の引用の後半で石井は強調している。どのように「書き込み」を行えばよいのかということを、学習者とともに学習する時間を設けることで、「書き込み」の仕方に慣れていない学習者にもその方法を学ばせていくことができる。

また、「書き込み」を行う際の「心の働かせ方」について右の引用部分で石井が述べていることも重要である。「書き込み」以前の読みにおける「心の働かせ方」についての注意を喚起していくことによって、文学作品の読み方を間接的・媒介的に子どもに伝えていく試みであると言ってよい。それは、読む際にどのような「構え」をとればよいのかということを、間接的に学習者に教えることでもある。「書き込み」「書き出し」という方法をこのようなかたちで学習者が身につければ、作品に対してより積極的な反応が促されるだろう。

ウ　話し合い活動の組織化

④の段階（自らの読みを他の人々の間に置き、自らの読みの特徴を他者の読みと比較するなかで明らかにする）においては、「一人読み」の成果をもとにして、児童相互に意見を交流させていくことが必要になる。話し合いの形態は、いわゆる一斉授業の形態だけでなく、ペアでの話し合い、小グループでの話し合い、学級全体での話し合い、といったいくつかのレベルで考えることができる。このようにさまざまなレベルで意見を交流しながら、その時点その時点で自らの読みがどのように変容したのかということを振り返らせるようにしたい。

次に掲げるのは「白いぼうし」の授業記録の一コマである。[19]

T　はじめに、〈女の子〉だとわかるところに線をつけてもらっていますね。後で〈ちょう〉だとわかるところにも線をつけてもらいましたね。何か気づくことはありませんか。
猛範　会話文のところが多いか？
裕麻　や！　同じところがある。
C　ほとんどいっしょ。
T　同じ文章なのにどうして〈女の子〉になったり、〈ちょう〉になったりするんでしょうね。
（しばらく、班で話し合い。）
貴士　ぼくらもはじめは〈松井さん〉が信じているから〈女の子〉かと思っていたけど、それは〈松井さん〉に寄りそって読んでいたからだまされてしまったわけで、〈菜の花横丁〉のところで変だと思いはじめるわけ。でも、〈松井さん〉の《内の目》から見たらずっと〈女の子〉になるから。
洋平　〈つかれたような声でした。〉のところでも、〈松井さん〉の《内の目》だと道に迷って歩き疲れたからかもしれないと思っているけど、読者の《外の目》だったら〈ちょう〉かもしれないと思っているので、捕まえられそうになって必死で逃げたからかなと思う。
猛範　読者はもう最後まで読んで、4の場面を知っているので、再読だったらやっぱり〈ちょう〉が化けた〈女の子〉になってしまうと思う。
T　ここで、ちょっと問題です。〈あれっ。石がのせてあらあ。〉と〈客席の女の子が、後ろから乗り出して、せかせかと言いました。〉の間に、何かつなぎ言葉を入れるとしたら、どんな言葉が入るでしょうね。
C　班で話し合いの時間ですね。五分はいると思う。
班での話し合いの後、「だから」「それで」「すると」「そのとき」などの接続詞を入れてくれました。理由は〈松井さん〉の《内の目》からは〈女の子〉だけど、読者の《外の目》からは〈ちょう〉だと読めるからだととらえてくれました。

T　だから、今言ってくれたようなつなぎ言葉、接続詞を入れて読むことになるのですね。もし、この接続詞がはじめからあったらどうですか。

貴士　せっかく、はじめ〈女の子〉かと思っていたのが、ここですぐに完全に〈ちょう〉になってしまって、おもしろくないというか。

陸　ぼくも同じで、読者は初読のときは〈松井さん〉が信じているので、同じように〈女の子〉かもしれないと思ってしまうかもしれないけど、「すると」とか、「それで」とか接続詞があると、初読でも〈ちょう〉になってしまうと思います。

T　そうですね。ここに接続詞がないから、どっちにも読めるわけね。ちょっとまとめるよ。（板書で確かめながら）同じ文章表現でも二重に読める。〈女の子〉とも読めるし〈ちょう〉とも読めるね。〈松井さん〉の《内の目》では〈女の子〉。でも、読者の《外の目》では〈ちょう〉に見えてしまう。みんなが本当の〈女の子〉といっていたのは、言い換えると「現実」。

でも、読者から見た〈ちょう〉が化けた〈女の子〉は「現実」じゃない。だって、〈ちょう〉が〈女の子〉に化けるなんて実際にはないことだからね。だから、「非現実」というのです。でも、みんなにはそう見える。本当のようなそうでないような。そういうのを「ファンタジー」と呼んでいます。今日はすごい勉強ができましたね。

ここでは、叙述の「視点」が問題にされ、中心人物松井さんの「《内の目》」（登場人物の視点）によりそった場合と、読者の「《外の目》」（登場人物の言動を捉える第三者の視点であり、作品内では語り手の視点であることが多い）で捉えた場合とでは、同じ部分の解釈の仕方が異なってくるということが問われている。一人読みの段階でサイドラインを引くという作業が求められたり、あるいは、作品のいわば「空所」（書かれている部分を相互に関連づけることのできる余白の部分。読者の想像力によって補うことができる可能性を残した部分）について、グループ（班）の話し合いを通してどのような「接続詞」を補ったらよいかということを考えたさせたりして、その結果が学級全体の話し合いのなかで生かされるように、授業全体が仕組まれている。

この授業で扱われている学習課題は、「白いぼうし」という作品を教材として扱う場合に、つねに子どもの疑問が集中する「女の子は何者か？」という問題である。班や学級全体の話し合いで、課題についての意見を交流させるなかで、おそらくこの授業に参加した子どもの「白いぼうし」の読みは、一人読みの段階での読みと比べて少なからぬ変容を被ったものと考えられる。

この授業の場合、そのような過程を営むことを通して、ともすれば水掛け論におわってしまいかねない「女の子は何者か？」という問いに対する議論を、「ファンタジー」の特質に関する議論にまで結びつけていったところに、大きな価値があるように思われる。おそらく、4年生の子どもが一人で読むだけでは、この授業の児童の発言からうかがわれるような発見が生まれることはないだろう。ここに、話し合いというプロセスの持つ大きな役割がある。

エ　自らの反応の過程をふりかえる活動の組織化

さらに、⑤（再び、自らの読みをかたちづくる）の段階で、自らの「一人読み」によって読みとった内容が、話し合いや意見の交流のなかでどのように修正され、深められたのかといことを確認していく必要があるだろう。そのために、単元の進行の節目節目で作品に対する感想を書かせたり、その授業での友人の発言について自らの考えたことを書かせたりして、自らの反応の変容の過程を確認することができるようにすることも必要である。その際には、発言を価値づけるための評価の枠組みを示していくことも必要となる。

6　文学教育の研究を深めるために――論文作成への手引き――

(1)　研究の対象と研究の方法

文学教育の研究の対象は多岐にわたるが、大きな柱を左の表のように考えることができるだろう。

Ⅰ　文学教育の原理的研究（目標論を含む）
　1　理論的研究
　2　歴史的研究
Ⅱ　文学教育内容論
　1　文学を読む能力の発達に関する研究
　2　文学教材論
Ⅲ　文学教育方法論
　1　指導過程論
　2　指導方法論
Ⅳ　文学の授業論・授業研究
Ⅴ　諸外国における文学教育の研究

Ⅰ　文学教育の原理的研究（目標論を含む）

1　理論的研究

文学教育の原理的な研究は、多岐にわたると思われるが、その中心となるのは「読むという行為」の原理的な解明と、その実証的な検討である。たとえば「読むという行為」の原理的な解明に関しては、現在、文芸批評理論や認知心理学の領野で精力的な取り組みが少なからず見受けられる。ヴォルフガング・イーザーの『行為としての読書』[20]やルイーズ・ローゼンブラットの『探究としての文学』[21]などは、いずれも読者とテクストとの相互作用ないし交流の模様を描きながら、読者の能動的役割を明らかにしようとしたものである。

もちろん、文学教育の原理的な研究においては、文学の授業を構成する諸々の要因の一つ一つを原理的に検討していく必要があるだろう。文学を文学たらしめているのは何か、ということを考察していくためには、やはり作品そのものの多様な局面を明らかにしていく必要がある。文学作品が、他のジャンルの文章やメディア作品とどのように異なっていて、いかなる独自の特徴をそなえているのか、という観点からの考察も忘れてはならない。

2　歴史的研究

文学教育を歴史的にとらえようとする試みにおいて、もっとも困難なのはその資料の確保である。すでに、浜本純逸による『戦後文学教育方法論史』（明治図書、一九七九）や田近洵一の『戦後国語教育問題史』（大修館書店、一九九一、増補版一九九九）のような精力的なしごとがある。が、浜本も述べているように文学教育の実質史を記述することは、まことに困難であり、それを可能にするためには日々取り組まれている授業実践を記録した資料の蓄積が不可欠である。

Ⅱ　文学教育内容論

1　文学を読む力の発達に関する研究

文学のカリキュラムや指導の系統を構築していこうとすれば、子どもの文学を読む力がどのように発達していくのかということを検討していく作業が必要となる。しかし、読むことを研究していく上でも、文学の読みとなるとかなり複雑な要因が絡み合っており、その発達を促す契機をとらえるということは容易なことではない。わが国の場合、この方面の研究の蓄積はけっして多いとは言えない現状にある。

「発達」をどのようにとらえるのか、ということも大きな課題である。人の発達を「個人」としてある力の伸びゆくすじみちとしてとらえるのではなく、むしろある社会文化的状況のもとで他者との関係のなかで育まれるものとしてとらえていく必要がある。まずは一人一人の児童が話したことばや書き記した文章などをもとにしながら、そこに子どもの読者反応をとらえ、それがどのように複雑になっていくのかということをとらえることから検討を始めることだ。「発達」の研究は、常に「仮説」の提示・検証を繰り返していくことであるのかもしれない。が、何らかの調査研究において明らかになった問題を、授業において検証しながら、授業における子どもの学習活動を活性化していく契機として生かしていく、という視点を絶えず持つことは重要である。

2　文学教材論

主として、文学教育の教育内容に関する検討がこれにあたる。小学校の場合は、主に児童文学作品がその対象となるだろう。これは、近代・現代の児童文学研究の成果に学びながらことを進めて行かなくてはならない領域である。

とはいえ、文学研究の成果がそのまま文学教材の研究になる、というわけではない。その作品にどのような角度から切り込んでいけば学習が成り立つのかという問題意識を持つことが必要である。

宮川健郎の『国語教育と現代児童文学のあいだ』(日本書籍、一九九三)は、児童文学研究者サイドからのアプローチであるが、代表的な国語科文学教材に焦点を当てながら、「現代児童文学」のどういった部分が教材となるのか、あるいはどういった部分が教材とならないのか、という問題を追究している。

近代・現代の児童文学作品の研究がどのようなかたちで営まれているかということは、文学教育をおこなっていく者として関心を抱いていく必要のある問題である。また、現代児童文学作品のなかで、どのようなものを児童に読ませていけばよいのか、という問題意識を常に持つことも必要であろう。『日本児童文学』(日本児童文学者協会)、『児童文学研究』(日本児童文学学会)などの児童文学関係の機関誌に掲載されている論文や記事に関心を持つことが必要である。また、現代児童文学の展開については、宮川健郎著『現代児童文学の語るもの』(NHKブックス、一九九六)や宮川健郎編著『児童文学　新しい潮流』(双文社出版、一九九七)、大藤幹夫ほか編著『現代日本児童文学選』(森北出版、一九九四)に、わかりやすい解説がある。また、児童文学のアンソロジーとしては、文庫版で読むことのできるものとして、井上ひさし編著『児童文学名作選』（全四巻、福武文庫）、今江祥智ほか編著『現代童話』（全五巻、福武文庫）、灰谷健次郎編著『現代童話館』（全二巻、新潮文庫）、桑原三郎・千葉俊二編『現代児童文学名作集』（全二巻、岩波文庫）などがある。また、宮川健郎著『物語もっと深読み教室』（岩波ジュニア新書、二〇一五）は、読む行為を深く考えるための視点を、多くの文学作品をもとにながら的確に提示している。

Ⅲ　文学教育方法論

1　指導過程論

「指導過程論」は諸家の文学教育論の具体的なすがたをとらえていくために、重要な領域である。諸家の提出する「指導過程論」を比較検討する営みをもとにして、多様な考察を期待することができるだろう。たとえば、ある一つの文学教材について、記述されたいくつもの「指導過程」を比較考察することによって、それぞれの論者の主張の特徴を浮き彫りにし、文学教育の具体的局面の記述が可能になる。のみならず、文学の指導を構想していく上で看過することのできない問題を把握し、よりよい文学教育を構想し推進していくための諸条件を整理することも可能になるだろう。

2　指導方法論

できるかぎり多くの実践記録、実践報告を収集し、個々の文学教材の実践にみられる指導方法を比較検討していくことが考えられる。もっとも、実践に近い研究となる可能性がある。たとえば、授業を展開していく上で必要になる指導方法には、問答法や作業法、討議法、などさまざまな種類の方法がある。それぞれの方法の持っている長所と短所を見極めて、どのような教材の場合にはどの方法がもっとも適切か、ということを検討することができるようにしたい。だが、表面的な方法にばかり目を向けるのではなく、その方法を支える諸々の要素をとらえていく必要がある。

Ⅳ　文学の授業論・授業研究

1　授業研究

文学作品が実際に教室でどのように扱われているのかということの研究を進めていくことは、文学教育を進めていく上で、常に関心を持たなければならない問題である。文学の「授業」を成立させるための諸条件をそこでは探っていかなければならない。

教育・国語教育関係の研究機関誌に掲載されている実践記録や実践報告を収集し、そこに記述されている授業の特徴をとらえ、それに学んでいくということを出発点としていく必要がある。もちろん、論文として報告されたものは実際の授業のすべてを伝えているわけではないので、資料としては自ずと限界があることは確かだが、それでも報告されている論述を手がかりにしながら、「授業」の成立条件を考察していくことはできる。

もちろん、授業研究は実際の授業に即して行われる必要がある。授業を観察することのできる機会を生かして、できるだけ多くの授業をみることも必要である。その意味で、教育実習の自らの授業などを録音・録画し、それについて分析を加えていくことも重要な授業研究となるだろう。

なお、近年は「カンファレンス」や「再生刺激法」など、授業をＶＴＲ録画したものを活用しながら、その画像を複数の人で検討し、授業改善をめざしていく試みも提案されている。[22] 授業研究にあたって大切なのは、自らの行った授業実践を「反省的」にとらえていくという営みである。そこでの「反省」には、文学の授業の場合、指導者自らその作品の「読み」を振り返るということまで含まれる。

2　学力評価論

文学教育のみの学力評価論ということだけを考えていくわけにはいかない。国語科という教科構造の内部に文学の指導を位置づけるのであれば、国語科で育てなければならない学力にはどのようなものがあり、文学を読むという学習がそのどこに位置づけられるのかということを探っていかなければならないだろう。文学作品を読むことでなければ育てることのできない学力とは何かということを、私たちは考えていく必要がある。

たとえば、アメリカにおいては到達度評価の研究の一環として、文学における学力評価基準を設けようとする試みがある。アラン・パーヴィスによってこの研究には先鞭がつけられた。ブルームの教育目標の分類学（タクソノミー）の文学教育版とでも呼ぶべきものが、パーヴィスらの手によって作成されている。[23] ある意味で、学力評価論とは、学習指導を展開していく側、つまり教師側の文学の読みに対する考え方が色濃く反映することになる。パーヴィスは、文学に関する学力評価の国際比較の作業も行っているが、それによると、調査に対する子どもの回答には、教師の影響や学級での文学指導のあり方の影響が強くあらわれたという。

学力評価の基準の設定にはむずかしいところもあるが、しかし、子どもの示す読者反応をどのように評価していくのか、ということは、教室においては切実な問題である。数学や理科の学習における同種の問題とは多少事情が異なって、文学教育における学力評価の場合には、教える側の主体的判断が入り込んでくることを避けることはできない。これは、文学教育が、あらかじめ強固な学力観によって営まれているわけでないことに起因するし、そもそも文学を読む力が身についたか、つかなかったか、などということは、見極めることの困難な問題だからである。

このことは、文学教育の教育内容は何かという問題にも密接に関連する。

Ｖ　諸外国における文学教育の研究

わが国においては、英・米・独・仏・露・中それぞれの国々の文学教育に関する考究は少なからぬ蓄積がある。まず、そのようなしごとを確実に把握しなければならない。欧米の主要な文学理論・批評理論についての邦訳は少なくない。その影響もあって、諸外国の文学理論に依拠した文学教育論も数多く提唱されている。たとえば、「分析批評」などもともとをたどればアメリカの「新批評」の主張に行き着く。諸外国において提唱されている批評理論や読みの理論などが、どのようなかたちで教育の場面において実現されているのか、ということを調査することも必要である。それは、わが国のばあい、けっして無縁のことなのではなく、むしろ切実な課題である場合も少なくはない。

外国における文学教育の研究を進めていくことによって、わが国の文学教育の歴史と現状を対象化してとらえることができるようになる。常に、外国について調べたことは、自分の住んでいる地域や国で営まれている事象の価値を考える上で重要である。

(2) 論文題目例

先の項目に掲げたⅠ～Ⅴに対応するかたちで、文学教育を中心に研究を進めていく場合の論文題目を掲げた。

Ⅰ　文学教育の原理的研究

1　理論的研究

○文学教育基礎論の研究――受容美学理論を手がかりとして――

○文学学習の成立を支える条件――学習モデルの検討を中心に――

2　歴史的研究

○戦後文学教育史の研究――「問題意識喚起の文学教育」論争を中心に――

○「関係認識・変革の文学教育」論の成立過程に関する研究

Ⅱ　文学教育内容論

1　文学を読む能力の発達に関する研究

○文学作品に対する子どもの反応の発達――「おにたのぼうし」の場合――

2　文学教材論

○児童文学教材における子ども像の検討
○あまんきみこ作品の「視点」に関する研究
Ⅲ　文学教育方法論
1　指導過程論
○文学の指導課程論に関する研究――諸論の比較検討を中心に――
2　指導方法論
○文学の指導方法論の検討――一読総合法を中心に――
Ⅳ　文学の授業論・授業研究
○文学の授業における「発問」の研究――学習の深化を促す働きかけを求めて――
Ⅴ　諸外国における文学教育の研究
○詩的経験を導く詩の学習――英国の小学校における実践を中心に――
○アメリカにおける小説の指導――「ハックルベリー・フィンの冒険」の場合――
○ジェンダーによる読みの違いと文学教育――アメリカにおける調査研究の分析――

(3)　基本資料一覧

前記Ⅰ～Ⅴに即して基本資料を掲げておきたい。

Ⅰ　文学教育の原理的研究
『読者論で国語の授業を見直す』（上谷順三郎著、明治図書、一九九七）
『教室の中の読者たち』（丹藤博文、学芸図書、一九九五）
『文体づくりの国語教育』（熊谷孝著、三省堂、一九七〇）
『状況認識の文学教育〈増補版〉』（大河原忠蔵著、有精堂、一九八一）

『十八十色を生かす文学教育』（太田正夫著、三省堂、一九九六）
『西郷竹彦文芸・教育全集』（西郷竹彦、恒文社、一九九六～一九九九）
『認識・表現の力を育てる文芸の授業』（西郷竹彦著、部落問題研究所、一九八四）
『〈対話〉をひらく文学教育――境界認識の成立――』（須貝千里、有精堂、一九八九）
『国語教育と読者論』（関口安義、明治図書、一九八六）
『読み手を育てる』（田近洵一、明治図書、一九九三）
『西郷文芸学の成立と展開（西郷竹彦文藝教育著作集、別巻2）』（足立悦男、明治図書、一九八二）
『戦後文学教育方法論史』（浜本純逸、明治図書、一九七八）
『戦後国語教育問題史』（田近洵一、大修館書店、一九九九）
『文学教育基本論文集（全四巻）』（西郷竹彦・浜本純逸・足立悦男編著、明治図書、一九八八）
『文学教育基礎論の構築――読者反応を核としたリテラシー実践に向けて――』（山元隆春、溪水社、二〇〇五）
『〝解釈〟と〝分析〟の統合をめざす文学教育――新しい解釈学理論を手がかりに――』（鶴田清司、学文社、二〇一〇）
『読むという行為を推進する力』（寺田守、溪水社、二〇一二）

Ⅱ　文学教育内容論

『国語教育と現代児童文学のあいだ』（宮川健郎、日本書籍、一九九三）
『鑑賞指導のための教材研究法――分析批評の応用――』（長尾高明著、明治図書、一九九〇）
『読者論による国語教材研究――小学校編――』（竹長吉正著、明治図書、一九九五）
『文学教材指導法の研究』（萬屋秀雄、溪水社、一九八三）
『文学を学ぶ　文学で学ぶ』（浜本純逸、東洋館出版社、一九九六）
『文学すること　教育すること――文学体験の成立をめざして――』（府川源一郎、東洋館出版社、一九九五）
『読書感想文の読者論的研究』（萬屋秀雄、明治図書、一九九七）

『小説の力――新しい作品論のために――』（田中実、大修館書店、一九九六）

Ⅲ　文学教育方法論

『文学作品の読み方指導』（大西忠治著、明治図書、一九八八）

『文学教材の指導法――読み研方式・一読総合法・新分析批評の徹底比較――』（藤岡信勝・阿部昇編著、学事出版、一九九五）

『「書く」のひろがり「書く」のたのしさ』（広瀬節夫・沼津国語同好会著、沼津国語同好会、一九九六）

Ⅳ　文学の授業論・授業研究

『読者としての子どもと読みの形成』（井上一郎、明治図書、一九九二）

『国語の授業方法論』（井上尚美、一光社、一九八三）

『思考力育成への方略――メタ認知・自己学習・言語論理――』（井上尚美、明治図書、一九九八）

『文学教材の《読み》とその展開』（府川源一郎、新光閣書店、一九八五）

『文学の授業と人格形成』（藤原和好、部落問題研究所、一九八一）

『語り合う文学教育』（藤原和好、三重大学出版会、二〇一〇）

『文学教育における〈分析〉と〈解釈〉』（鶴田清司著、明治図書、一九八八）

『国語科授業研究の深層――予測不可能事象と授業システム――』（藤森裕治、東洋館出版社、二〇〇九）

『教室における読みのカリキュラム設計』（八田幸恵、日本標準、二〇一五）

『他者と共に「物語」を読むという行為』（濵田秀行、風間書房、二〇一七）

『中学生の書く行為に着目した国語科における読者反応の支援』（勝田光、風間書房、二〇一九）

Ⅴ　諸外国における文学教育の研究

『アメリカの国語教育』（森田信義編著、溪水社、一九九二）

『中国の国語教育』（南本義一編著、溪水社、一九九五）

『教師のための読者反応理論入門』(リチャード・ビーチ/山元隆春訳、溪水社、一九九九)
『イン・ザ・ミドル―ナンシー・アトウェルの教室』(ナンシー・アトウェル/小坂敦子・澤田英輔・吉田新一郎訳、三省堂、二〇一八)

注

(1) 荒木繁稿、「民族教育としての古典教育」、日本文学協会一九五二年度大会報告・国語教育の部、日本文学協会編『日本文学の伝統と創造』、岩波書店、一九五四年。
(2)「読者」の重視という視点は、戦前から存在した。たとえば、桑原武夫「小説の讀者」(『思想』岩波書店 第一六〇号、一九三五)や熊谷孝・乾孝・吉田正吉「文藝學への一つの反省」(『文學』第四巻九号、一九三六)等がある。西尾実もこの問題をいち早く『国語教育学の構想』(筑摩書房、一九五一)で取り上げている。
　また、小説その他のメディアの読者研究も、戦前の大衆文学論・新聞小説論の文脈において追究されていたことでもある。詳しくは、前田愛稿、「読者論小史」(前田愛『近代読者の成立』、有精堂、一九七二)等を参照のこと。
(3) 小学校においても、この荒木実践に呼応する実践が、鴻巣良雄によって展開された。鴻巣は壺井栄の「坂道」等の生活童話を題材としながら、小学校における生活問題意識の喚起を問う文学教育実践の意義と価値を追究している。
(4) 荒木の実践を批判的に継承するかたちで「読者」の役割を重視する多様な文学教育理論が提唱された。大河原忠蔵の「状況認識の文学教育」論、太田正夫の「十人十色を生かす文学教育」論、熊谷孝の「文体づくりの国語教育」論、西郷竹彦の「関係認識・変革の文学教育」論、藤原和好の「価値葛藤・変革の文学教育」論、などである。
(5) 桑原武夫著、『文学入門』、岩波書店、一九五〇年。
(6) 奥田靖雄・国分一太郎編著、『国語教育の理論』、麦書房、一九六四年。
(7) 井関義久著、『批評の文法——分析批評と文学教育——』、大修館書店、一九七二年。
(8) 向山洋一稿、「分析批評による文学教育と子どもの成長」、『月刊国語教育研究』、八三号、一九七九年。
(9) 鶴田清司著、『言語技術教育としての文学教育』、明治図書出版、一九九六年。
(10) 大河原忠蔵著、『状況認識の文学教育』、有精堂、一九六八年、三一七頁。
(11) 藤原和好著、『文学の授業と人格形成』、部落問題研究所、一九八一年、一一九頁。

（12）Rosenblatt, Louise M., *Literature as Exploration*, MLA, 1938(1st ed.), 1995(5th ed.).

（13）Sumara, Dennis J., *Why Reading Literature in School Still Matters: Imagination, Interpretation, Insight*, Mahwah, New Jersey: Lawrence Erlbaum Associates, 2002, p.160.

（14）垣内松三著、『國語の力（國語學習叢書1）』、不老閣書房、一九二二年（『国語の力：合本』、明治図書出版、一九六八年、他）。

（15）西尾実著、『國語國文の敎育』、古今書院、一九二九年（『西尾実国語教育全集』第一巻（教育出版）に再録）。

（16）石山脩平著、『教育的解釋學』、賢文館、一九三五年（『教育的解釈学／国語教育論』（明治図書出版、一九七三年）に再録）。

（17）岩井幹明稿、「感動体験の質をどう高めたか――今西祐行〝ひとつの花〟に即して――」、『季刊文学教育』、日本文学教育連盟（鳩の森書房）、第八号、一九七四年八月、八八～一〇四頁。

（18）石井順治著、『子どもとともに読む授業』、国土社、一九八八年、四九～五二頁。

（19）久保真知子稿、「『白いぼうし』の授業」、文芸教育研究協議会編著、『新版　文芸の授業　小学校4年』、明治図書、一九九七年、三七～三九頁。

（20）ヴォルフガング・イーザー著、轡田収訳、『行為としての読書』、岩波書店、一九八二年。

（21）Rosenblatt, Louise M., *Literature as Exploration*, MLA, 1938(1st ed.), 1995(5th ed.).

（22）鶴田清司稿、「授業研究」、全国大学国語教育学会編、『新国語教育学研究』、学芸図書、一九九三年、九五～九九頁。

（23）Purves, Alan C. & Rippere, Victoria, *Elements of Writing about a Literary Work*, NCTE, 1968.

四　説明的文章教育

1　はじめに——説明文教材に関わる3つの課題——

日本の国語科には、「説明文（説明的文章）というジャンルの教材を読む」力を育てる領域がある。本章では、この力を育てる領域について述べていくものである。この説明文（説明的文章）というジャンルの教材を読むことの教育／学習については、さまざまな課題が存在している。

1つ目の課題は、そもそも説明文（説明的文章）というジャンルの教材（以後は、必要に応じて説明文教材と略称する）とはどういうものか、ということである。ここには実に多くの文種の文章が含まれている。それらの共通点はなにか、また、相違点をどう考えるか、また共通点と相違点に注目してどのような教育／学習を展開すればいいかということである。

2つ目の課題は、説明文教材を教え学ぶための目標や内容（ここでは一括して目標）は何かということである。日本の国語科では、説明文教材の授業といえば、小学校から高校まで、形式（小）段落ごとの要約→意味（大）段落ごとの要約→文章全体の要旨の作成　と言う授業が頻繁に行われてきた。しかし驚くべきことに、このような内容は既に平成元（一九八九）年告示の学習指導要領でも姿を消している。にもかかわらずこのような授業が行われているということは、説明文教材を教え学ぶための目標や内容が周知されていないということである。

説明文教材の授業の目標や内容が定まっていないことの原因の一つは、それらを定めるための学問の内容が定まっていない、あるいは国語教育の研究や実践に浸透していないということが挙げられる。文学教材の授業の目標や内容は、まがりなりも児童文学や近代文学の研究成果がある程度浸透している。しかし、説明文教材の授業では、その目標や内容を支える学問が日本でははっきりしておらず、その学問内容もあまり国語教育の世界に浸透していないのである。

3つ目の課題は、説明文教材の授業のための方法が硬直化しているということである。先ほど述べた段落ごとの要約→意味（大）段落ごとの要約→文章全体の要旨の作成という流れは、説明文教材の目標を表していると同時に、説明文教材の授業の方法をも表している。このような授業は、目標と内容が一体化して扱いやすく、それが説明文教材の授業では横行していたということになる。

一方で、平成一〇（一九九八）年学習指導要領から本格的に導入された言語活動という考え方は、様々な言語活動に埋め込まれた形で説明文教材の授業を行おうということであった。この考え方は硬直化していた説明文教材の授業を変えていく契機になったが、当初は、また現在も、従来の硬直化した方法と言語活動とをいわば木に竹を接ぐようにセットした単元計画がまだ見られている。言語活動を方法としてどのように説明文教材の授業を展開するか改めて考える必要がある。

以上大きく3つの課題について本章では述べていくことにする。

2　説明文教材とはなにか――1つ目の課題――

説明文（説明的文章）というジャンルの教材には多くの文種の文章が含まれている。小学校だけをみても、事物自体を説明する文章やことがら（たとえばおもちゃをつくる手順など）を説明する文章、既に一般化したり定着化したりした考えを示す文章（たとえば、森林が山を守り災害を守るといった考えを示す文章「森林のおくりもの」）や筆者独自の意見を述べる文章（たとえば生物はみな円柱形であるという独自の見解を述べる「生き物は円柱形」）がある。中学校では、科学論文を噛み砕いたような文章（論説文といわれる）が多く見られるようになり、高等学校では筆者独自の主張をオリジナリティのある論の流れで示す文章（評論文と言われる）が主流を示すようになる。

これら多様な文種の文章が説明文教材に含まれるのだが、その共通点は一言で言えば「現実の世界を対象にした文章教材」ということになる。小説や物語が「虚構の世界を対象にした文章」であるのに対し、これら説明文教材はどのようなものであろうがすべて、現実世界にある事物、ことがらについて説明したり意見を持ったりしている文章教材ということになる。

一方で、説明文教材は大きく2つに分けることができる。1つは、事物自体やことがらを説明する文章であり、もう1つは、一般化した考えあるいは筆者独自の意見を述べる文章である。前者を「事実を説明する文章（事実系）」後者を「考えを述べる文章（主張系）」と呼ぶことにする。事実系の文章は事実を説明する文章であるに対し、主張系は事実をもとに考え（主張）を展開する文章ということになる。

小学校の平成二九年版の学習指導要領（新学習指導要領）の読むことの目標アをみると次のようになっている。

（低学年）ア　時間的な順序や事柄の順序などを考えながら、内容の大体を捉えること。
（中学年）ア　段落相互の関係に着目しながら、考えとそれを支える理由や事例との関係などについて、叙述を基に捉えること。
（高学年）ア　事実と感想、意見などとの関係を叙述を基に押さえ、文章全体の構成を捉えて要旨を把握すること。

こう見てみると、低学年は順序を捉えるようになっており、事実系の文章が主流であるのに対し、高学年は事実と感想、意見などとの関係を押さえるとなっており、主張系の文章が主流であることがわかる。一方中学年は、考えとそれを支える理由や事例となっていて主張系の文章もあるが、「関係など」となっており主張系の文章だけではないことが示唆されている。実際、中学年の国語科教科書には、主張系の教材と事実系の教材とが混在している。そして、学習指導要領を見ても明らかなように、この2つを分けて授業を考えるべきことが示唆されているのである。

以上をまとめると、説明文とは「現実の世界を対象にした文章」でありそこには多様な文章が存在すること、大きく分けて、「事実を説明する文章（事実系）」と「考えを述べる文章（主張系）」とがあるということであり、それらの区別が学習指導要領の指導事項（目標）にも反映しているということである。となると、事実系の説明文教材と主張系の説明文教材とには共通の目標と異なった目標とがあることになるのである。

3　説明文教材で何を教えるか――2つ目の課題――

2で見たように、説明文教材は大きく事実系の説明文教材と主張系の説明文教材に分けることができた。それぞれ何を目標にして教えることになるだろうか。また、共通して教えるべきことは何だろうか。

目標を考えるためには、まずは説明文というものの構造を明らかにしなければならない。そのために、ここでは、説明文自体の構造（内部構造）を明らかにするとともに、説明文がどのような状況のもとに生まれるものなのか、その状況の特性（外部構造）をも見ていき、それをふまえて、事実系の説明文教材と主張系の説明文教材の目標について考えたい。

(1)　説明文自体の内部構造

説明文教材ではなく、説明文自体の内部構造を明らかにするためには、国語教育の周辺学問の研究成果を取り入れる必要がある。

文学教材については、日本近現代文学／児童文学の研究成果がそのバックボーンとなりうる。古典教材や「伝統文化」の教材については、日本古典文学や漢文学（中国文学）の研究成果がそのバックボーンとなりうる。話すこと聞くこと領域の授業内容については、日本語学の研究成果がそのバックボーンとなりうる。書くことの領域については日本語学や書道／書写学がそのバックボーンとなりうる。

それでは、説明文教材の基本となる説明文自体の内部構造を明らかにするための支援となる周辺学問の研究成果はあるのだろうか。確かに、高等学校の評論文の「文章内容」に出てくる、「近代の問題」や「言語と文化の問題」などは、文化研究などの研究成果がそのバックボーンになりうる。しかし、当然のことながら、説明文／評論文の「文章内容」全てをカバーする訳ではない。たとえば、小学校の説明文に頻出する「自然に関わる内容」については触れられることは少ない。

そして、説明文の構造ということになると、言語学や日本語学の中の、文章論あるいは談話文法、テクスト言語学という領域の成果を援用することになる。しかし、この方面の研究はあまり進んでいない。接続語などの明示的な（はっきりした）マーカー（しるし）を中心に研究を行う文章論は、接続語がなくても繋がりが生まれるという文章の特性（このことついては後述する）を説明することができず、後者をも視野に入れたテクスト言語学に取って代わられたが、文学研究におけるテクスト研究に比べ、著しく遅れている。また、談話文法研究は音声語が中心となっており文章語は主たる対象ではない。

以上のように、説明文自体の研究成果を、国語教育研究の周辺研究の成果から得られない現状では、国語教育自体が教育内容研究として説明文研究を行わざるを得ない状況が続いている。以後は、国語教育研究において説明文自体がどのような内部構造を持っているかについて行われてきた研究成果を基に述べていく。

1)論理と構成

説明文内部がどのような構造になっているかを考えるために、構成と論理という2つの観点で考える。構成とは並べ方ということであり、論理というのは関係ということである。具体的に次の（1）（2）の二文で構成された文章で考えてみよう。

（1）今日は早く寝よう。なぜなら、仕事が忙しかったからだ。
（2）仕事が忙しかった。だから、今日は早く寝よう。

（1）と（2）は両方共「〈仕事が忙しい〉」という「理由」と「〈早く寝よう〉」と言う自分の「考え（主張）」とを述べている。「理由」と「考え（主張）」との関係は論理の一種であるが、（1）も（2）も同じ論理を表している。一方、（1）は先に考えを述べあとで理由を述べているが、（2）は先に理由を述べあとで考えを述べている。こういう並べ方が構成であり、（1）は「考え—理由」という構成、（2）は「理由—考え」という構成になっているということである。

構成も論理も、部分的な、たとえば文と文との間や段落と段落との間についていうこともあるが、文章全体について構成や論理ということもある。文章全体の構成のことを文章（の）構成という。文章全体の論理の内、主張系の説明文の文章全体の論理のことを論理の展開、あるいは論証ということもある。

ここで（3）（4）の文章を見てみよう。

（3）今日は早く寝よう。仕事が忙しかった。

（4）仕事が忙しかった。今日は早く寝よう。

（3）は（1）の文章から接続語や文末表現を省略したものであり、（4）は（2）から接続語を省略したものである。読むとわかるように、日本語母語話者は、（3）を（1）のように解釈することができるし、その解釈がデフォルト（一般的）である。同じく（4）も（2）のような解釈をするのがデフォルトであろう。

（3）や（4）には、接続語や文末表現がないにもかかわらず、は（3）「考え—理由」という論理および構成、（4）は（3）と同じ論理を持ち、構成は「理由—考え」という順になっている、という点で、それぞれ（1）（2）と同じ論理と構成を持っているのである。異なるのは表現、ということになる。

日本語母語話者は、（3）や（4）を読んだときに、頭の中で、「なぜなら」や「だから」を補って読んでいるということになる。このことは、表面に見える接続語や文末表現を押さえるだけでは文章が読めないことを明確に示している。

説明文を読む力とは、明示された接続語や文末表現を通して論理や構成を捉えるだけではなく、明示されないそれらを適切に（文脈に沿って、書き手の意図を汲み取って）補って捉えることが重要なのである。

それでは、説明文には、どのような論理すなわち、どのような文と文との関係や段落と段落との関係、文章全体の関係があるだろうか。また、構成についてはどのような構成があるだろうか。

ここで小学校の学習指導要領「読むこと」の一部をもう一度見ることにする。

（低学年）ア　時間的な順序や事柄の順序などを考えながら、内容の大体を捉えること。

（中学年）ア　段落相互の関係に着目しながら、考えとそれを支える理由や事例との関係などについて、叙述を基に捉えること。

（高学年）ア　事実と感想、意見などとの関係を叙述を基に押さえ、文章全体の構成を捉えて要旨を把握すること。

ここには次のような、キーワードが見られる。

低学年　順序

中学年　段落相互の関係　考え―理由―事例

高学年　事実―感想／意見　文章全体の構成

こうしてみると、文章の並びでもあり関係でもある低学年の「順序」から始まって、論理関係を表す「考え―理由―事例」「事実―感想／意見」（両者は同じ関係を表している、というか中学年のほうがより広い関係を表している）と構成を表す「段落相互の関係」「文章全体の構成」とでできていることがわかる。

次に中学校の新学習指導要領の説明文教材の読むことに関わる項目を見てみよう。

（中学1年）ア 文章の中心的な部分と付加的な部分、事実と意見との関係などについて叙述を基に捉え、要旨を把握すること。
エ 文章の構成や展開、表現の効果について、根拠を明確にして考えること。
（中学2年）ア 文章全体と部分との関係に注意しながら、主張と例示との関係（中略）を捉えること。
エ 観点を明確にして文章を比較するなどし、文章の構成や論理の展開、表現の効果について考えること。
（中学3年）ア 文章の種類を踏まえて、論理や物語の展開の仕方などを捉えること。
ウ 文章の構成や論理の展開、表現の仕方について評価すること。

中学校を見てみると、文章の構成と論理（の展開）が明確に分かれていることがわかる。そして、以下のような形で分類できる。

文章の構成
論理（の展開）　中心―付加　全体―部分　事実と意見　主張―例示

さらに、これらの項目に加えて、平成二九（二〇一七年）告示の小学校・中学校学習指導要領国語編には、新設された〔知識及び技能〕の（2）「話や文章に含まれている情報の扱い方に関する」事項が置かれ、その中に「情報と情報との関係」という項目が設定されている。

（小学校1・2年）
ア 共通、相違、事柄の順序など情報と情報との関係について理解すること。
（小学校3・4年）

ア　考えとそれを支える理由や事例、全体と中心など情報と情報との関係について理解すること。

（小学校5・6年）

ア　原因と結果など情報と情報との関係について理解すること。

（中学校1年）

ア　原因と結果、意見と根拠など情報と情報との関係について理解すること

（中学校2年）

ア　意見と根拠、具体と抽象など情報と情報との関係について理解すること。

（中学校3年）

ア　具体と抽象など情報と情報との関係について理解を深めること。

学年	論理		構成
小学校1年・2年	共通、相違、事柄の順序		順序
小学校3年・4年	考えと理由や事例 比較、分類	全体と中心	段落相互の関係
小学校5・6年	事実―感想／意見	原因と結果	文章全体の構成
中学校1年	原因と結果 意見と根拠	中心―付加 事実と意見	
中学校　2年	論理の展開 意見と根拠 主張―例示	全体―部分 具体と抽象	文章の構成
中学校　3年	論理の展開	具体と抽象	文章の構成

以上のことを論理と構成に分けながら表にまとめると以下のようになる。

このように見てみると、小学校から中学校まである程度構成と論理とが分かれて叙述されているが、一方で似たようなキーワードが異なる学年で現れたりしており、発達段階あるいは学習段階についての階層性はあまり見えない。以後は、論理と構成のそれぞれについて、学習指導要領を踏まえながら、新たな知見も取り入れて見ていきたい。

2)論理

まず論理とはいかなるものかについて先行研究を見ていく。

(1) 論理の先行研究

代表的な「論理」の研究者は井上尚美氏である。その研究が実践とともにまとめられたのが、井上(二〇〇八)である。まず彼は、「論理」についての定義群を以下のようにまとめている。この分類は彼の他の論文にもよく見られるものである。

①形式論理学の諸規則に従った推論のこと(狭義)
②筋道の通った思考、つまり、ある文章や話が論証の形式(前提—結論、または主張—理由・根拠という骨組み)を整えていること
③直感やイメージによる思考に対して、分析、総合、抽象、比較、関係づけなどの概念的思考一般のこと(最広義)(一一—一二ページ)

これらの分類について本稿では①を「形式系」③を「概念思考系」と名付けておく。②については、「筋道の通った思考」と「ある文章や話が……」という記述がある。つまり、②では、「思考」と「言語」を一緒に扱っている。(実はここに、井上の最大の問題があるのだがそれは後述する)。

本稿では、「論理」を「筋道の取った思考」とする考えを「思考筋道系」、後者の「文章や話が論証の形式を持っ

ていること」とする考えを「言語筋道系」としておく。

ところが、井上（二〇〇八）では、これらの分類以外の「論理」についての考えが見られる。

（教科書教材を論理の観点からも扱うという部分で）「同じ事実でもそれをどのような言葉で表しているかによって（そこに送り手の立場や意図が入っている）、受け手の印象が違ってくる」（一四―一九ページ）

ここには、「論理」を、言語と事実（世界）との関係としてみようとする考えが伺える。これは、井上が長年追ってきた「一般意味論」の考えの反映といえるところである。これを「言語―事実系」の「論理」の考えと名付けることにする。

さらに、井上（二〇〇八）には、以下のような記述もある。

（論理的思考の訓練という観点から、注意すべき事柄について）

（ア）問いかけながら読む。根拠を挙げて主張する

（イ）事実と意見と理由の三つを区別する

（ウ）反対の例や証拠を挙げる

（エ）条件を考える

（オ）「いつも」「みんな」（一八―二一ページ）

これは、論理的な思考を行うために必要なことが述べられているが、井上がこれも長年研究してきたトゥルミン

モデルの影響がある。参考に、トゥルミンモデルの図式と、トゥルミン自身が挙げる例を示す。

（トゥルミンモデルの図式）

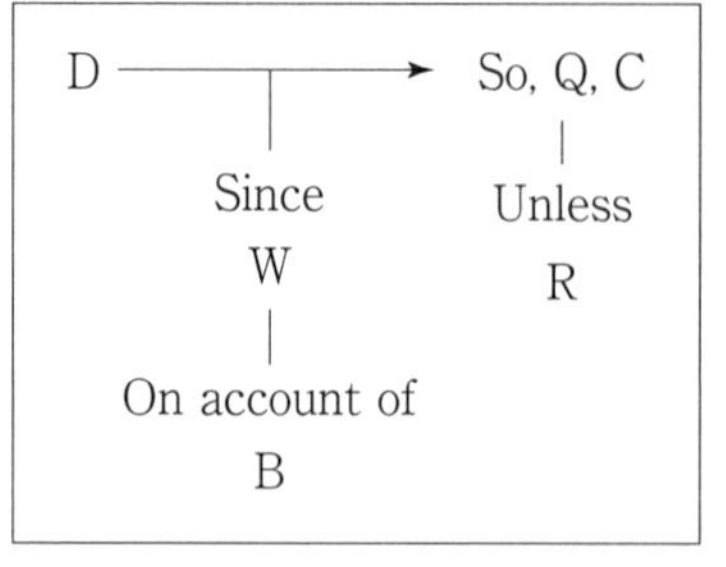

（トゥルミン自身が挙げる例）

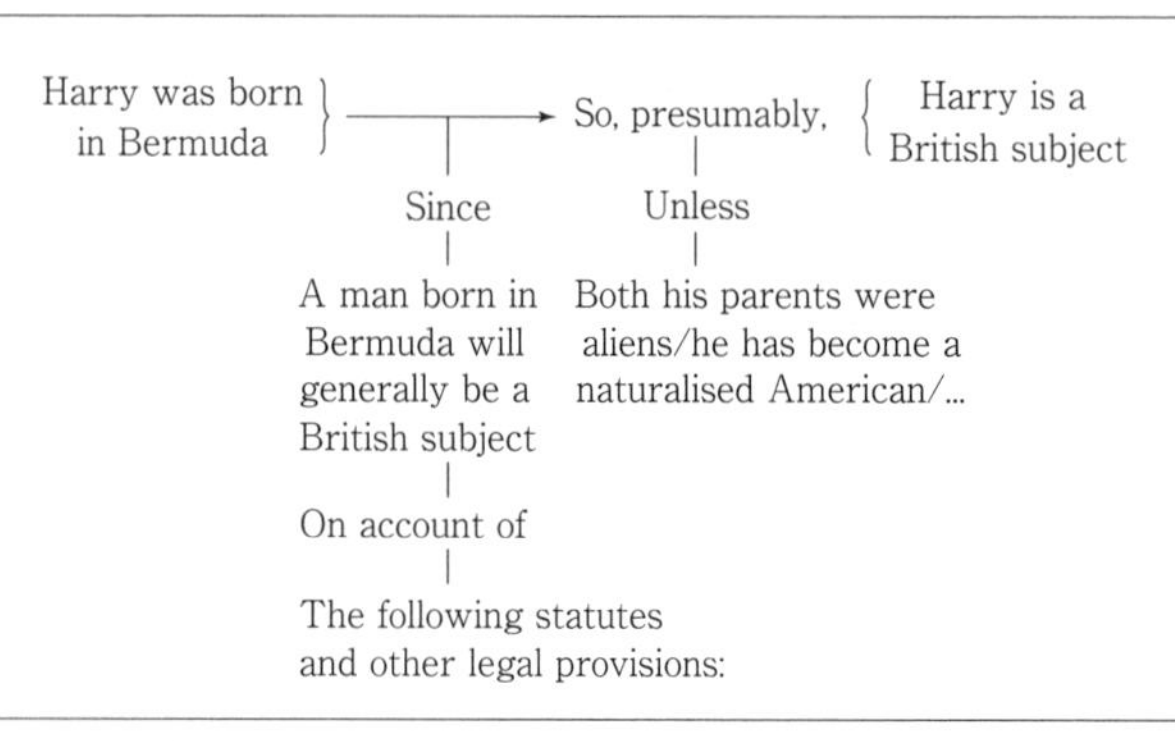

Toulmin（1958）p.97

井上の一八―二一ページの部分は、トゥルミンモデルの形式に留意して考えよ、ということである。したがって、この考えも先述した「思考筋道系」と考えることができる。

ただ注意しなくてはいけないのが、（二一―二二ページ）では、論証の形式が「文章や話」のことになっており、一方（一八―二一ページ）では、「思考」の話になっていることである。井上にとっては、「言語」と「事実」の相違は重要なのだが、「言語」と「思考」の相違には関心が薄く、むしろ同一化して扱っている。別の言葉で言えば、井上にとっては、言語はそのまま筆者の思考が表れたものという思想がある訳で、テクスト的な考えやそれと同じ基盤にある語用論的な考えとは異なっている。

では、井上（二〇〇八）では、以上見てきた「論理」の定義のうち、どれが採用されているのだろうか。井上（二〇〇八）には、「論理科」の指導要領案が掲載されている。それを読んでみると、以上示したもののうち「形式系」を除いた全ての定義をもった「論理」が登場している。つまり、「思考筋道系」「言語筋道系」「概念思考系」「言語―事実系」が分類されたのにも関わらず、全て登場しているのである（なお、井上は二つの筋道系は区別していない）これでは、せっかく分類したのもかかわらず、また混沌とした「論理」の世界を登場させてしまっている。

以上の考察から、井上（二〇〇八）は、「論理」をいくつかのカテゴリーに分けて分類した功績が大きいこと、しかし、実際に「論理」の教育を考える際はそれらを一緒にして使ってしまっている課題や、語用論的な観点（言語には表意と推意（＝意図）があり、推意は状況に拠って変わってしまうという考え）を持たず、言語と思考を同一化している課題が挙げられる。

宇佐美寛氏も「論理」について長年発言を続けてきた。その中で宇佐美（二〇〇八）を取り上げる。この書の特徴は、「この本は語用論に基づく〈論理〉教育の改革の本である。（三ページ）」というところにある。「論理」に〈 〉がついていることについても、「本書では、論理の前後に山カッコ〈 〉を付けた。〈 〉無しでは形式論理学の論述だと誤解されるおそれが有る。形式論理学ではなく、語用論の観点で論述している本だと自覚し、読者にもそう意識してもらうために〈 〉を付けた。（四二ページ）」としており、語用論に基づいた「論理」の本であることを強調している。

語用論に基づくものであるから、次のような原則も登場する。「原理　ある言葉の解釈は、その言葉の周囲の文脈によって、また、その言葉が使われるコミュニケーション状況によって、様ざまに影響される。解釈によって把握される意味は変動する。（四三ページ）」

ここから見えることは、井上（二〇〇八）とは異なり、言語とその解釈（意味）とを種別しようとする態度である。もし論理が「意味」であるという立場をとるなら、当然「論理」も文脈の影響を受けるわけである。

文脈の影響が強いという自覚があるからこそ、次のような主張も出てくる。「文脈・状況に影響され解釈が変動する可能性が有るからこそ、変動しにくい、抵抗性の有る明確な意味の語句を使いつづけなければならない。（六九ページ）」宇佐美は、非語用論的な立場ではなく語用論的な立場に立つからこそ、できるだけ揺れの少ない言語使用を行うべきだとしているのである。

しかし、宇佐美（二〇〇八）には、「論理」（宇佐美は〈論理〉）の定義はされていない。「論理」を形式系で考えているのではないことや、文脈に影響を受けるものと考えていることはわかるが、それ以上のことについての明言はない。

幸坂健太郎（二〇一一）は、PLT（Perspective of Logic and Logical Thinking）というものを提案している。PLTは、論者が論理あるいは論理的思考力をどのように捉えているかを分類するための、概念的装置である。PLTは次のような分類基準に従って論理は論理的思考力を分類する。

Ⅰ　言語・物事の関係

Ⅰ－1　言語間の関係
ア　関係の幅広さはどうか
イ　言語化されている度合いはどうか
Ⅰ－2　言語と世界＝物事との関係
Ⅱ　人の頭の中で起こる思考
ア　思考の種類は何か
イ　言語表現に至る思考過程なのか、言語表現に結果として表れた思考結果なのか
ウ　思考主体は誰か
（思考主体が読み手、聞き手の場合）
エ　対象となる関係を捉えるだけか、それに加えて批判的に吟味するのか
（思考主体が読み手、聞き手の場合）
オ　自分なりの考えを持つのか持たないのか

従来の先行研究をまとめ分類したものと言え、多くの論理研究の研究成果をこれで分類することができる。西郷竹彦（一九九八）は、「ものの見方・考え方」として、次の内容を挙げている（三五ページ）。

0　観点　　目的意識・問題意識・価値意識
1　比較　　分析・総合　　分ける―まとめる
　　類似性、同一性―類比（反復）　相違性―対比
2　順序、展開、過程、変化、発展
3　理由・原因・根拠　　4　類別

5　条件・仮定　　6　構造、関係、機能、還元
7　選択（効果、工夫）・変換　　8　仮説・模式
9　関連（連環）、相関、類推

これらは、幸坂のⅡの人の頭の中の思考を列挙したものと言える。

では、本章ではどのような立場に立つかということになる。本章は、次のように「論理」を考えることにする。

(2)　本章の立場

因果関係＝「（狭義の）論理」
因果関係以外の、文と文や段落と段落の関係＝「情報と情報との関係」＝「論理」

国語教育研究上、「論理」を狭い定義である「因果関係」（井上（二〇〇八）の②）と広い定義である「思考一般（井上（二〇〇八））」や「ものの見方・考え方（西郷竹彦（一九九八））」との両方で使うことがあり、混乱が大きかった（それ以外に「論理」を使うことがありますます混乱している）ので、本章では、「論理」とだけ使う場合は、広義の定義の「論理」とする。井上の「思考筋道系」や幸坂のⅡのアの前半、西郷の「ものの見方・考え方」にあたる。しかし、広義の「論理」の範囲はとても広いので、本章では、「論理」を、学習指導要領が示す情報と情報との関係に絞ることにする。一方、因果関係だけを特に論理と呼ぶ場合は狭義の論理と呼ぶことにする。

「情報と情報との関係」としての「論理」には、この場合は接続語や文末表現がない場合も含まれることは先述したとおりである。このような関係を特に「見えないつながり」と呼んだのは、文章上に現れなくても繋がりを頭の中で形成するからであった。

3) 構成について

論理（広義の論理）が「見えないつながり」としたように、論理は言語表現上に現れるかもしれないし現れない

かもしれないものである。それに対して、構成は文字通り言語の組み立てのことであり、言語表現上に現れるものである。

前に示したものと類似した例文で考えてみよう。

(5) 今日は早く寝るべきだと思います。
なぜなら、試合に勝つには睡眠が一番だからです。
たとえば、熟睡したほうが力が発揮できる研究があります。

この例文は、

(5') 今日は早く寝るべきだと思います。(考え)
なぜなら、試合に勝つには睡眠が一番だからです。(理由)
たとえば、熟睡したほうが力が発揮できるという研究が多くあります。(事例)

という、学習指導要領にある情報と情報との関係の中にある、小学校中学年の「考えと理由や事例」の論理を示している。この(5)から接続語や文末表現を除いた(5")はどうだろうか。

(5") 今日は早く寝るべきだと思います。(考え)
試合に勝つには睡眠が一番です。(理由)

熟睡したほうが力が発揮できるという研究が多くあります。（事例）

見てわかるように、接続語や文末表現がなくても、その論理は変わらない。一方、

（6）熟睡したほうが力が発揮できるという研究が多くあります。
このように、試合に勝つには睡眠が一番です。
だから、今日は早く寝るべきだと思います。

（6）は（5）と同じ論理を形成した文章であるが、その組立は異なっている。つまり、（5）と（6）は構成が異なっているのである。

（5）は先に自分の考えをもってきている。このような文章構成を「頭括型」といい（6）のように自分の考えを最後に持ってくる文章構成を「尾括型」という。また、両方に考えがあるのが双括型である。頭括型／尾括型／双括型というのは、文章構成のことである。

また、小学校でよく使われる「はじめ―なか―おわり」や中学校でよく使われる「序論―本論―結論」というのも文章構成である。そして重要なのは、これら「はじめ―なか―おわり」や「序論―本論―結論」は、学習指導要領の指導事項（学習目標、知識技能）には入っていないということであり、文章を読むことに置いては重要ではないことである。したがって、授業の手段としてこれら「はじめ―なか―おわり」「序論―本論―結論」を使うのは悪くはないが、学習者に「どこまでが「はじめ」「序論」ですか」と発問することには国語科教育上の意義が薄いことを確認しておきたい。

学習指導要領には、構成に関わるものとして表に示したように次のものが挙げられている。

順序

段落相互の関係

文章（全体）の構成

本章でも、これらを文章の構成と扱うことにする。

これらのうち「順序」は文字通り「順序」であるが、ここには時間的な順序と事柄の順序という二つの順序があることを確認しておきたい。時間の順序は初めに次にといった継起的な順序や春は夏は～といった季節的なものなど、時間軸に沿って起こる順序である。

事柄の順序は、事物の説明の順序を指している。時間軸に沿って起きている出来事でも時間軸どおりには説明記述しないことがあり、この場合は時間の順序と事柄の順序が異なった文章であるといえる。文章全体における事柄の順序のことを、多くの場合文章構成という。先に示した、「頭括型／尾括型／双括型」や「はじめ―なか―おわり」「序論―本論―結論」は全て、事柄の順序すなわち事物の説明の順序が文章全体に及んだものである。

段落相互の関係は、それ自体では何も説明していない。どのような関係になるかは、（広義の）論理によって説明されるものである。論理の関係が実際の文章の段落相互の関係にどう反映されるかをみることになる。

たとえば、筆者の主張（考え）が書かれた段落と理由が書かれた段落とがあれば、両者は、考え―〈因果関係〉―理由という因果関係で結ばれていることになる。考えの段落が先か後かが構成上の問題となる。

ただし、日本語の文章では、一つの段落に一つのことを書くという、英語の文章に見られる「硬直性」はあまり見られない。小学校の中学年までの説明文では一つの段落に一つのことを書くという英語的な原則が使われいることがあるが、多くの日本語の文章では、一つの段落に二つのことが書かれることは日常的なことである。たとえば、筆者の考えと一つ目の理由が一つの段落に、二つ目の理由が次の段落に書かれる、ということである。

ここからわかることは、段落で読むことは決して日本語の説明文を読む時の決め手にはならないということであり、また、段落ごとの要旨をまとめることも、労多くして功少なしになる可能性がある。まずは、文章に隠れた論理を見つけ出し（ここでは、考え―一つ目の理由―二つ目の理由）それらが文章構成上はどう現れているかを確認する（考えと一つ目の理由が一つの段落、二つ目の理由が別の段落）事をした上で、もし要約するのなら、段落ごとではなく、考え―理由1―理由2　で要約したほうがいいのである。

最後に、全体と中心（中学校では、全体―部分）、中心―付加　について触れておく。これらは、文章全体の構成にも、文章の部分（たとえば段落）にも関係するものであるが、本章では「論理」としてとらえ、「構成」としては捉えないようにする。

筆者の意見が中心の文章であれば、筆者の意見が書かれた段落がその文章の中心となり、その理由や事例が書かれた段落や部分は、付加的な部分となる。事物の説明が中心の文章であれば、その事物の特徴などをまとめた（一般化した、抽象化した）段落や部分が中心となり、具体的な説明が付加的な部分となる。

こういったことは、一つの段落の内部にも起きる。たとえば、次の文章を見てみよう。

二つめのひみつは、とても古くから地球にすんでいることです。とんぼのそ先が生まれたのは、やく三億年前です。日本には、ムカシトンボというめずらしいとんぼがいます。このとんぼは「生きた化石」とよばれています。一億五千万年ほど前に生きていたとんぼによくにているからです。（「とんぼのひみつ」一部）

この文章は、説明文の中の一つの段落である。この段落の文章を見ると、最初の一文「二つめのひみつは、とても古くから地球にすんでいることです。」は、残りの部分を要約していることがわかる。このように、一つの段落においてその段落の内容をまとめて書いた文を中心文（トピックセンテンス）という。つまり、この段落においては、第一文が中心であり、それ以外の部分が付加的な部分となる。

ただし、日本語の文章が常にその段落に中心文を持っているわけではない。またこの場合は中心文が段落の最初にあったが、中心文は段落の真ん中や最後にくることもある。したがって、構成という形式だけにとらわれるのではなく、その段落において中心（それは大体において、内容を要約、一般化した部分）がないかを探すようにすることが重要である。

以上のように、中心と言う概念は文章全体や段落全体についての「まとめ、一般化、抽象化」を表していると考える。つまり、「中心―全体」とは、「一般―全体（一般＋具体）」と考え、「論理」の一部と考えるのである。

(2) 説明文の外部構造

3⑴では、文章の内部構造である、論理と構成に着目して述べてきた。次に、説明文の外部にある構造について考えてみたい。

1) 言論の場

ある文章をちゃんと捉えためには、その文章がどのような状況におかれているかを把握し、また、その状況には当該の文章以外にどのような文章があるかを知ることが必要である。

広告文を例にして考えてみよう。私たちが広告を真剣に読むとき、私たちはその広告が提供する商品と同じジャンルの他者の製品（の広告）と比較するだろう。「こちらの商品の方が値段が高い」「あちらの会社の製品の方がこの性能がいい」と。また、広告をなにげなく見ているときでも、「ああこの広告は（他の広告に比べて）目立つなあ」「他の広告に比べて色がきれいだなあ」と感じる。広告を読む行為には同じジャンルの他の商品の広告や、同じ媒体の他の広告と、実際に比較して読む、ということを含んでいるのである。

したがって、広告の作り手は、今現在直面している、リアルな広告の市場、その商品の市場、を熟知し、受け手（＝消費者）の志向や動向を考えて、広告を作らなければならない。つまり、その広告を書くことや読むということは、その広告や広告の作り手、受け手、他の広告、広告や商品の市場などが形成する場に参入するということなのである。こういう場のことを、難波（二〇〇八）は「言論の場」と表現した。

文章を書くときは、同じテーマで他の人が現在あるいは過去にどのような文章を書いているか考えて書くことになる。また、文章を読むときは、その文章と類似したテーマの文章を比べながら読むことになる。これらの行為はすべて、言論の場に参入する行為なのである。

書店で本を買う事を考えてみよう。料理の本を買うために書店に行ったときは、まず料理本のコーナーに行くだろう。そこには、さまざまな料理の本が並んでいる。これらは、「料理に関する言論の場」を構成している本たちなのである。その中で、イタリアン料理の本について買おうとすると、そこにはまた一群の書籍がある。イタリアン料理に関する本たちが「イタリアン料理に関する言論の場」を構成しているのである。

本だけではない。最近はインターネットで本を注文することが多いだろう。その際、その書籍についてのコメント、レビュー、評価を参考にすることがある。これらも言論の場を当然構成している。その他、その書籍についての新聞の広告や帯、書店のポップなどなども、全て言論の場を構成している。

私達が書籍を買うときは、これらの言論の場の様々な情報を参照し（他の本と比べたり、広告やレビューを参考にしたりして）本を買う。これら一連の行為がすべて言論の場への参入なのである。

「言論の場」とは、誰が書いたか（筆者）、誰に向かって書かれたか（想定された読者）だけではなく、その本が

<言論の場>

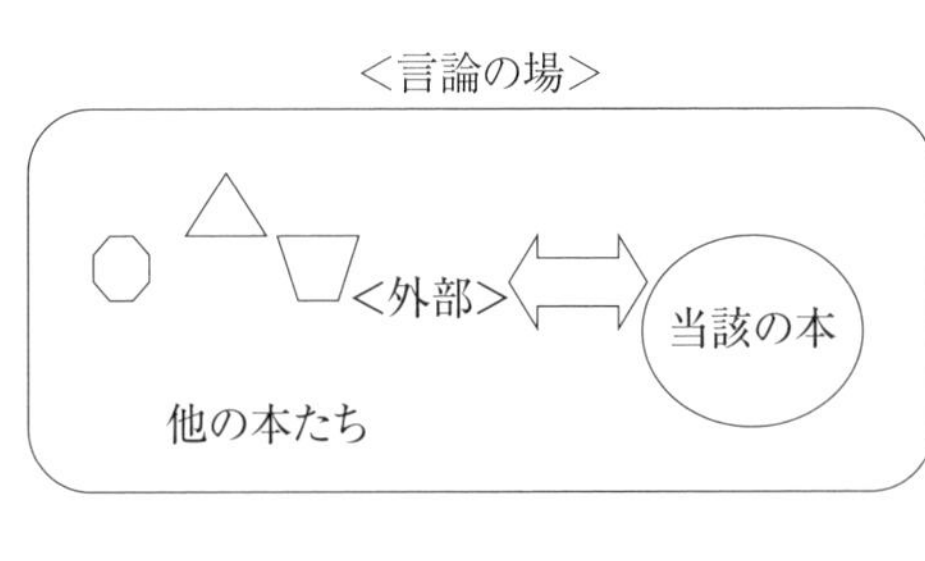

出た当時どのような類書が出ていたかなども含まれる。書店に行くとわかるが、似たテーマや同じ筆者の本は固めておいてある事が多い。私達が本を選ぶときは、それらから一冊の本を選ぶのだが、その時私達は、あるテーマの本たちによって作られた言論の場に参加し、その場の中で、一冊の本を選んでいるのである。

「言論の場」を構成するものは他にも、本の帯や書店に置かれたキャッチコピー、ポップなども含まれる。これらは似たようなテーマの本や同じ筆者の本からこの一冊を選ぶための助けになる。つまり、これらのものが全て、その本を読むための支援をしてくれるのである。図で書けば上のようになる。

逆に言うと、言論の場に参入しないで、本を選んだり文章を読んだりすることはかなりの苦痛と困難を抱える。料理の本を探そうとしたとき、他の料理の本や広告やレビューを読むことができなければ選ぶのが困難だろう。また、その料理の本を読むときも、他に参照したり参考にしたりする情報がなければこれも読むことが苦痛になるだろう。その本が難しければ他の本を読めばいいのだが、それが禁じられていたらかなりの苦痛のはずである。

文学の書籍や文学作品自体は、完結した一つの世界（虚構世界）を作っている。同じ新美南吉という作者の作品であっても、「ごんぎつね」と「あめ玉」と「手袋を買いに」はそれぞれ別の虚構世界について書かれており、それ単独で読むことが可能である（もちろん、重ねて読むことで面白さは増すが、単独で読むために作られているということである）。しかし、先に述べたように説明文は、現実世界という一つの世界を対象にしており、どの説明文も同じ世界を対象にした文章を書いている。したがって、それらの文章は補いながらこの世に存在するものであり、言論の場という星座に位置づけられた星のようなものなのである。

2)言論の場を失っている教科書教材としての説明文教材

ところが、教科書は、このような「言論の場」を持っていない。教科書の題名には（例えば『小学1年生国語教科書』という題名）には、その本に収められている文章それぞれの〈言論の場〉や〈外部〉に通じる手がかりは全くない。というのも、そもそも教科書というのは、複数の著者の、複数の文章が、別の誰かの意図によって編集された文章であり、その意図は、通常、そこに収められた文章が属している〈言論の場〉とは異なる立ち位置から生まれたもの（教科書の場合は、その学年の教育内容の指導がその意図となっている）だからだ。

教科書というメディアには、そこに収められた文章の、〈言論の場〉や〈外部〉へとつながる手がかりを全く与えられていない。ということは、学習者は、教科書の文章に出会うたびに、いつも、なんの予備知識もないまま、その文章に出会っているということになる。このようなことは、通常の読書活動にはありえないことだ。

しかも、教科書の文章そのものをみてみても困ったことがある。教科書の中の文章が改変されている、という事実である。

教科書の文章は、元の文章から、かならず改変されている。まず、表記。漢字、仮名、記号、みんなチェックされている。そして文章。削られたり付加されたりすることはしょっちゅうある。

そして何より問題なのは、学習者も、そして教師も、教科書に載っている文章の、元の文章を読むことがないこと、もっと言えば元の文章などというものが存在していることすら知らないことである。教科書の文章がオリジナル、と思っている場合が多いのである。

教科書という、本レベルのメディアからは、そこに収められている文章の〈言論の場〉や〈外部〉を想定することはきわめて困難であった。さらに、文章そのものが改変されているのだから、元の文章の〈言論の場〉や〈外

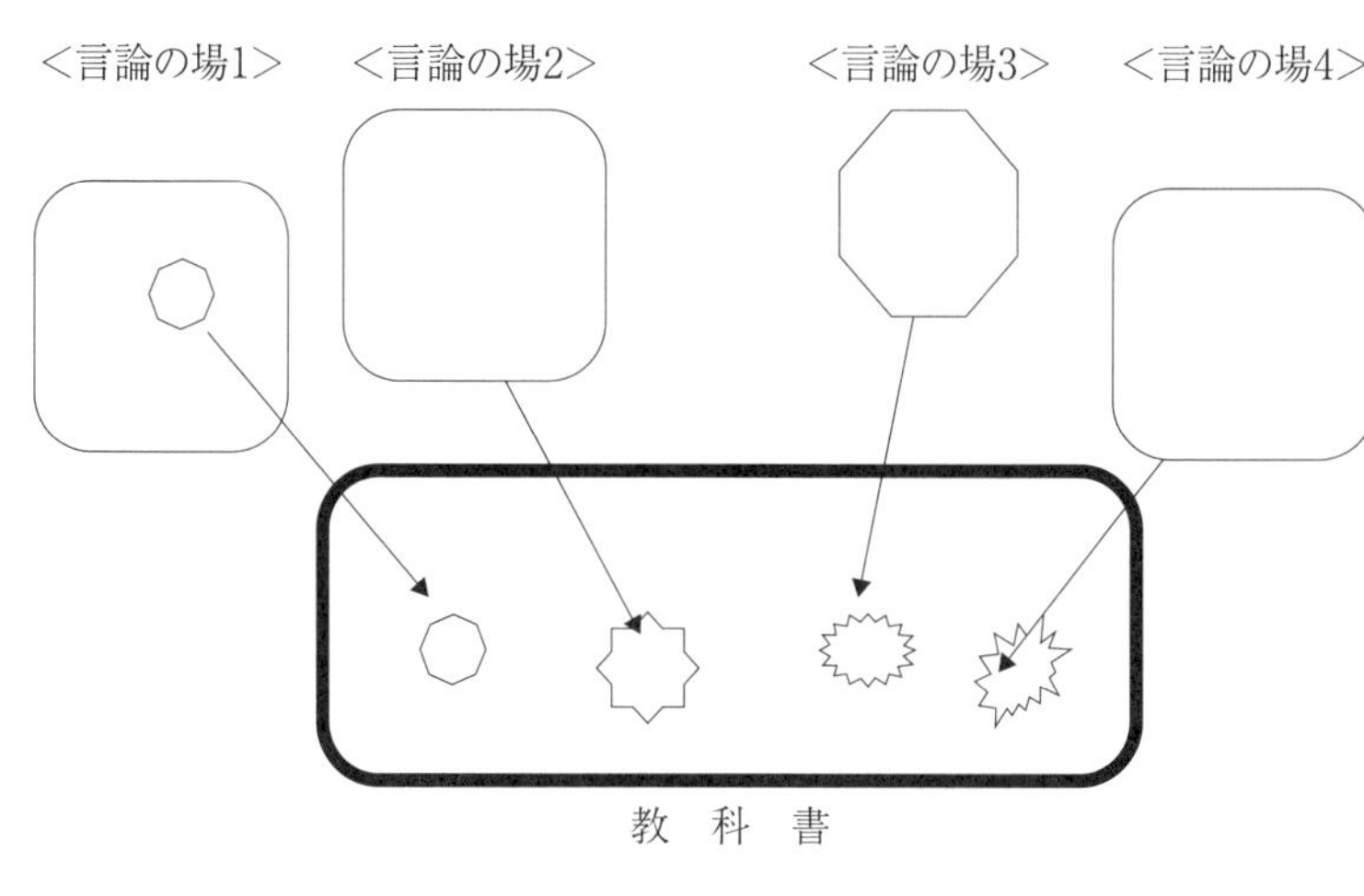

部〉を想定することはますます困難になる。

このように考えると、通常の本（本の中の文章）を読むよりもはるかに難しいことに教材文は直面していることになる。その教材文を読む手がかりとなるもの（それらのものが言論の場を形成するのだが）がないということである。説明文教材は言論の場が失われた状態で教科書に入っているのである（上図参照）。したがって、授業ではこの言論の場をある程度補う必要が出てくるのである。

以上のように、教科書に収められた説明文教材は「言論の場」と言う本来説明文が持っていた外部構造を失い、星座から離された星のように、孤独に教科書に収められているのである。したがって、授業においては、もとの説明文（原典）が本来持っていた言論の場という外部構造を再現するか、あるいは別の形で言論の場を構成するかする必要があるのである。

4　説明文教材をどう教えるか――3つ目の課題――

ここまで、説明文とはなにか、また説明文の内部と外部の構造についてみてきた。まずおさらいをしておく。

説明文教材は、「現実の世界を対象にした文章教材」であること、説明文教材には「事実系の説明文教材」と「主張系の説明文教材」があること、また、説明文教材の内部構造として「論理」と「構成」があること、外部構造としては本来持つべき「言論の場」という外部構造が失われているのが教科書に収められた説明文教材であること、ということであった。これらのことをふまえて、次は説明文をどのように授業化するか考えたい。

(1) 学習目標(指導事項)

1)学習目標の分類

最初に、学習目標について考える。国語科の授業づくりにおいては、学習目標の設定が最も重要である。学習目標とは、その授業や単元でつけるべき力を表すものである。平成二九(二〇一七)年版の小学校学習指導要領(以後新学習指導要領)では、学習目標を次の三つ、細かく分けると四つに分けている。なお、新学習指導要領では、学習目標のことを「指導事項」と呼んでいる。

A ①学びに向かう力 ②人間性等
B ③知識及び技能
C ④思考力、判断力、表現力等

それぞれについて述べる。

2) ①学びに向かう力 ②人間性等

「①学びに向かう力②人間性等」については、新学習指導要領では次のように述べられている。

小学校低学年 言葉がもつよさを感じるとともに、楽しんで読書をし、国語を大切にして、思いや考えを伝え

小学校中学年　言葉がもつよさに気付くとともに、幅広く読書をし、国語を大切にして、思いや考えを伝え合おうとする態度を養う。

小学校高学年　言葉がもつよさを認識するとともに、進んで読書をし、国語の大切さを自覚して、思いや考えを伝え合おうとする態度を養う。

ここで、「思いや考えを伝え合おうとする態度」という部分を、特に「学びに向かう力」の中核と考えてみよう。というのは、この「学びに向かう力」がなければ、授業に向かおうとする意欲も生まれないからである。もちろん「学びに向かう力」は何度か授業をする中で「ことばっておもしろいな」「国語科の授業は楽しいな」という経験から育まれていくものではあるが、単元の最初にもそのような意欲形成が「学びに向かう力」となって、学習を進めていく原動力になるだろう。

本章では、この「学びに向かう力」を「態度目標」と名付けて以後説明を行っていく。説明的文章教材は文学教材に比べ学習者の興味関心を呼び起こしにくい。そうなると「学びに向かう力」としての「態度目標」形成がより重要になってくる。

まとめれば、「態度目標」とは「学びに向かう力」のことであり、説明的文章教材の授業の場合は、「その教材・単元に向かう力（＝態度）」のことである。

説明文教材の授業において、この「態度目標」を形成するためには、読もうとする説明文教材に対して興味や関心を持たなければならない。しかも、文章を読む前から興味や関心を持つことが望まれるところである。

ところが先に説明文教材の外部構造で説明したように、教科書に収められている説明文教材には、「言論の場」

が予め失われている。書店や図書館では、図鑑やノンフィクションの本を手にとるときは、まずは自分の持っている興味関心から本を選ぼうとする。そして、その興味関心のアンテナは、本を読む前に、本の表紙や本の帯、キャッチコピーなどに働き、本を選ぶのである。ところが、教科書に収められている説明文教材は、そのようなことができない。

したがって、説明文教材の授業では、「学びに向かう力」すなわち「態度目標」を、説明文教材を読む前に形成する必要が出てくる。擬似的に「言論の場」を教室に構成する必要があるのである。この具体的な単元での姿は「第0次」という形で現れる。その具体については後で述べる。

次に、「人間性等」であるが、上記の新学習指導要領の記述から「言葉がもつよさを（感じる、気付く、認識する）」という部分をそれと考えてみよう。言葉が持つよさを経験し認識したことが、その人の人間性を育むということである。「文は人なり」という言葉があるが、その人自身の言葉は、その人自身を表すものである。言葉がもたらす良さが、その人自身の人間性を高めることにつながるだろう。

では、「言葉がもつよさ」とは何だろうか。ここでは説明的文章教材に即して「言葉がもつよさ」を大きく二つに分けて考えてみよう。まず考えられるのが、説明的文章教材の言葉そのものの持つ「よさ」である。たとえば、わかりやすく説明するためのその教材の「論理」のよさや「文章構成」のよさ、「表現」のよさ、などである。これらの「よさ」を「〈表現〉のよさ」としてみよう。

〈表現〉のよさ以外に、説明的文章教材には、文章の内容そのものの「よさ」がある。説明的文章は、学習者が知らないこと、知っているけれど意外なことが述べられている。このような「よさ」を「〈内容〉のよさ」としてみよう。

たとえば、二〇一七年現在使用されている説明的文章には、「船」「車」「大豆」「たんぽぽ」といった学習者がよく知っている題材の意外な面を説明する教材もあれば、「天気の予想」「イースター島」「和菓子」などのような学習者に馴染みがない題材を説明する教材もある。説明的文章教材には、このような学習者が意外に思う・知らないこと、を知る的な面白さがある。これが「〈内容〉のよさ」である。

説明的文章の「よさ」のうち、「〈表現〉のよさ」は、あとで述べる「知識及び技能」「思考力、判断力、表現力等」に関わる、言葉そのものを学ぶ目標（本章では併せて「技能目標」と呼ぶ）となるものである。それに対し、「〈内容〉のよさ」は、国語科の技能目標そのものではなく、説明的文章という「ことば」を通して得られるものである。この〈内容〉のよさを国語科で学ぶことで、他教科では得られない、様々なこの世界の知識を手に入れ、自分の思考を深めることができる。本章では、このような説明的文章の〈内容〉のよさに関わる目標を「価値目標」と呼ぶことにする。

「価値目標」は先述の「人間性等」と関係してくるが、新学習指導要領の文言は抽象的であり、一つ一つの具体的な説明的文章教材に即して表れる「人間性等」を「価値目標」と呼ぶのである。

この「人間性等」に関わる「価値目標」、つまり、説明的文章でいえば、その教材の〈内容〉のよさに関わるものは、あとで詳述するが、新学習指導要領の「思考力、判断力、表現力等」のＣ「読むこと」の指導事項にある「オ　考えの形成」「カ　共有」とも関わっている。

「オ　考えの形成」

小学校低学年　文章の内容と自分の体験とを結び付けて、感想をもつこと。

小学校中学年　文章を読んで理解したことに基づいて、感想や考えをもつこと。

小学校高学年　文章を読んで理解したことに基づいて、自分の考えをまとめること。

「カ　共有」

小学校低学年　文章を読んで感じたことや分かったことを共有すること。

小学校中学年　文章を読んで感じたことや考えたことを共有し、一人一人の感じ方などに違いがあることに気付くこと。

小学校高学年　文章を読んでまとめた意見や感想を共有し、自分の考えを広げること。

これらの指導事項は、その文章の内容を読み、そこから感じたり考えたりし、それを共有し、他の学習者との違いに気づいて自分の考えを広げるということである。つまり、説明的文章の「〈内容〉のよさ」にふれつつ、自分の考えを持ち他者との関わりの中で自分の考えを広げるということである。なお、この最後の「考えを広げる」ということは、より的確に言うとすると「考え方を広げる」、すなわち、「自分の価値観・世界観・ものの見方を広げる」と言えるだろう。

つまり、〈内容〉のよさに関わる〈価値目標〉は、説明的文章教材の〈内容〉に触発され、また、他の学習者の感想や考えに触発されて、自分自身の「自分の価値観・世界観・ものの見方を広げる」目標であるといえる。これが、「人間性等」を豊かにしていくことになるのである。

ただ、新学習指導要領にある「考えの形成」「共有」という指導事項には、何について・どのような価値観や世界観を広げるについては、明確にしていない。これは、それぞれの説明的文章教材の〈内容〉に関わることになる。たとえば、「たんぽぽ」の教材であれば、「たんぽぽ」についての見方考え方、ひいては植物についての見方考え方を広げていくということになるだろう。このときの参考になるのが、特別の教科道徳の指導事項である。道徳の指導事項は、説明文教材における価値目標、「人間性等」をどう設定すればいいかの、一つの指標となる。

しかし間違ってはいけないのは、道徳が道徳性の涵養が目標であるのに対し、国語科は道徳性や価値観はあくまで広げたり深めたりするための土壌であるということである。社会生活や家庭生活、学校で言えば学級活動や道徳で意図的非意図的に形成された道徳性、価値観を、国語科では、見つめ直しふりかえり広げ深める、場合によっては問い直す、変容させる契機となるのが国語科ということになるのである。

3) ③知識及び技能　④思考力、判断力、表現力等

次は、「知識及び技能」「思考力、判断力、表現力等」についてである。ここについては、説明文教材の内部構造で説明した、論理と構成が関わってくるところである。本章では、「知識及び技能」「思考力、判断力、表現力等」を併せて「技能目標」と呼ぶことにする。なぜ一括するかについては後で述べる。

説明文教材に関わる「知識及び技能」の中で特に関係が深いのが「情報の扱い方」の特に「情報と情報との関係」である。先の表に示したように、「情報と情報との関係」には、論理と構成の2つの要素が含まれている。

これらの指導事項は、それぞれの学年に応じて、説明文教材を「読むこと」の授業だけではなく、文学教材を「読むこと」の授業や書くこと／話すこと聞くことの授業でも育てていくことになるが、本章では、これらの指導事項を説明文教材を「読むこと」の授業で扱うことについて考える。とにかく、これらの指導事項が、説明文教材を読むための「知識技能」になるというのが、学習指導要領の考えである。

次は、説明的文章教材の「読むこと」に関する〔思考力、判断力、表現力等〕の学習目標〔指導事項〕である。新学習指導要領では、「読むこと」の指導事項は、「構造と内容の把握」「精査・解釈」「考えの形成」「共有」となっている。このうち、説明文教材の読むことの技能に直接関わるのが「構造と内容の把握」「精査・解釈」である。

第1学年及び第2学年
構造と内容の把握　ア　時間的な順序や事柄の順序などを考えながら、内容の大体を捉えること。
精査・解釈　ウ　文章の中の重要な語や文を考えて選び出すこと。

第3学年及び第4学年
構造と内容の把握　ア　段落相互の関係に着目しながら、考えとそれを支える理由や事例との関係などについて、叙述を基に捉えること。
精査・解釈　ウ　目的を意識して、中心となる語や文を見付けて要約すること。

第5学年及び第6学年
構造と内容の把握　ア　事実と感想、意見などとの関係を叙述を基に押さえ、文章全体の構成を捉えて要旨を把握すること。
精査・解釈　ウ　目的に応じて、文章と図表などを結び付けるなどして必要な情報を見付けたり、論の進め方について考えたりすること。

「構造と内容の把握」とは、新学習指導要領によれば「叙述に基づいて、文章がどのような構造になっているか、どのような内容が書かれているかを把握すること（三五ページ）」であるとしている。説明的文章に即して言えば、その教材の文章がどんな構造をしているか、どんな内容が書かれているかを、ざっくりつかむことであるといえる。

「精査・解釈」とは、新学習指導要領によれば「文章の内容や形式に着目して読み、目的に応じて必要な情報を見付けることや、書かれていること、あるいは書かれていないことについて、具体的に想像することなど（三六ページ）」であるとしている。説明的文章に即して言えば、その教材の文章の内容や形式に着目して、言語活動の目的に応じて必要や情報を見つけたり、書かれていることをもとに書かれていないことを想像（説明的文章の場合は推論）すること、すなわち、くわしく「読むこと」であるといえる。

まず第1学年及び第2学年を見ると、構造と内容の把握は「時間的な順序や事柄の順序などを考えながら、内容の大体を捉える」となっており、構造と内容の把握については、知識技能の「情報と情報との関係」にある「順序」と重なっている。なお、順序は先述したように、論理と構成の未分化の状態であり、時間と事柄（説明）の二つの順序があることとは確認しておきたい。

精査・解釈については「文章の中の重要な語や文を考えて選び出す」となっている。「選び出す＝抜き出す」ことが指導事項となっており、これは「情報と情報との関係」とは重なっていない。ここでは、「重要である」ということを見つける読み方、思考の仕方を教えるべきであろう。その際、中学年以降の精査・解釈にある「目的に応じて」を入れて考えるべきである。またここでいう「目的」とは言語活動のゴール（後述する）のはずである。つまり、第1学年及び第2学年の精査・解釈としては、「言語活動のゴールにとって重要である語や文を選ぶことができる」ぐらいに考えるのがいいだろう。

次に第3学年及び第4学年を見ると、構造と内容の把握は「段落相互の関係に着目しながら、考えとそれを支える理由や事例との関係などについて、叙述を基に捉えること。」となっている。「段落相互の関係」も「考えとそれを支える理由や事例との関係」も両方とも先述した「情報と情報との関係」に含まれている。また、段落相互の関係が構成に関わるものであるのに対し、「考えとそれを支える理由や事例との関係」は論理に関わるものであり、かつ、主張系の説明文教材に現れるものである。

では、事実系の説明文ではどうかというと、これについては、読むことの指導事項には現れていない。しかし、「情報と情報との関係」には現れている。それが「全体と中心」というものである。ここの「中心」とは中心文や中心段落と言われるものであり、要するに「まとめ、一般化、抽象化」した部分のことである。これについては、3(1)3)で述べている。以上をまとめると、第3学年及び第4学年の構造と内容の把握については、

	論理	構成
主張系の説明文	考えと理由や事例との関係	段落相互の関係
事実系の説明文	中心と全体	段落相互の関係

重要なのは、段落すべての相互関係を明らかにすることではなく、上の論理に関わる重要な関係のみが把握できればいいということである。網羅的にすべての段落の関係図を作ることには読むことにおいては意味がないのである。

精査・解釈については「目的を意識して、中心となる語や文を見付けて要約すること。」となっている。ここには中心という語があり、これが先述した中心と全体と重なるところである。ただし、主張系の説明文ではこの中心は筆者の主張になるところであり、曖昧さが残るところである。

また第1学年及び第2学年と同様にここでも「要約する」という表現活動が読むことの指導事項に現れている。ここでは、要約すること自体を目標とするのではなく、「言語活動のゴールに関わる要約のために重要な中心文や中心語（主張系の説明文であれば筆者の主張が現れた文やキーワード）を見つける」とするのがいいと考える。

最後に第5学年及び第6学年を見てみる。構造と内容の把握については、「事実と感想、意見などとの関係を叙述を基に押さえ、文章全体の構成を捉えて要旨を把握すること。」となっている。これらは「情報と情報との関係」に重なるものである。この「事実と感想、意見などとの関係」とは、中学年の「考えと理由や事例との関係」と異なるものであると考えられる。なぜ別の言葉にしたのかが不明であるが、「「事実と感想、意見などとの関係」と「考えと理由や事例との関係」とはいずれも「三角ロジック」と言われるものであることを確認しておきたい（三角ロジックとは、考え（主張）それを支える理由、理由を支える事例（具体例）の3つで構された論理関係のことである）。

一方で、「情報と情報との関係」には、読むことの指導事項にない「原因と結果」というのが現れている。高学年の説明文教材がほとんど主張系の説明文であることを考えると、この「原因と結果」は、筆者の主張に至るまでの事例や理由に現れる論理、つまり、文章の一部に現れる論理と考えることができる。

いずれにしても、低中高とも、構造と内容の把握については、「情報と情報との関係」に重なってしまうということ、つまりは、「知識技能」と「思考力表現力判断力」とが、国語科の説明文教材においては一部重なっていることが明確に見える。

精査・解釈については、「目的に応じて、文章と図表などを結び付けるなどして必要な情報を見付けたり、論の進め方について考えたりすること。」となっている。目的に応じてとは言語活動のゴールに応じてということである。図表やイラストがある場合はそれらと結びつけることが必要であるが、それらがない場合は、図表などを入れることも考えられ、ここにも表現活動との連続が見られる。

精査・解釈の後半の「論の進め方について考える」という部分は、筆者の論の進め方（先に見た三角ロジックが一番シンプルでわかりやすい）について学習者が自分の意見を持つ（わかりやすい／やすくない、説得されない／されたなど）ということであり、ここに論理への評価が含まれていることが注目される。高学年の精査・解釈については、「言語活動のゴールに応じて、図表などがある場合はそれと関係づける／図表などを文章を基に作ること、また、筆者の三角ロジックなどの論の進め方への評価をすること」としておく。

以上ここまでみてきたように、「構造と内容の把握」と「情報と情報との関係」とは重なる部分が多いことから、国語科の説明文教材に関わる学習指導要領の指導事項においては、「知識技能」と「思考力表現力判断力」とが明確に区別されていないことが分かる。したがって本章ではこれらを一体的に「技能目標」として扱うことにしたのである。そして、「構造と内容の把握」は「情報と情報との関係」と合わせて、「ざっくり読むための技能目標」、「精査・解釈」は「じっくり読むための技能目標」となり、しかも「精査・解釈」は言語活動のゴールに関わる表現活動や評価活動が含まれていることを確認しておきたい。

「構造と内容の把握」「精査・解釈」「考えの形成」「共有」という4つのカテゴリーの順序は「学習過程（一六ページなど）」であり「必ずしも順番に指導する必要はない（二八ページなど）」としているが、「学習過程」であるとしたら、まずはこの順序で単元を作成できるようにすることが必要である。したがって、説明的文章の単元作成においては、「構造と内容の把握」→「精査・解釈」→「考えの形成」→「共有」の順序で、本章は説明することにする。もちろん、指導技術が向上してきたのであればこの順序を入れ替えることもありうるだろう。

また、新学習指導要領の指導事項以外に、技能目標を設定することもある。新学習指導要領はあくまでもミニマムエッセンシャルズであるから、学習者や地域、学校などの実態や、教師の考え方などから、加えるべき技能目標もあるだろう。そのことについては本章で触れることはできないが、新学習指導要領をもとにまずは単元の作成ができることを目指した上で、学習者や地域、学校などの実態などをふまえた新たな学習目標のつけたしがありうることは、留意しておくべきである。

以上、学習目標について述べてきた。ここまでのことをまとめておく。

本章の考え	態度目標	価値目標	技能目標1 ざっくり読むための技能目標	技能目標2 じっくり読むための技能目標
学習指導要領の考え	学びに向かう力	「思考力、判断力、表現力等」 読むこと オ　考えの形成 カ　共有	「思考力、判断力、表現力等」 読むこと ア　構造と内容の把握 「知識及び技能」 ア　情報と情報との関係	「思考力、判断力、表現力等」 読むこと ウ　精査・解釈
本章の考えの具体	その教材・単元に向かう力・関心・意欲	説明的文章教材の〈内容〉よさに触発され、また、他の学習者の感想や考えに触発されて、自分自身の「自分の価値観・世界観・ものの見方を広げる」	（学習指導要領のまま）	低　言語活動のゴールにとって重要である語や文を選ぶことができる 中　言語活動のゴールに関わる要約のために重要な中心文や中心語を見つける 高　言語活動のゴールに応じて、図表などがある場合はそれと関係づける／図表などを文章を基に作る、また、筆者の三角ロジックなどの論の進め方への評価をする

(2) 教材、言語活動、手立て

1) 教材について

説明的文章の授業の教材としては主なものは、教科書教材である。その他には、教科書教材の原典となった図書や教科書教材に関連する図鑑なども教材として使われる。あとで述べる言語活動が盛んになってからは、教科書教材だけで説明的文章の授業を行うのではなく、原典なども含めた関連図書も併せて教材として使う単元構成が求められるようになっている。

2) 言語活動について

学習指導要領（平成二〇年改訂）で、言語活動は全面的に「内容」に取り入れられた。そして、新学習指導要領でもそれが継続している。そこでは次のように述べられている。

単元など内容や時間のまとまりを見通して、その中で育む資質・能力の育成に向けて、児童の主体的・対話的で深い学びの実現を図るようにすること。その際、言葉による見方・考え方を働かせ、言語活動を通して、言葉の特徴や使い方などを理解し自分の思いや考えを深める学習の充実を図ること。（一五三ページ）

つまり、言語活動を通して、国語科における主体的・対話的で深い学びの実現を図ろうということである。更に次のよう述べられている。

児童が言語活動の中で「言葉による見方・考え方」を働かせ、言葉の特徴や 使い方などの「知識及び技能」や、自分の思いや考えを深めるための「思考力、判断力、表現力等」を身に付けていくことができるよう、学

習指導の創意工夫を図ることが期待される。(一五三ページ)

つまり、「言葉による見方・考え方」を働かせ、「知識及び技能」・「思考力、判断力、表現力等」が身につく、「深い学び」ができるような言語活動の設定が期待されているのである。

加えて、国語科における言語活動は、「主体的・対話的」な活動であることが求められている。平成二九(二〇一六)年一二月に告示された中央教育審議会答申では、主体的な学びについて「学ぶことに興味や関心を持ち、自己のキャリア形成の方向性と関連付けながら、見通しを持って粘り強く取り組み、自己の学習活動を振返って次につなげる(四九―五〇ページ)」学びであるとし、「対話的な学び」について「子供同士の協働、教職員や地域の人との対話、先哲の考え方を手掛かりに考えること等を通じ、自己の考えを広げ深める(五〇ページ)」学びとしている(先哲とは優れた先達のことであり、先哲と出会うためには書籍を通じてしかない。つまり、対話的学びの中に、本との対話も含まれているのである)。

以上を踏まえると、言語活動しては次のようにまとめることができる。これが言語活動の条件となる。

条件1:学習者が興味関心を持ち、見通しとふりかえりのある活動であること
条件2:他者や本との対話がある活動であること
条件3:「知識及び技能」・「思考力、判断力、表現力等」など先に述べた学習目標が身につく活動であること
条件4:「言葉による見方・考え方」が働いた深い学びの活動であること

このような言語活動をスムースに行うためには、適切な言語活動のゴール(活動のゴール、活動目標)を設定する

ことが必要である。多くの実践ではこのような言語活動のゴールを「めあて」として設定することが多い。

学習者が「活動目標」に向かって主体的に取り組む中で、学習目標を身につけ、深い学びへと主体的対話的にいざなわれるのである。例えば、「たんぽぽ」（東京書籍平成二九年版1年生下）あるいは「たんぽぽのちえ」（光村図書平成二九年版1年生下）といった小学校1年生の説明的文章教材の授業で、学習者が「たんぽぽ紙芝居を作ろう」としているとき、「たんぽぽ紙芝居を作る」ことが「活動目標」となり、その作る過程が、言語活動となる。そして、その言語活動を通して、学習目標である「時間的な順序や事柄の順序などを考えながら、内容の大体を捉える」ことを達成するのである。

ここで注意しなければならないことについて、2点述べる。1点目は、「学習目標」と「活動目標（活動のゴール）」は異なるものである、ということである。「学習目標」は「知識及び技能」・「思考力、判断力、表現力等」など、その授業や単元で付けたい力であり、つまり〈目的〉である。それに対して、「活動目標」は、言語活動という〈手段〉の完成形を示したものである。

先ほどの例で言えば、「たんぽぽ紙芝居」がいくらすばらしくできても、それは「活動目標」を達成しただけであり、「学習目標」が達成できたとは言えない。「たんぽぽ紙芝居」づくりを通して、たとえば、「教材の順序性が理解できた」という学習目標が達成できなければ、授業が成功したとは言えないのである。多くの実践で「めあて」を「活動目標」とすることがあるが、それはあくまで「手段」であり、それが達成されても学習目標は達成されていないのである。それを防ぐためには、たとえば、活動目標としての「めあて」の他に、学習目標としての「ねらい」を別に設定し学習者に示すような取り組みも考えられる。

2点目は、「活動目標」は、発展のための目標ではない、ということである。以前の授業では、「読むこと」の授業をしたあと、発展学習として書くことや話す聞くことの活動をしたことがある。しかし、それらの発展としての活動は、「読むこと」の授業としての「言語活動」ではない。「読むこと」の学習目標を達成するための言語活動は、あくまでも、「読むこと」の学習目標を達成するための手段であり、「活動目標」は言語活動の完成する姿を示して学習者に見通しを持たせるものなのである。したがって、「読むこと」の授業をおこなっているまさしくそのときに、どのような「活動目標」を持った言語活動がなされているかが問われるのである。

3)手立てについて

ここでいう手立てとは、教師の授業技術のことである。この授業技術は教師経験に拠って積み重ねられていくところもあるが、教師自身が学ばない限り広がったり深まったりしない部分も大いにある。手立ては次のようなものをあげることができる。

手立てには、発問のしかた、指示の仕方、板書の仕方、音読のしかた（させかた）、集団の作り方、ペアトーク（ペア対話）のさせかた、グループトーク（グループ対話）のさせかた、学級での話し合いのさせかた、などがありうる。本章では具体的な教材に即して手立てに触れることにする。

(3) 具体的な教材で考える単元づくり――中学年教材で考える――

1)教材

この節では、過去小学3年生で使われていた「とんぼのひみつ」（学校図書平成二一年度版小学3年上）という教材を使って、具体的な単元づくりを考える。まず全文を掲載する。

とんぼのひみつ

①夏から秋にかけて、あちらこちらの水辺でたくさんのとんぼを見かけます。わたしたちにとって、とんぼ

はとても身近なこん虫です。

②ところで、そのとんぼたちが、いろいろなひみつをもっているのを知っていますか。

③まず、一つめのひみつは、そのしゅるいがとても多いことです。日本には、およそ二百しゅるい、世界には、なんとやく五千しゅるいものとんぼが生きています。

④二つめのひみつは、とても古くから地球にすんでいることです。とんぼのそ先が生まれたのは、やく三億年前です。日本には、ムカシトンボというめずらしいとんぼがいます。このとんぼは「生きた化石」とよばれています。一億五千万年ほど前に生きていたとんぼによくにているからです。

⑤三つめのひみつは、そのとび方です。四まいの羽をじょうずに動かして、時速百キロメートルものスピードを出したり、バックやちゅうがえりをしたりすることもできます。

⑥このように、身近なとんぼにも意外と知られていないことがあります。同じ地球にすむなか間としては、人間よりもずっと先ぱいのとんぼには、まだまだわたしたちの知らないたくさんのひみつがかくされているかもしれません。

以後は、この教材を基に、実際の授業づくりを考えていく。

2)「とんぼのひみつ」で考える学習目標

それでは、具体的な教材に即して、学習目標設定の仕方を見ていこう。

まず、態度目標を考える。この教材「とんぼのひみつ」を使った単元では、後で述べるが「生きもの一枚ひみつポスターを作る」という言語活動を行う。そこで、態度目標としては、「とんぼなどのいきもののひみつに関心を持つ」としてみよう。もちろんここで、「とんぼのひみつに関心を持つ」と、教材そのものへの態度目標設定も考えられる。

次に、価値目標を考える。中学年の「読むこと」の指導事項オには、「文章を読んで理解したことに基づいて、感想や考えをもつこと。」とあり、カには「文章を読んで感じたことや考えたことを共有し、一人一人の感じ方などに違いがあることに気付くこと。」とある。ここで、何についての感じ方の違いでやるか考えるための参考として、道徳の新学習指導要領をみると、中学年に、D3「自然のすばらしさや不思議さを感じ取り、自然や動植物を大切にすること」とある。

これらを参考にして、価値目標として「「とんぼのひみつ」を読んで、とんぼなどの生き物の不思議さに感動し、自然を大切にする心を育てるとともに、友達との違いに気づく」と設定してみよう。友人と自分とどちらも生き物の不思議さに感動するのではあるが、その感動のポイントが違ったり対象とする生き物が違ったりすることに気づくのである。

最後に、技能目標について考えてみよう。まず、中学年の「読むこと」の指導事項に挙っているものを見てみる。指導事項の中で価値目標に回したものは省いてある。次に教材に即してその指導事項を書き直してみる。

まず、「構造と内容の把握」については、「とんぼのひみつ」（以下本教材）が、「考えとそれを支える理由や事例との関係」を持っていない事実の説明文であるので、その他の関係（論理、情報と情報との関係）を考えることになる。本教材をみると、②で「問い」があり③④⑤が「答え」であること、①②と⑥がとんぼおよびとんぼのひみつの「まとめ（抽象）」であるのに対し、③④⑤がとんぼのひみつを詳しく述べたことである「くわしい（具体）」となっている。

つまり本教材は、「問い」―「答え」という順序（「情報と情報との関係」では低学年）と「具体」あるいは「詳細」

―「抽象」（「情報と情報との関係」では中学2、3年）あるいは「概観」という構造を持っているので、それを捉えることとする。なお「情報と情報との関係」については当該学年と異なるものを含んでいるが、教材に合わせて学習する必要があるので、ここでは、この二つの関係、構造をおさえる。

次に「精査・解釈」については、③④⑤の段落の最初の一文が、その段落の「概観」を表す中心文（トピックセンテンス）であり段落の残りの部分は「詳細」となっている。つまり、一つ一つの段落が「中心」―「中心以外」という構造を持っているのである。まずは最初の一文が「中心」であることを捉えた上で、適切な言語活動（後述する）のもとに、その中心文をさらに要約することになる。

まとめると「とんぼのひみつ」の学習目標は次のようになる。

態度目標

「学びに向かう力」とんぼなどのいきもののひみつについて書かれた教材に関心を持つ

価値目標

「人間性等」

「考えの形成」「共有」「とんぼのひみつ」を読んで、とんぼなどの生き物の不思議さに感動し、自然を大切にする心を育てるとともに、友達との違いに気づく

技能目標

「構造と内容の把握」

・段落相互の関係に着目し、「問い」―「答え」「まとめ（抽象）」―「くわしい（具体）」の関係を捉える

「精査・解釈」

・言語活動で設定したゴールを意識して、中心となる語や文を見つけて要約する

3)「とんぼのひみつ」の言語活動

それでは、「とんぼのひみつ」では、どのような言語活動／活動目標を設定すればいいだろうか。言語活動の設定のためには、先に示した言語活動の4つの条件をクリアしなければならない。また、言語活動例にあった、「文章の一部を引用して、分かったことを説明する」もここでは盛り込みたいと考える。

そこで「とんぼのひみつ」の言語活動の一案として、「生きもの一枚ひみつポスターを作る」という言語活動を設定してみたい。この活動は、「とんぼのひみつ」を読みながらその内容を構造化してポスターにまとめ、同じ手法を使って、自分で調べたい生き物の秘密を、同じような構造化したポスターにまとめる、という言語活動である。「とんぼのひみつ」ポスターづくりで、「読むこと」の技能目標の基礎を学び、次の「生きものポスター」では、その基礎を生かして自分なりのポスターを作るのである。

このような構造のポスターを、「とんぼのひみつ」を読みながらまず作成し、次に、自分の選んだ生き物で作成するのである。このポスター作成により、文章全体の「一般―具体」の構造がわかること、「なか」の段落の中心文を引用して要点として書き出せることなどが実現できるのである。

4)「とんぼのひみつ」の単元づくり

ここではこれまでみたことをまとめて「とんぼのひみつ」の単元づくりを行う。具体的な手立ても含めてみていきたい。ここでは4次の単元を考える。

第一次の前に第0次として、言論の場を仮構して、態度目標の形成を行う。つまり、「とんぼなどのいきもののひみつに関心を持つ」という目標を達成するのである。そのために、教室に生き物の図鑑を置いておき、児童が手

に取って読めるようにしておく。また、生き物の秘密の話を朝の会などでしておく。また、理科の授業でもそのような話をして、興味を高めておく。

このような手だてを打った上で、第一次として「今からとんぼのひみつっていう文章を読むのだけど、みんなはとんぼのひみつを知っていたら教えて」などと語りかけ、教材に入る前に、「とんぼのひみつ」について語り合って教材を読むときには確認になるようにしておきたい。その上で、「いきもののひみつを調べてポスターにして、みんなで交流しよう」と持ちかける。そして、「ポスターの作り方をみんなで勉強しよう」と投げかけておく。その上で、自分で調べて発表したい生き物を決めておき、調べておくように伝える。このようにして、単元の学習計画を立てるのである。

第二次は、技能目標達成の第一の段階である。まずは、「構造と内容の把握」の技能目標である「段落相互の関係に着目し、「問い」―「答え」「まとめ（抽象）」―「くわしい（具体）」の関係を捉える」を行う。最初に、教材文を①②「はじめ」③④⑤「なか」⑥「おわり」に分けておく。次に、音読をするのだが、「はじめ」と「おわり」を学習者全員で、「なか」の部分を教師が音読することで、ざっくりと教材文の構造を把握する。次に、「問い」の文を確認し、「答え」が③④⑤であることをおさえる。さらに、⑥が③④⑤のまとめになっていることをおさえる。そして、児童一人一人に、ポスター用紙を渡す。そこには「○○○の◎◎◎一枚ポスター」とだけ書かれている。次に、○○○と◎◎◎にはいることばを考えさせ、それがそれぞれ中心語であることを確認させる。その上で、このポスターをどんな構造にすればいいかを考えさせる（選択肢にして、たとえば、はじめ―なか1―なか2―なか3―おわり）なのか……などから選ばせる」。構造がわかったら、ポスターに線だけを引かせる（先に示したポスター例の、題名以外の文章がない状態）。

第三次は、技能目標達成の第二の段階である。「言語活動で設定したゴールを意識して、中心となる語や文を見つけて要約する」ことを達成する言語活動を行う。まず、ポスターを作ることを意識させ、短い言葉で端的に書いていくことがポスターであることを認識させる。次に、「はじめ」にはどんな言葉を入れるか（「とんぼのひみつ」）「なか1」……にはどんな言葉を入れるかを、文章からできるだけ短く引用するように指示して考えさせ、ふせん紙に書かせポスターにはらせる。ここでのポイントは、とにかく短く抜き出させることである。そうすることで、書くことが苦手な児童も授業についていける。そしてペアやグループで、ふせん紙を確認させ、確認ができたら、ポスターに本書きをさせる。「おわり」には、「このように」という接続語とまとめの文を引用させ書かせる。

最後に③④⑤の部分について、学習者自身にトンボの絵を書かせ、それぞれの段落での具体的なトンボの姿を表現させる。

第四次では、「生き物の不思議さに感動し、自然を大切にする心を育てるとともに、友達との違いに気づく」という価値目標の達成の段階である。ここでは、調べている生き物について、「とんぼのひみつ一枚ポスター」と同じ構造でまとめるように指示する。「はじめ」には、○○のひみつ。「おわり」には、「このように身近な○○にも知られていないことがあるのです」とし、「なか1～n」には、調べてきた秘密を、できるだけ短い言葉で表現させポスターに書かせる。ここまでを徹底させ、あとの詳しい絵やふきだしによる説明は児童の自由に任せるのである。ポスターづくりではペアやグループで協力しすすめていかせる。できたポスターは、ポスター発表会にしてもいいし、教室や廊下に張っておき、質問がある人にはふせん紙で貼らせてあとで答えるということをしてもいいだろう。

以上のような流れはあくまでも一例である。児童の言語活動が主体的にかつ学習目標を達成できるような形に行えるよう、全体指導／ペアやグループの活動／個別活動や個人指導などを組み合わせ、授業を行っていきたい。

(4) 各学年における単元づくり

1) 低学年の単元づくりにおける留意点

低学年の学習目標について考える。態度目標は、どの学年も同じく、教材の内容や単元に興味関心を持つ、ということになる。次に技能目標だが、新学習指導要領によれば、次のようになっている。

〈第二次〉

（構造と内容の把握）

ア 時間的な順序や事柄の順序などを考えながら、内容の大体を捉えること。

〈第三次〉

（精査・解釈）

ウ 文章の中の重要な語や文を考えて選び出すこと。

第二次で捉えるべき学習目標は、順序（時間的、事柄）である。低学年が「順序学年」と言われるゆえんである。この順序には、次のようなさまざまなものがある。時間の順序（朝―昼―夜、春―夏―秋―冬、など）、事柄（説明）の順序（問い―答え、やくめ―つくり―はたらき、など）これらの順序は、順序を表す接続語や時間を表す語（まず、それから、春は、など）があることで明示される場合もあるが、そうでない場合もあり、また、表向きは順序の関係だが、実は、原因と結果の関係になっているものもあり、その部分こそ、授業でしっかりおさえるべきこととなる。たとえば、「きゃくせんは、たくさんの人をはこぶためのふねです。このふねの中には、きゃくしつやしょくどうがあります。「いろいろなふね」（東京書籍平成二九年度版小学1年上）は、「やくめ―つくり」の関係が明示されておらず、また、「たくさんのひとをはこぶ」―「だから」―「きゃくしつやしょくどうがある」という因果関係も明示されていない。このような、明示されていない関係もしっかりおさせるようにしたい。

第三次で捉えるべき学習目標は、重要な部分の抜き出し、である。このことについて新学習指導要領の解説には「目的を意識しながら、それらの目的に照らして重要だと考えられる語や文を、文章の中から見付けること」とある。つまり、どのような目的を設定するかが重要さをはかる尺度となる。この目的とは、言語活動のことである。言語活動の設定の仕方で、重要さが変わるのである。

最後に価値目標だが、これについては、新学習指導要領によれば、次のようになっている。

〈第四次〉

（考えの形成）

オ　文章の内容と自分の体験とを結び付けて、感想をもつこと。

（共有）

カ　文章を読んで感じたことや分かったことを共有すること。

第四次では、説明文の内容と自分の体験と結びつけ、そのことを共有することが目標となる。そのことで、自分の見方考え方を広げ深める基盤とするのである。

次に、言語活動について考える。上記の学習目標を達成するためには、どのような言語活動を設定すればいいだろうか。順序を捉え重要な語句を抜き出すような、そして、学習者の興味が湧くような活動である。順序の種類に合わせると、次のような言語活動が考えられる。

朝―昼―夜……スケジュール帳作り　春―夏―秋―冬……カレンダー作り
問い―答え……クイズボード作り　やくめ―つくり―はたらき……図鑑作り、パノラマ作り

これらの活動では、順序を押さえつつ、それぞれの活動に関係する重要な語句を選び出し、その活動の成果物に書いていくことになる。

2)中学年の授業づくりにおける留意点

中学年については、既に4で述べたが、そこで触れられなかったことについて述べる。新学習指導要領の中学年（ア）「段落相互の関係に着目しながら、考えとそれを支える理由や事例との関係などについて、叙述を基に捉えること」というところであるが、先程も見たように、「とんぼのひみつ」のような事実を説明、解説した文章の場合は、「考えとそれを支える理由や事例」という関係を措定することはできない。その場合は、新学習指導要領の「情報の扱い方」にあるような関係を措定していくことになる。それに対し、筆者の主張（意見）が書かれた文章の場合は、「考えとそれを支える理由や事例」を捉えていくことになる。これをまとめると、次のようになる。

中学年の説明文教材でおさえるべき構造

事実を説明、解説した文章……「全体と中心」「具体と抽象」など
筆者の主張が書かれた文章……「考えとそれを支える理由や事例」

教材の特性に合わせた構造を捉え、中心語や中心文を抜き出していけるような言語活動が必要である。

3)高学年の授業づくりにおける留意点

高学年の学習目標について考える。態度目標は、どの学年も同じく、教材の内容や単元に興味関心を持つ、とい

うことになる。次に技能目標だが、新学習指導要領によれば、次のようになっている。

〈第二次〉

（構造と内容の把握）

ア　事実と感想、意見などとの関係を叙述を基に押さえ、文章全体の構成を捉えて要旨を把握すること。

〈第三次〉

（精査・解釈）

ウ　目的に応じて、文章と図表などを結び付けるなどして必要な情報を見付けたり、論の進め方について考えたりすること。

第二次で捉えるべきは、「事実と意見（感想）」との関係である。高学年の説明文は、ほとんどが、筆者の主張を述べる文章であるから、基本的には「事実と意見（感想）」になる。もう少し詳しく言うと、中学年に出てきた「考えとそれを支える理由や事例」となる。まずは文章全体の構成として、どこが「考え（主張）」でどこが「理由」か、どこが「事例（具体例）」かを見分けることになる。ここで重要なのは、これらを、形式段落のレベルで捉えないことである。どの段落が「主張」でどの段落が「理由」か「事例」かを考えることは、高学年から以後の説明文では無意味な思考活動である。なぜなら、一つの段落の内部に「主張」と「理由」が混在することもあり、また、複数の段落にまたがって「事例」が述べられることもあるからである。その点で言えば、形式段落をまとめた意味段落（大段落ともいう）で構成を考えることも無意味であるといえる。

第二次で捉えた構成をふまえて、第三次では、図表があれば図表と、なければ、図表にするなどしながら、必要な情報を取り出すことができるようにする。その際も、設定した言語活動に従うことになる。また論の進め方についての考えをもつことは、筆者の論の進め方について、自分としてわかりやすいか、わかりにくいところがあればどのように改善するべきかなどを考えることになる。具体的には、主張と理由や事例についての関係について（もっと良い事例がないか、など）検討していくことになる。

最後に価値目標だが、これについては、新学習指導要領によれば、次のようになっている。

〈第四次〉

（考えの形成）

オ　文章を読んで理解したことに基づいて、自分の考えをまとめること。

（共有）

カ　文章を読んでまとめた意見や感想を共有し、自分の考えを広げること。

第四次では、説明文の内容について自分の考えを持ち、それについてクラスなどで議論して、自分の考えを広げることになる。高学年の説明文は筆者の意見中心であり、学習者が一人の読者として筆者に向き合い、そのうえで、自分の世界観を広げ深めることが期待される。

次に、言語活動について考える。上記の学習目標を達成するためには、どのような言語活動を設定すればいいだろうか。ここで提案したいのが、説明文教材を、プレゼンテーション資料に変換する言語活動である。周知のように、現在は多くの場面でプレゼンテーションが求められる。その際は簡潔で印象的なスライドが必要となる。ここでは「読むこと」の学習なので、プレゼンテーションそのものに重きをおくのではなく、スライド作りを行う活動に重点を置きたい。

まずは、与えられた教材の筆者になってスライドを作る。筆者の主張、理由、事例をそれぞれスライドにするのである。これによって、構成と内容の把握と必要なところを取り出すという目標を達成することができる。次に、学習者自身が筆者の論の進め方について考え、改善案を考えさせる。具体的には、事例を補ったり、理由を強化したりするのである。最後の第四次では、筆者の考えについての自分の考えをスライドにし、それを交流して、自分の考えを広げるのである。このような活動を通して、筆者になり、筆者と向き合い、友達とも対話しながら、自分の世界観を広げ深めるのである。

参考文献

井上尚美他（二〇〇八）『思考力を育てる「論理科」の試み』明治図書
泉子・K・メイナード（二〇〇八）『マルチジャンル談話論』くろしお出版
宇佐美寛（二〇〇八）『〈論理〉を教える』明治図書
吉川芳則（二〇一七）『論理的思考力を育てる！批判的読み（クリティカル・リーディング）の授業づくり――説明的文章の指導が変わる理論と方法――』明治図書
光野公司郎（二〇〇三）『国際化・情報化社会に対応する国語科教育――論証能力の育成指導を中心として――』溪水社
鶴田清司・河野順子（二〇一四）『論理的思考力・表現力を育てる言語活動のデザイン』明治図書
中村暢（二〇〇八）「社会科学的説明的文章の指導における「社会認識」の有効性」『国語科教育』63号　全国大学国語教育学会
難波博孝（二〇〇八）『母語教育という思想』世界思想社
難波博孝（二〇〇九a）「母語教育の教育内容の妥当性の担保について――特に説明文／評論文教材について――」『国語教育研究』50号　広島大学国語教育会
難波博孝（二〇〇九b）「まずクリアーに書け」『教育科学国語教育』臨時増刊2月号
難波博孝（二〇〇九c）「主張を批判せず、理由を尋ねよう」『教育科学国語教育』6月号難波博孝（二〇一〇）「論理／論証教育の思想（2）――論理の教育および論証の妥当性について――」『国語教育思想研究』第2号
難波博孝（二〇一三）「「日常の論理」の教育のための準備　論証／説明／感化の論理の区別とその内実」『初等教育カリキュラム研究』第2号
難波博孝（二〇一八）『ナンバ先生の論理教育講座――基礎なら学ぶ論理の教育――』明治図書
難波博孝・三原市立木原小学校（二〇〇六）『楽しく論理力が育つ国語科授業づくり』学校図書
野内良三（二〇一〇）『発想のための論理思考術』ＮＨＫ出版
野内良三（二〇〇二）『レトリック入門――修辞と論証――』世界思想社
野矢茂樹（二〇一七）『大人のための国語ゼミ』山川出版社
山岡政紀（二〇〇八）『発話機能論』くろしお出版
Habermas, J.（1981）The Theory of Communicative Action. Vol.1, Beacon Press, Boston.
Halliday, M. A. K. & Hasan, R.（1976）*COHESION IN ENGLISH*, Longman, London.
Hitchcock, D. & Verheij,B.（2006）Arguing on the Toulmin Model, Dordrecht, Springer—Verlag.
Hoey, M.（1983）On the Surface of Discourse. George Allen & Unwin.
Toulmin, S. E.（1958）*The Uses of Argument*, Cambridge University Press, Cambridge.

五　読書教育

1　読書教育・読書指導の概観

読書教育・読書指導は、国語科という教科の内部のみで営まれるわけではない。学校全体の活動として営まれるものでもあり、図書館教育・社会教育の一環としても営まれる。

滑川道夫の『読書指導』（牧書店・一九五九年）の巻末には、読書指導・文学教育・図書館指導関係の文献名が二九六点掲げられているが、そのうち一九四五年以前に刊行されたものは二六点に過ぎない。しかもそれらのうち明確に「読書指導」という語をタイトルに掲げたものは、わずかに日本図書館協会『読書指導要綱』（日本図書館協会・一九四二年）と阪本一郎『読書指導の研究』（日本経国社・一九四四年）の二点に過ぎない。滑川の『読書指導』に掲げられた文献のほとんどが一九四五年以降に刊行されたものであるというところからみて、読書教育・読書指導の研究が本格的に為されてきたのも、戦後の新しい教育の要請に応じようとしたためであったと言うことができるだろう。新しい社会を建設するために読書教育を推進しようとした人々の熱い息吹がそこには感じられる。

戦後初期の読書教育・読書指導は、阪本一郎や滑川道夫らを理論上のリーダーとし、主に図書館教育との関連で推進されてきた。倉澤栄吉もまた国語科単元学習の基礎を為す重厚な読解・読書指導論を展開した。一九五〇年代を中心とする読書教育・読書指導の展開は、これらの理論家の所論に支えられていたと言ってもよい。

一九六〇年代に入ると、民間教育研究団体を中心とした読書運動が展開されはじめる。横谷輝は一九六九年の時点で「本格的な子どもの本の読書運動は、いまやっと緒についたばかりで、いうならば、潜伏期からようやく萌芽期に達したといっていいのである[1]」とし、椋鳩十の「母と子の二十分間読書運動」と石井桃子らの「家庭文庫運動」がその推進力になったとしている。先の阪本一郎らの読書指導論が戦後の公教育における読書教育・読書指導の展開を支えるものであったのに対して、椋や石井らの「運動」は、むしろ戦後の児童書出版の発展に基礎を置きつつ、草の根運動的に展開されたものであった。いずれも、本を媒介とした子ども同士のつながりや、子どもと大人とのつながりを促す取り組みであったと言うことができる。読書の社会性を切り開く先駆的な実践としての意義は大きい。

一九五〇年代から一九六〇年代にかけて、読書教育に関するいくつかの団体が生まれた。この時期には「全国学校図書館協議会」（一九五〇年創立）「日本読書学会」（一九五六年創立）「日本文学教育連盟」（一九五七年創立、はじめ「文学教育の会」と称していたが、一九六二年に名称を改める）「日本読書指導研究会」（一九五八年創立）「日本子どもの本研究会」（一九六七年創立）等の諸団体によって読書教育運動が展開された。現在に至るまで、これらの諸団体は読書教育・読書指導をリードし、その進展に貢献している。

一九六〇年代を中心に読書教育運動が盛んになっていった理由の一つは、読書の対象となる長編の児童文学作品がこの時期に相次いで出版されたことにある。長編児童文学の充実が、学校図書館の機能を促進し、読書運動の隆盛を生んだわけである。また、児童文学ばかりでなく様々な分野の図書の出版が次第に盛んになり、一九七〇年代には、社会に書籍情報の溢れる状況が生み出されたことも読書運動を盛んにした一つの要因であった。

しかし、一九七〇年代後半から現在に至るまでの読書や出版を取り巻く状況は必ずしも楽観視できるものではない。多くの書物が出版される一方で、「活字離れ」現象と、偏ったベストセラー現象が取りざたされるようになる。一九七〇～一九八〇年代の読書教育の課題の一つは、情報が多様化する一方の社会状況の中で、子どもをいかに主体的な読者として成長させるかということであったと言っても過言ではない。

一九九〇年代半ば以降、パソコンの普及やメディアの多様化によって、読書を取り巻く状況はより急激な変化を迎えている。とりわけ、インターネット普及の影響は大きい。インターネット上の情報を縦横に検索することが可能になり、それぞれの図書館が持っている資源を共有することも可能になっている。電子書籍の登場と普及の問題とあわせて、「冊子体」の書籍で読書することの持つ意味を改めて問い直す時期が迫っていると言ってよいだろう。

現在にあっては、いかに子どもの生活の中に「読書」という営みを位置づけるかということが大きな課題である。滑川道夫が『映像時代の読書と教育』(国土新書・一九七八年)でいち早く説いたように、現代にあっては読むという行為を単に活字文化に関わるものとしてばかりでなく、幅広いメディアに触れて、多くの情報を受容していく行為として位置づけていく必要がある。現代における、また将来にわたる読書教育は、単に「書物」を読むというにとどまらない、多様なメディアを読む力をはぐくんでいくためのものに変容していくことになるだろう。それは情報をより能動的に「編集」する読者を育てることでもある(2)。

2　読書教育の目標

読書教育の目標観は現在に至るまで決して一様ではない。例えば、戦後いち早く読書教育の具体的な方法を提唱した滑川道夫は、読書による生活指導こそが読書指導だとしている。この考え方は、本を読むことをあくまでも何かの目的のための「手段」としてみなす考え方である。この立場にあっては、読書の機能面に関心が注がれていくことになる。そこでは、本を読むこと自体が目標とされるわけではない。

こういった、読書指導を「手段」として考える立場は、戦後いち早い時期の読書教育論を特徴づけるものだと言ってよく、そこに経験主義的な教育観が影を落としていたことは否定できない。こうした立場に対しては、当然のことながら、戦後の経験主義の教育に向けられたものと同じような批判が差し向けられることになる。読書に固有の能力の見極めが確実に為されていなければ、読書教育が生活指導の中に埋没してしまうことにもなりかねない。

もちろん、阪本一郎や滑川道夫にこの点についての配慮が全く無かったわけではない。むしろ「読むこと」の持つ機能を十分な形で引き出すための指導領域を確立する必要があったために、いきおいその「生活」に関与する側面がここでクローズアップされたものと思われる。このことは、学校教育の中での読書教育の役割を考える上でことさらに重要である。もしも児童・生徒の「生活」に関わる側面を読書教育の内容から削り去ってしまったとしたら、それが学校教育という場の内部で担うべき役割の半分は失われてしまったといっても過言ではない。子どもの「生活」に食い入るものをそなえているからこそ、読書教育にはその存在理由があるのだと考えなければならない。

読書教育の目標は、つまるところ、自分にピッタリ合った本を選び、読み続けることで、人生を豊かにすることのできる読者（読み手）を育成するところにある。それを、「自立した読者」の育成をめざすことだと言い換えてもよい。もしも、そのことが為されないならば、読書教育の成果は十分に上がらなかったと言ってよい。

それでは、学習者を読者として自立させるためには、どのようなことが必要なのだろうか。

一方では、読書を行うために必要な諸能力・諸技能の育成がめざされなければならない。基本的にそうした力の育成が為されなければ、子どもを読者として自立させるという営みはおぼつかないものとなる。他方、私たちは、読むことが人としての成長にどのような貢献を果たすのかを見極めていかなくてはならない。「自立した読者」という時の「自立」という語には、読むことによって自らの内面を耕していくことのできる能力を備えているという意味合いが込められている。読む技能を身につけることは大切なことだが、あくまでもそれは、子どもを「自立した読者」として育てるという目標のための手段である。

3　読書教育の内容

(1)　読書能力論

①学習指導要領国語における「読書」の内容の推移

平成一〇年版学習指導要領国語編における読書教育の学年目標は、「C　読むこと」の領域に次のように示されていた。

1・2年	楽しんで読書しようとする態度を育てる。
3・4年	幅広く読書しようとする態度を育てる。
5・6年	読書を通して考えを広げたり深めたりしようとする態度を育てる。

平成元年版指導要領と比較してみても、基本的な方向性に大きな違いはない。低学年で読書に親しむ姿勢を作り、中学年で読書の幅を拡充することで、読書力の基礎を養うことが目指されている。高学年では、その基礎の上に読書による探究活動を行うことのできる力の育成がめざされていたと考えることができる。

平成一〇年版学習指導要領においては「学校図書館」を活用することが以前にも増して強調された。「指導計画の作成と各学年にわたる内容の取扱い」の二つの項に次のような言及が見られる。

（3）第2の各学年の内容の「A　話すこと・聞くこと」、「B　書くこと」及び「C　読むこと」の言語活動の指導に当たっては、学校図書館などを計画的に利用しその機能の活用を図るようにすること。

（6）第2の各学年の内容の「C　読むこと」に関する指導については、読書意欲を高め、日常生活において読書活動を活発に行うようにするとともに、他の教科における読書の指導や学校図書館における指導との関連を考えて行うこと。なお、児童の読む図書については、人間形成のため幅広く、偏りがないように配慮して選定すること。

このように、「学校図書館」を活用した指導にかなり積極的に取り組むように要請されていることは特筆すべきものである。「学校図書館」を学習者の通いやすい場にして、「読書」による探究活動を学習者が営むことができるようにし、確かな「読むこと」の力を身につけていくことができるようにすることは、以後の読むことの指導における大切な柱となった。

平成二〇年版学習指導要領国語科編においても、読書教育の目標は各学年の「目標」のなかに記述されている。その文言は平成一〇年版と同じであるが「読書」に関する指導事項をみると、平成一〇年版と平成二〇年版とでは、少なからぬ違いが見られる。それぞれの事項を表にしてまとめてみる。平成二〇年版では「内容」の「カ」の項に「読書」に関する事項があらわれるので、それを掲げた。その左側の（　）内に、平成一〇年度版の「内容」

1・2年	カ　楽しんだり、知識を得たりするために、本や文章を選んで読むこと。 （ア　優しい読み物に興味を持ち、読むこと。）
3・4年	カ　目的に応じて、いろいろな本や文章を選んで読むこと。 （ア　いろいろな読み物に興味を持ち、読むこと。）

5・6年	カ　目的に応じて、複数の本や文章などを選んで比べて読むこと。 （ア　自分の考えを広げたり深めたりするために、必要な図書資料を選んで読むこと。）

の「ア」にそれぞれ示された「読書」に関する事項の文言を付した。

平成一〇年版では、とくに低・中学年において「読み物」に対して「興味を持つ」ことが重んじられていたことがわかる。「選んで読む」ということが求められているのは高学年のみである。ところが、平成二〇年版の「カ」の項では、どの学年でも例外なく「選んで読む」ことが求められている。また、中・高学年では「目的に応じて」という文言がいずれもあらわれている。読書における目的意識の育成もこの時点で強く求められていたのである。

また、平成二〇年版の大きな特色の一つとして、各領域で「言語活動例」が「内容」のなかに記載され、「C読むこと」の領域の場合、次のような「言語活動例」が呈示された。

1・2年

ア　本や文章を楽しんだり、想像を広げたりしながら読むこと。

イ　物語の読み聞かせを聞いたり、物語を演じたりすること。

ウ　事物の仕組みなどについて説明した本や文章を読むこと。

エ　物語や、科学的なことについて書いた本や文章を読んで、感想を書くこと。

オ　読んだ本について、好きなところを紹介すること。

3・4年

ア　物語や詩を読み、感想を述べ合うこと。

イ　記録や報告の文章、図鑑や事典などを読んで利用すること。
ウ　記録や報告の文章を読んでまとめたものを読み合うこと。
エ　紹介したい本を取り上げて説明すること。
オ　必要な情報を得るために、読んだ内容に関連した他の本や文章などを読むこと。

5・6年
ア　伝記を読み、自分の生き方について考えること。
イ　自分の課題を解決するために、意見を述べた文章や解説の文章などを利用すること。
ウ　編集の仕方や記事の書き方に注意して新聞を読むこと。
エ　本を読んで推薦の文章を書くこと。

ここに掲げられた「言語活動例」は、ほぼそのすべてが読書活動である。多彩な読書活動に支えられた学習が期待されていたことがわかる。

平成二九年版小学校学習指導要領の「読書」に関する「内容」は、〔知識及び技能〕の⑶と〔思考力、判断力、表現力等〕の「C　読むこと」の言語活動例の箇所に記載されている。平成二九年版『小学校学習指導要領解説国語編』では「2　国語の改訂の趣旨及び要点」に「⑸読書指導の改善・充実」として次のように記されている。

中央教育審議会答申において、「読書は、国語科で育成を目指す資質・能力をより高める重要な活動の一つである。」とされたことを踏まえ、各学年において、国語科の学習が読書活動に結び付くよう〔知識及び技能〕に「読書」に関する指導事項を位置付けるとともに、「読むこと」の領域では、学校図書館などを利用し

て様々な本などから情報を得て活用する言語活動例を示した。（一〇ページ）

このことを受けて、平成二〇年までは「読書」について「C　読むこと」の項のみに記載されていたものが、平成二九年では二つの「資質・能力」の項にわたって記載されている。〔知識及び技能〕と〔思考力・判断力・表現力等〕という二つの「資質・能力」の関係を意識すると、このことの持つ意味は大きい。

先述のように、平成一〇年版学習指導要領では「学校図書館」を活用することが強調されたものの、読書教育の目標は各学年域とも「態度を育てる」という記載の仕方であった。「内容」についても「興味をもつ」という文言が用いられている。しかし、平成二〇年版では「選んで読む」「目的に応じて」という文言が用いられ、学習者に「読書」に関する選択する力が求められた。また、新たに設けられた「言語活動例」の多くが読書活動を含むものとなった。

こうした背景のもと、平成二九年版では、先ほど述べたように「読書」が「国語科で育成を目指す資質・能力をより高める重要な活動の一つ」とされ、「読書指導の改善・充実」が改訂の際の重要な柱とされたのである。具体的な指導事項を検討してみよう。

〔知識及び技能〕の(3)は「我が国の言語文化」に関する事項である。

エ　読書に親しみ、いろいろな本があることを知ること。（1・2年）

オ　幅広く読書に親しみ、読書が、必要な知識や情報を得ることに役立つことに気付くこと。（3・4年）

オ　日常的に読書に親しみ、読書が、自分の考えを広げることに役立つことに気付くこと。（5・6年）

いずれも読書に親しむ経験をすることと、「本」や「読書」のありようや働きについて「知ること」や「気付くこと」が〔知識及び技能〕として位置づけられていることがわかる。

〔思考力・判断力・表現力等〕の「C　読むこと」では(2)の言語活動例に次のような事項が示されている。

ウ　学校図書館などを利用し、図鑑や科学的なことについて書いた本などを読み、分かったことなどを説明する活動。（1・2年）

ウ　学校図書館などを利用し、事典や図鑑などから情報を得て、分かったことなどをまとめて説明する活動。（3・4年）

ウ　学校図書館などを利用し、複数の本や新聞などを活用して、調べたり考えたりしたことを報告する活動。（5・6年）

さらに「第3　指導計画の作成と内容の取り扱い」の「1」(6)には、

(6)第2の第1学年及び第2学年の内容の〔知識及び技能〕の(3)のエ、第3学年及び第4学年、第5学年及び第6学年の内容の〔知識及び技能〕の(3)のオ及び各学年の内容の〔思考力、判断力、表現力等〕の「C読むこと」に関する指導については、読書意欲を高め日常生活において読書活動を活発に行うようにするとともに、他教科等の学習における読書の指導や学校図書館における指導との関連を考えて行うこと。

とされ、次のような「配慮」についての言及がある。

⑶第2の内容の指導に当たっては、学校図書館などを目的をもって計画的に利用しその機能の活用を図るようにすること。その際、本などの種類や配置、探し方について指導するなど、児童が必要な本などを選ぶことができるよう配慮すること。なお、児童が読む図書については、人間形成のため偏りがないように配慮して選定すること。

このように、平成二九年版においては、国語科の指導計画の全般にわたって「読書」を位置づけ、指導に取り組んでいくことが求められていると言っていい。「読解」「読書」の区別を超えた「読む文化」を学校でつくっていくことを目指した措置であると捉えることができる。

②読書能力の発達

読書能力に関しては、つとに阪本一郎が細やかな分析を行っている。もちろん、読書能力の問題は文学教育や説明的文章教育においてめざされる能力と重なり合う部分も少なくはない。しかし、読書教育においては、そうした文章の精読に関わる能力だけでなく、多くの書物の中から自分にとって本当に必要なものを選択する力や、書物の扱い方に関わる能力といった、より広い意味での読書能力を子どものものにすることがめざされることになる。阪本は、読書行為の全体を視野に入れて、①読書動機、②図書選択、③資料検索、④読解力、⑤読後整理、⑥読書作法、という六つの項目にわたる能力を析出している。(3)

もちろん、阪本の挙げる六項目の全てが国語科の枠の中に収まるというわけではないが、読書という活動を総体として把握していく為には、これらの項目のそれぞれについての能力を捉えていく必要がある。従来ややもするとこれらのうち特に「読解力」に傾いて、読書能力を把握する嫌いがあったのではなかろうか。「読解力」そのものの見極めはもちろん大切なことではあるが、読書教育・読書指導を進めていくためには、阪本の掲げた六つの項目それぞれに関わる能力の関連性を捉えていかなくてはならない。

読書能力の問題に関わってもう一つ大切なのは、能力がどのように発達していくのかという観点である。年齢・学年の発達に伴って、読む力を伸ばしていくための目安を得ることは、読むことの教育を進める上で不可欠である。例えば、阪本一郎はアメリカのゲイツの研究をもとにして、次のような読書能力の発達段階を示している。(4)

Ⅰ　前読書期（五歳以前）

Ⅱ　読書入門期（五歳〜小学校一年一学期）

①　読みのレディネス促進期（五〜六歳半）

②　読書開始期（六歳半〜小学校一年一学期）

Ⅲ　初歩読書期（小学校一年二学期〜三年生）

③　独立読書開始期（小学校一年生二学期）

④　読書習慣形成期（小学校一年生三学期〜二年一学期）

⑤　基礎読書力成熟期（小学校二年生二学期〜三年生末）

Ⅳ　多読期（小学校四年生〜中学校一年生末）

⑥　無差別多読期（小学校四年生〜五年生中ごろ）

⑦　選択的多読期（小学校五年生中ごろ〜中学校一年生末）

Ⅴ　成熟読書期（中学校二年生以降）

⑧　共感的読書期（中学校二年生〜高校一年生）

⑨　個性的読書期（高校二年生以降）

阪本の発達段階説によると、小学生は「読書入門期」から「多読期」にかけての時期にあると言うことができるだろう。文字通り、読者として自立するための基礎力が形成される時期であると言うことができよう。阪本の読みの発達段階説にあっては、五歳、七歳（小学校1年生）、一〇歳（小学校4年生）、一四歳（中学校2年生）のそれぞれに発達上の節目があるということになる。

阪本と同じく、ゲイツらの研究を踏まえて、チャルもまた独自に読みの発達段階説を展開している。[5] チャルの発達段階説をまとめると次の表の通りになる。

段階0	誕生から六歳まで	前読書期	言語の習得及び読み書きについて自覚的になる。
段階1	六歳から七歳まで	読むことを習得する段階	印象から意味を作り上げる中で、文字と音声とを関連させることを学ぶ。（段階1の初期の児童たちの読みは、書かれてある内容より、むしろ読者である児童自身に多くを負っている。）
段階2	七歳から八歳まで	初歩の読みを広げる段階	それまでに学んだ読みのスキルをさらに広げるために「よく知っている」テーマで本を読む。（読者にとってすでに知っていることがらをさらに確かなものにしていくための読み。）
段階3	九歳から一三歳まで	新しいことを学ぶために読む段階	新しい知識や経験を得るために、読みを用いる。（書かれてあることと概念とを関わらせていく段階。）
段階4	一四歳から一八歳まで	多様な視点から読む段階	さまざまな視点を知るために読む。
段階5	一八歳以上	解釈したり、再構成し足りして、世界を創造していく段階	何を読むべきかということや、どのように自分にとっての真実を作り上げたらいいかということを判断する。

チャルの場合も、六歳、七歳、九歳、一四歳、一八歳のそれぞれを読みの発達に関する発達上の節目であるとしている。この点、阪本の示した見解とほとんど変わらない。阪本の説における「読書入門期」「初歩読書期」「多読期」のそれぞれがおおよそチャルによる発達段階の「段階2」から「段階4」に対応していると見てよい。九歳までに読むことの基礎力をつけておく必要があるということを、両者の説はともに教えてくれる。

さらに、読書行為の質を問題にしようとする時に重要になるのが、一〇歳から一三歳という年齢層である。それまでの段階で読むこと基礎力を身につけた子どもが、一人の自立した読者として読みを進めていくことができるかどうかは、この一〇歳から一三歳という時期にどのような読書行為を営むことができたかということにかかっていると言っても言い過ぎではない。

この見解の根拠となるいくつかの説を次に検討しよう。

アメリカにおいて、文学反応研究に対する発達心理学の援用を試みているペトロスキーは、思春期を中心とする文学反応研究に対する発生的認識論及び精神分析学派の自我心理学の寄与について論じた論文[6]の中で、ピアジェとアンナ・フロイトらの発達段階説に言及し、次のように整理している。

ピアジェによれば、「具体的操作段階」(八～一一歳)にあって子どもは抽象的な理由づけを避ける傾向にあり、「形式的操作段階」(一一歳～一五歳)にあっては抽象化を伴った知的能力が生じてくるという。また、アンナ・フロイトによれば、「潜在期」(五歳～一一歳)においては物理的に現実感のある対象に関心が示され、フェアリー・テイルや寓話などには関心が抱かれないという傾向があるという。これに対して「思春期前の時期」(一一歳～一二歳)に入ると、「潜在期」の具体性を持った興味が、抽象化に置き換えられる傾向がしだいに生じてくるというのである。さらに「思春期」(一二歳以降)においては、「理知的傾向」と「禁欲主義」とが大きな特徴になっていくという。このように立場こそ異なれ、両者とも一一歳前後に一つの境を引いているわけである。

ペトロスキーは、このピアジェ及びフロイトの論を踏まえた上で、次のように発言している。

思春期の子どもにとっては、行動よりもむしろ抽象化と反省的思考が大きく、これは理知的傾向の生んだ所産であると言うことができるだろう。(7)

読書能力の発達を考えるにあたって、ここでペトロスキーの言う「抽象化」や「反省的思考」を、子どもがどのように獲得するのかという視点を持つことが大切である。

また、アメリカの教育学者アーリーは、「未成熟の」反応が「成熟した」ないし「発達した」反応になっていく間に三つの段階があるとしている。すなわち、「無意識の楽しみ」の段階、「自意識的鑑賞」の段階、「意識的な歓び」の段階の三つである。アーリーによれば、文学鑑賞の発達とは、読者が自らの好みを知りながらもその根拠が明らかでない「無意識の楽しみ」の段階から、登場人物たちの心理的葛藤や動機づけに対する関心を抱くようになる「自意識的な鑑賞」の段階を経て、読者が読むことで深い歓びを味わう「意識的な歓び」の段階に至ることだとしている。(8)

オーストラリアの国語教育学者トムソンは、このアーリーの文学鑑賞発達段階説に加えて、「感情的な関与」と「冷静な分離」との相矛盾した組み合わせの過程こそが成熟した読者の反応の過程であるというワーズワスの見解や、ハーディングによる他者への共感、登場人物の行為や経験に対する評価、作者の価値観の受容及び拒絶、というフィクションの読みの過程における三つの段階説を検討した。さらにこれらのうちハーディングの説を補強したブラントの、反応における「六つの基本活動」論(9)を考察した。ブラントの言う「六つの基本活動」とは、次のようなものである。

第一段階	1. 意図をもって傾注する 2. 初歩的な知覚と理解 3. 共感する（ハーディングの「他者への共感」に対応）
第二段階	4. 類推すること及び自我同一性を探る 5. 参加者に対して距離を置いて評価する（ハーディングの「登場人物の行為や経験に対する評価」に対応する） 6. 作品全体を作者による創造として概観する（ハーディングの「作者の価値観の受容及び拒絶」に対応する）

トムソンは、これらの四者の反応段階説を検討した上で、その共通性を次のように述べている。

ワーズワス、アーリー、ハーディング、ブラントの四者は、文学に対する成熟した反応の発達が、密接な情緒的関与から、比較的距離を置いた反省的な分離へと、あるいは自己に対する関心から他の人々や人間を取り巻く状況に関する関心へと進行するとしている点で意見の一致を見ているように思われる。[10]

ピアジェやアンナ・フロイトの説からペトロスキーが帰結したこと、及びトムソンの検討した四者の反応段階説に共通しているのは、読者反応の発達が、テクストに対する情緒的・感情的な関与から、テクストに対する距離を置いた反省的なものへと移行するという見解である。社会学者のエリアスの言葉を借りて言えば、[11]「参加」から「距離化」への移行である。読書を行う子どもの構えの中にこのような変化がどのようにあらわれるかを見取ることによって、読むことが「発達」する条件を捉えることができるかもしれない。

(2) 読書教材論

①読書教材を考えるための視点

読書教育のための教材というとき、大きく分けて二つの種類のものが考えられる。

一つは読書の直接の対象となる書物そのものであり、今一つは、読書の方法について書かれた文献や資料類である。従来の読書教育論の中で重点が置かれていたのは、どちらかといえばこのうちの前者である。読書案内と言うときも、読書の対象となる素材についての紹介に傾いていた嫌いがある。もちろん、そのこと自体が悪いというわけではない。ここで言いたいのは、読書教育のための教材を考えるにあたって、読むという行為そのものについて考えるための素材をもっと考慮に入れる必要がある、ということである。

読むという行為の本質を探り、読むことの意味と機能を掘り下げる学習は、どちらかというとこれまであまり為されてこなかったのではないだろうか。諸家の読書論から、読書についてのノウハウに至るまでの、読書をめぐるメタ情報の学習のための教材を確保していくことは、これからの読書教育を構想していく上でぜひとも必要なことである。

読書教材論という領域がもし仮に成り立つとすれば、その射程は、文学教材論・説明的文章教材論・作文教材論といった各々の領域の教材論を包括してなおあまりあるだけの幅を持つはずである。各々の領域の教材論と比較して、読書教材論の持つはずの最大の特徴は、それが読むことに関するメタ情報までカヴァーする性質を持つということである。「読書」に関する様々な情報を視野に入れた幅広いものであるという点で、読書教材論は豊かな広がりを持つことになろう。

ただひたすらたくさん読めばよいのだ、とするのは一つの見識ではあろうが、しかしそれだけでは読書教育論にはならないし、読む文化をつくり出すことにもならない。いかに読むか、という問題を自分自身で探究していけるだけの力を学習者のものにしていくための教材が必要になる。

文学教材や説明的文章教材の場合とは異なり、読書教育のための教材は素材となる文章なり書物の文種によっては規定されない。読書教育があくまで、子どもの読み行為を促進するということに力点を置いたものであるだけに、いきおい文学教育や説明的文章教育の場合とは異なった角度からそのための教材も問題にしていかなければならないのである。

非常に極端な言い方をすれば、メッセージや情報を伝達するためのメディアの全体が、読書の教材となり得る可能性を秘めているのである。それゆえ、その学習において学習者にどのような読みの行為を求めていくかということによって、教材選択の幅も定まってくる。

ルイーズ・ローゼンブラットや滑川道夫が示したように、[12]読みには二つの極が存在する。一方に、読書材の内容を抽出する方向での読みがあり、他方に読書材の描き出す世界に浸り、それを味わう方向での読みがある。もちろん、実際の読書行為はその両極の間に様々な形で行われる。こういった読みの姿勢は、当然のことながら、その読者が何を目的として読み行為を行うのかということに関わってくる。

それゆえ、こと読書教育に関するかぎり、それが子どもにどのような読書体験をもたらすのかという観点から教材を選択していく必要がある。個々の文章や書物が読書教材の教材性を決定するというよりも、一つの単元を構成していく上での目的意識や、どのような種類の読む行為をその単元において求めていくのかという判断によって、読書教材の質が左右されると言ってよい。

②小学校国語教科書における読書教材――M社の場合――

現行の国語教科書には、さまざまな読書教材が掲げられている。「読書単元」と呼ばれる、このような読書教材の群れは、子どもの積極的な読みの姿勢を形作ることをめざしたものである。それゆえ、「読書単元」の内部構造を検討することから、読書の学習において子どもにどのような活動を求めたら良いのかということに関する一つの示唆が得られることになるだろう。

次の表には、M社の小学校国語教科書（令和二年版）における「本は友達（だち）」の内容をまとめた（なお、一年上にも「としょかんへいこう」「としょかんとなかよし」という教材がある）。

学年	巻	単元	内容
2年	上	本は友だち	・図書館たんけん ・お気に入りの本をしょうかいしよう ①これまでに読んだ本をふりかえろう。 二年生になってから、どんな本を読んできましたか。読書きろくなどを読みかえして、思い出しましょう。 ②しょうかいする本をえらぼう。 これまでに読んだ本や、おもしろそうだと思う本の中から、友だちにしょうかいしたい本をえらびましょう。 ③本を読んで、しょうかいメモを書こう。 えらんだ本を読みかえして、どんなところをしょうかいするか、考えましょう。 ④本をしょうかいしよう。 友だちに、お気に入りの本をしょうかいしましょう。 ・読んでみよう きたむらさとし「ミリーのすてきなぼうし」
3年	上	本は友だち	・図書館たんていだん ・はじめて知ったことを知らせよう ①本を読んで何かをしったときのことを、思い出そう。

学年		単元	内容
			読書きろくを見返すなどして、本から何かを知ったときのことを思い出しましょう。 ②本をえらんで読もう。 図鑑や科学読み物などから、おもしろそうだと思う本をえらんで読みましょう。①で思い出したことにかんけいのある本を、さがすのもいいですね。 ③友だちと伝え合おう。 本で知ったことを、発表しましょう。友だちから聞いて、おどろいたり感心したりしたことはありましたか。しょうかいされた本を読んでみるのもいいですね。 ・読んでみよう 大島英太郎　文・絵「鳥になったきょうりゅうの話」
4年	上	本は友達	・図書館の達人になろう ・事実にもとづいて書かれた本を読もう ①ノンフィクションを読んだときのことを思い出そう。 これまでに、ノンフィクションを読んだことがあるか、友達と話しましょう。 ②読みたい本を選んで読もう。 ノンフィクションには、さまざまなものがあります。事実の取り上げ方や内容に注目して、自分が今読みたいと思う本を選びましょう。 ③読んだ本をしょうかいし合おう。 例をさんこうにして、読んだ本のよさをしょうかいする方法を考えましょう。 ・読んでみよう 内堀タケシ　文・写真「ランドセルは海をこえて」
5年		本は友達	・図書館を使いこなそう ・作家で広げるわたしたちの読書

①ふだんの本の選び方について、友達と話そう。

あなたは、ふだん、どのように読みたい本を選んでいますか。どんな人が書いた本を読むことが多いか、友達と話し合いましょう。

②作家に着目して、読み広げよう。

これから読んでみたい作家を決めて、本をさがして読みましょう。一人の作家でも、さまざまなテーマの本を書いていることがあります。

③作家を中心に、本をしょうかいし合おう。

②で読み広げた本を、友達としょうかいし合いましょう。どのようにして、作家やその作品のみりょくを伝えるといいでしょうか。また、しょうかいし合うことで、どんなことに気がつくでしょうか。

・読んでみよう

重松清作・唐仁原教久絵「カレーライス」

6年

本は友達

・地域の施設を活用しよう

・私と本

①自分と本との関わりを考えよう。

どんな本を読んできたか、どのくらい本を読んでいるかなどをふり返り、自分が本とどのように関わっているかを考えましょう。

②印象深い本について、友達と話そう。

自分と本との関わりをふり返る中で、特に心に残っていた本は何でしたか。その本がもつテーマについて、友達と話しましょう。

③本のテーマに着目して、読み広げよう。

これから読んでみたいテーマを決めて、本を探して読みましょう。

④テーマを決めて、ブックトークをしよう。 自分で考えたテーマに沿って、友達に本をしょうかいします。それぞれの本のみりょくを分かりやすく伝えましょう。 ・読んでみよう 星野道夫　文・写真「森へ」

各学年二系列の読書単元が設定されている。一つは図書館利用に関する単元であり、もう一つは具体的な読書活動を展開させる単元である。ここでは二つ目の系列について触れる。

2年生の「お気に入りの本をしょうかいしよう」では、自分の好きな本を友達に紹介する単元で、一種のブックトークをさせるものである。3年生の「はじめて知ったことを知らせよう」は本の紹介ではなく、調べてわかったことを報告させる活動である。4年生の「事実にもとづいて書かれた本を読もう」はノンフィクションの読み方とその実践を学ぶ単元である。5年生の「作家で広げるわたしたちの読書」は、自分の関心をもった作家・著述家の本を何冊か続け読みをして、それをもとにその作家・著述家について友達に紹介させるものである。そして、6年生の「私と本」は自分自身の読む生活を振り借り、記憶に残っていた本のテーマに基づいたブックトークを試みさせるものである。2年生では好きな本の紹介であったものが、6年生では「テーマ」にもとづいて何冊かの本を関連づけながら、紹介する本の魅力を探ることが主眼となる。

このように、この教科書においてめざされている読書指導は、文学作品を対象としたものに限定されているわけではない。物語を中心とした「楽しみ」「面白さ」を求める読書を基盤としながら、中学年以降はノンフィクションにまで関心を広げて「知的探究」を求める読書（「広げ」「深め」る読書）が求められている点が重要である。本を読むこと自体を楽しむことのできる読者へと子どもが成長していくことと、読書を行いながら目的意識を育てていくこととの双方がめざされているところにこの教科書の読書単元の特色がある。加えて、どの学年の読書活動にも、子どもの「選択する」行為が組み込まれている点が重要である。

このように国語教科書の「読書単元」は多様なジャンルの文章の読書を遂行するなかで、学習者が読み・書き・聞き・話すといった言語活動を営み、ことばの力を身につけていくことをめざして構成されている。もちろん、読書の対象となる文章も掲載されているが、そこでは、「読書」に関する言語活動が中心となっており、その活動を通して本や文章を読み、それを人生にいかしていくことがめざされていると言ってよい。

4　読書教育の方法

(1)　読書教育の方法にはどのようなものがあるか

読書教育に関する諸家の理論においては、学習者を読むことの喜びに浸らせるためのもろもろの方法が提案されている。文章や書物に記された情報を精密に読み解き、情報の精髄を捉えるための方法よりも、むしろ多くの情報を選び取ったり、楽しみながら本を読むための方法がそこでは求められることになる。いずれの方法も、子どもを「自立した読者」にしていくために必要な要素を有していると言ってよい。読書教育というものが、けっして短期間で実の上がるものではないために、自ずとその方法も様々な角度からあみ出されてきたのである。

これらの諸方法は、それがどのような読書力を問題にしているかということによって、いくつかのグループに分けることができる。例えば、「読書資料の紹介」や「ブックトーク」などは、学習者に対する内容紹介的要素の強いものである、と言うことができるだろう。そういう意味では読書活動の水先案内的役割を果たすものであると考えてよい。一方、「読み聞かせ」や「お話」などは、同じ内容紹介的なものであったにしても、読書の対象となる本や文章の中身に直接学習者を対面させるものとなる。微妙な異なりにはなるが、読書教育の方法として整理するとなれば、この二つの位相を一応分けて考えなければならない。

このように読書教育の方法を整理していくと、改めておよそ次のような分類が考えられる。

Ⅰ　読者と図書との出会いを促すための方法
　A　書物紹介
　B　ブックトーク
　C　読書へのアニマシオン
Ⅱ　書物の世界への抵抗感をなくすための方法
　D　読み聞かせ・読み語り
　E　お話（ストーリーテリング）
Ⅲ　読書体験にひたらせるための方法
　F　黙読の時間（朝の読書）
Ⅳ　図書を読んで得たものを交流させるための方法
　G　ブッククラブ、リテラチャーサークル
　H　読書会・読書発表会
　I　集団読書
Ⅴ　読み取ったものを記録することの価値を教える方法
　J　読書記録（読書ジャーナル）
　K　読書カード
　L　読書ノート

すなわち、読者と図書とを出会わせたり、図書への抵抗感をなくすための方法（Ⅰ、Ⅱ）、読書のための時間を確保して読者を読書体験にひたらせる方法（Ⅲ）、読者が図書を読んで得たものを相互に交流するための方法（Ⅳ）、記録をしたり、それを用いた活動をすることで読み取ったものを記録することの価値を教える方法（Ⅴ）である。

(2) 読書教育の実際ーブックトークを中心にー

ここではBの「ブックトーク」を例にして、読書教育でどのようなことが為されるかということを考えてみよう。

「ブックトーク」とは、「あるテーマにしたがって、何冊かの本を順序立てて紹介する読書指導の方法の一つ」である。定義すればほんとうにこれだけのことなのだが、その具体的な方法などを考えてみると多彩な広がりをみせる。
ブックトークの一番のコツは、本を「順序立てて」紹介する点にある。テーマを決め、順序立てて本を紹介することで、本が互いに響き合い、それぞれが持つ魅力をいっそう高めることが可能になる。上條晴夫は「ブックトーク」の特徴を次のように述べている。

プリントなどの紹介と比べて、ブックトークにはつぎの魅力がある。
①子どもたちを目の前にして語る肉声のインパクト
②一方的でない楽しいやりとり
③集団の持つ波及効果
④本に関する雑学的な知識の提供
（上條晴夫、『子どもを本好きにする読書指導50のコツ』、学事出版、一九九六、一八—一九ページ）

定義もシンプルで、やり方もそれほど複雑なことはないが、何よりこの方法の成否は、ブックトークをやる人がどのような本を選んでいくのかということにかかっている。上條氏の言うような「魅力」を引き出すためにどのような準備をしていけばよいのだろうか。
「ブックトーク」の準備は次のように進行していくことになる。

①テーマを決める
○子どもの興味を引きそうなテーマ。行事、季節、ニュースなどの中から、テーマを見つける。

②本を選ぶ
○一回のブックトークで、3冊~6冊。○聞き手の興味の多様性や発達段階を考慮する。○フィクション・ノンフィクションから幅広く選書する
③本を紹介する順序を決める
④本の紹介の仕方を工夫する
○表紙を見せながら帯の文を読み上げる　○写真や絵図を見せながら話す　○本の内容にかかわる歌などを導入に用いる　○エピソードの一つを紹介する　○簡単なクイズを出す　○本の一部を読み聞かせする

このようなかたちで本を選び、紹介の仕方を工夫していくわけである。五冊の本を選ぶためには、五冊読めばいいというわけではない。実際に選書しようとすれば、選ぼうとする本の三倍の冊数を読むことにもなるだろう。何事もそうだが、そのような下地があってこそのブックトーク実践である。

このように構想したブックトークを、その場その場で実施していくわけだが、実際には「シナリオ」を用意していくと、一回一回のブックトークを振り返ることができ、蓄積し、他のひとたちと共有することができる。

シナリオの実際を、次に示してみよう。

(1)テーマ:　ロボットと人間と
(2)対象:小学校六年生三学期
(3)紹介する図書
①カレル・チャペック『ロボット――(R.U.R)』(千野栄一訳、岩波文庫)

②アイザック・アシモフ『われはロボット』（小尾芙佐訳、ハヤカワSF文庫）
③古田足日「アンドロイド・アキコ」（『月の上のガラスの町』、童心社）
④メアリー・シェリー『フランケンシュタイン』（山本政喜訳、角川文庫）
⑤浦沢直樹×手塚治虫『PLUTO』（全8巻、小学館）
⑥石黒浩『ロボットとは何か——人の心を映す鏡』（講談社現代新書）

（4）ブックトークのねらい

かつては「ロボット」と言えば、物語・小説やアニメや映画の中に登場する存在でしかなかったが、今日では現実のものとなってきている。工業高等専門学校や大学の工学系の学生たちがロボット工学の技術を競う「ロボコン」の模様はテレビで毎年放映されるし、病院などで来訪者を適切な場所に誘導するロボットや、オフィスで秘書の代わりをするロボットなども開発されている。そういう時代だからこそ、「ロボット」が人間に何をもたらすのかということを考えていく必要があるのではないか。「ロボット」とはいったい何だろう。このことを考えさせてくれる本を紹介する。

（5）ブックトークの語り

これを見てください（「写真ニュース」を提示して見せる）。これは、いつも学校の掲示板に貼ってある「写真ニュース」です。見たことがある人もいるでしょう。

これは、病院でお見舞いに来た人を病棟まで案内するロボット。こちらは、オフィスでコーヒーをいれて机まで持ってきてくれるロボットです。こんなことをしてくれるロボットがもう実用化される一歩前になっているのですね。

みなさんはロボットって見たことありますか？（何人かに質問して答えを聞く）

テレビのアニメで子どものころ見たことがありますよね。「機動戦士ガンダム」とか……私も子どものころ「鉄腕アトム」を熱心に見ていました。人が作った人間だから、ロボットのことを「人造人間」と表現することもあります。

ところで、「ロボット」って誰が作った言葉か知っていますか？（何人かに質問して答えを聞く）

ロボット工学の博士さんが作ったわけではないのです。カレル・チャペックというチェコスロバキアの作家が一九二〇年に書いたこの本の中で初めて使った言葉なのです（チャペック『ロボット』の表紙を見せながら）。一九二〇年と言ったらずいぶん昔ですよね。「人造人間」を表現するための言葉をどうすればよいか悩んでいたチャペックがお兄さんに相談してヒントをもらったそうです。翻訳した人の後書きにそのことが書いてありますから読んでみます。

※チャペック『ロボット』二〇六ページを読む。（音読）

確かに皆さんが習い始めた英語でも「労働」ことを rabor と言いますね。ドイツ語で「労働」のことをアルバイト arbeit と言います。いずれも「ロボット」という言葉と親戚なんです。この戯曲には、人間が人間を作り出して、人間にとってふさわしくない仕事をロボットに代行させる姿が描き出されます。でもロボットに心があってそうしたことを不満に思ったらどうなるでしょう。ロボットに仕事を奪われた人たちは何を考え、どのようなことをするでしょう。そうしたことがこの本には書かれています。これを一九二〇年に書いているところが驚きですね。百年前に書かれた戯曲ですがけっして古くなっていない。チャペックが「ロボット」という言葉を考えた、ということは、浦沢直樹さんが手塚治虫さんの『鉄腕アトム』のある話をもとに描いた『ＰＬＵＴＯ』（全八巻、小学館）という作品の、ある巻にも出てきます。

さて、ロボットは人間が作るものですが、もしそのロボットが知能を持ったらどうなるでしょう。チャペックの本にも書いてあるように反乱を起こすかもしれません。だからそうならないように「ロボット工学の三原則」ということを考え出した人がいます。何かって？この本に書いてあります。

※アシモフ『われはロボット』「ロボット工学の三原則」を読む。（音読）

もちろん、これは虚構です。つくりごとです。二〇五八年の「ロボット工学ハンドブック第五六版」などというものは存在しないわけですから。でも、この三原則はとてもよく考えられています。この三原則をもとにして書かれた短編集が、アシモフの『われはロボット』です。スーザン・キャルヴィンという「ロボット心理学者」が登場して、未来社会のロボットのさまざまな問題を解決していくのですが、スーザンはいたるところでこの三原則をヒントにしていきます。ロボットにおそわれて危機一髪というところでも。ハラハラドキドキする話が九つも収められています。

考えてみると、ロボットについての本というのは、半分以上人間とは何かということを考えさせるものです。ロボットとつきあうということは「人間とは何か」を絶えず考えることになります。古田足日の童話「アンドロイド・アキコ」もその一つです。この話は次のように始まります。

※古田足日「アンドロイド・アキコ」「1」の部分を読む。（音読）

月の上の町で何が起こるのでしょうね。実はこのアキコさん、アンドロイドというロボットですが、人間の男の子に「恋」をします。不可能な恋？どうでしょう？この話の中では、アキコを作った博士（父）が物語の終わりに、あることに気づきます。とても大切なことです。図書室にあるので読んでみてください。この話を書いた古田足日さんは『ロボット・カミイ』や『おしいれのぼうけん』を書いたひとです。

ロボットの本だからむずかしいということはありません。そして、ロボットの本だから、ありえないことばかり書いてあるというわけでもありません。ロボットの出てくる本や映画やドラマは、すべて人間である私たちの姿を映し出す鏡のようなものです。

そういえば、皆さんはフランケンシュタインを知っていますか？『フランケンシュタイン』という本には、いろいろな訳が出ています。子ども向けに書かれたものも図書室にはありますが、今日は文庫版のものを持ってきました（表紙を見せながら）。作者はメアリー・シェリーというイギリスの女性作家です。女性が書いた小説だったのですね。そしてフランケンシュタインというのは人造人間を作ってしまった博士の名前で、その人造人間には、実は名前は付いていません。「怪物」と呼ばれるだけです。知っていましたか？そして、この話のなかで「怪物」は人間のしわざを映す鏡のようなものとして描かれています。『フランケンシュタイン』もまた、ロボットの話と同じく、ひとの功罪を映し出す鏡のようなものなのかもしれません。そうそう、実際に人間そっくりのロボットを作っている人が書いている本もあります。石黒浩さんの『ロボットとは何か』という本です。（帯を見せながら）どうですか？二人の人の写真が写っていますが、一人は著者、そしてその隣にいるのが著者が作った著者そっくりのロボットです。石黒さんが何を考えて、どのようにしてこのロボットを作ったのか、この本には書いてあります。娘さんそっくりのロボットも作ったそうです。まるで「アンドロイド・アキコ」の博士みたいですね。石黒さんの本の副題には「人の心を映す鏡」とあります。今日紹介した本はすべて「人の心を映す鏡」のようなものです。

時々、そんな鏡をのぞいてみませんか？


このような「ブックトーク」の意義はさまざまにあるが、次のようなことを指摘することは可能だろう。
○読書に対する興味関心を引き出す
○「テーマ」を軸とした子どもとの対話が可能になる

○定期的に続けていけば、読書活動の「水先案内」の役目を果たす
○ブックトークをするために、多くの図書についての情報を獲得することができる（また、獲得しなければならない）

右の例は小学校6年生の三学期を想定している。チャルの発達段階説によれば「新しい知識」を獲得しようとする時期にあたる。既有の知識を用いながら、新たな世界に飛び込んでいこうとする子どもたちに対する読書教育の一つの試みとして受け取ってもらえればよいと考える。

重要なことは、この活動を続けていくためには、自分の読書のレパートリイを絶えず更新していかなければならないということである。たえず自分を更新する、という気持ちがブックトークを続けさせるということになるだろう。実際にたくさん本を読む、というだけでなく、それを組み合わせて一つの世界を作っていくということに楽しみを見出すことができるなら、そのようにして作られた「ブックトーク」は、子どもたちにとっても興味を抱くことのできるものとなるだろう。そしてそれは、読書教育の全般に及ぶ問題でもある。

ジェニ・デイらは次のようなブックトークのためのガイドラインを提案している。

・自分がその本を好きな理由を述べる。具体的に。
・本の帯を読む。劇的な効果をもたらすために間をとる。
・おもしろいところや、その本の冒頭の一段落を音読する。
・作者について知っていることや、その作者が書いたいくつかのタイプの本について知っていることを述べる。

・肯定的なものでも否定的なものでもいいから、子どもたちに意見を求める。
・その本に感じている魅力を表現する。率直に。もしあなたが読むことを愛しているのなら、それは有力な武器になるだろう。
・子どもたちに、読むきっかけを与える。何が起きたか教えて、自分の意見を言ってみて、映画と比べてごらん、友だちのレビューに賛成かどうか自由に考えて、その作者の他の本と同じくらいその本が好きかな？自由に考えてみて、など。
・もしあなたがその本全体やその本のある部分が嫌いなら、その理由を説明すべきだ。
・読みたいという欲求を高めたいのなら、供給は制限することだ（「2、3冊しかないのよ。」）

（ジェニ・デイほか著・山元隆春訳『本を読んで語り合うリテラチャー・サークル実践入門』溪水社、二〇一三年、四六ページ）

「ブックトーク」は学習のさまざまな場面で活用できる方法でもあるし、教科を選ばない方法でもある。右のガイドラインなどを参考にしながら、児童の図書に対する興味を引きつける方法として活用していきたい。

(3) 記録することの価値を教える方法

先ほど示した表のうち、学習者をどのように書物と出会わせていくかということに、読書教育を推進しようとする教師側の努力のほとんどは集中されることになる。逆に言うと、学習者と書物とを良い形で出会わせることができたとすれば、読書教育の目標の大半が達成されたと言ってもよい。「読み聞かせ」や「お話」などの方法は、あくまでもそのためのものであると考えることができるだろう。子どもが、書物の世界に親しみを覚えることができ

①十冊突破したね。
②詩の本を読んだね。
③科学の本を読んだんだね。
④この本は中学生レベルだよ。
⑤同じ著者の本を三冊も続けて読んだんだね。
⑥アサガオの本をくらべ読みしたんだね。
⑦この本は先生もワクワクしたんだよ。
⑧社会科の公害の関連本だよね。
⑨難しい本に挑戦をしたね。
⑩新ジャンルの本だね。

るようになったか否かということは、その方法が成功したか否かを知るための判断基準となると言ってよい。

　しかし、読書教育において子どもにおける書物に親しむことのできる姿勢を養うことが大きな目標とされるその一方で、読み取ったことがらを子どもなりにどのように加工し、各自の新たな文化的営みにつなげていくことができるのかということも問題とされる。このことに関わるのが、読書したという事実を記録することの指導である。読んだという事実を克明に記録し、読むことで何を感じたのかということをも記録していくことがそこでは求められる。もしも読みっ放しであったとしたら、成長してから振り返ろうとしても何も残らないだろう。生活の中で読書の体験を生かしていくためにも、読書記録をとることを習慣化していくということは重要な営みとなる。もちろん、記録をつけることが最終的な目的ではなく、あくまでも読書をすすめていくためのものである。記録や感想を求めるあまり、読書意欲を減ずることにならないようにしなければならない。

　また、読書記録や読書カードをきっかけにして学習者の読書活動を肯定的に評価する工夫をしていく必要もある。上條晴夫は、読書記録をもとにして学習者を「ほめる」ためのことばを右のように示している。[14] このようなことばをかけていくことが、学習者の読書へのモーチベーションを高めることにつながる。そしてそれは「読書」を媒介とした教師と学習者との対話を営んでいくということでもある。

(4) 読みを交流する方法ーブッククラブ、リテラチャー・サークル、集団読書ー

記録することと並んで大切なのがブッククラブやリテラチャー・サークルなどの読書会的な方法である。そこでは個々の読みをどのように交流するのかということが大きな問題となる。読書体験は個人的な体験であるというところにその大きな特徴があるが、個人的な体験であるだけに、そのままにしてしまうと、体験そのものが個人の中に埋没してしまいかねない。各自の読書体験を社会化させていき、一冊の本であっても読みには「違い」があることや、読者相互に共有されるものも少なくはないということを知ることは、一人一人にとって有益なことである。松尾弥太郎らがいち早く提唱し実践した「図書を媒介として（中略＝引用者）何人かの人が集まって、意見をのべあい、相互に助けあって、それぞれの生活経験を拡充する読書の方法[15]」としての「集団読書」も同じ特徴を持っている。

読書指導及び読書教育は、個々の学習者を読者として自立させることを最終的にはめざすものである。一人一人の子どもを、よりよき読み手に育てていくということがそこでの大きな目標となる。一人読みを起点として、本や文章について他者と交流する面白さを実感することができれば、読むということから得られる歓びは何倍にもなるはずである。

(5) 情報収集のために読むこと

この他に、いわゆる情報収集のための読みの方法がある。これは、読書の対象の種類にもよるし、学習の目標の質がどのようなものであるのかということにも関わってくる。しかし、ややもすると読書教育の視野そのものからそうした情報収集のための読みというものが抜け落ちてしまいかねないという危険は常にあると言ってよい。

読書教育の中で言う「読書」は、文学作品のみを対象とするものではない。社会に出てからの読書においては、

むしろ文学以外を対象にした読書をする場合が多いとさえ言える。それだけに、何らかの目的をもって読む読み方、著者の意図を探りながら読む読み方など、必要な書物や文献を検索していくための方法を子どものものにしていくことは大切である。求めている文献にたどり着くまでの道筋を示していくことができさえしたならば、子どもは自らの力で求めていた文献を捜し当て、目的を達成することができるだろう。これらは「読書」の最中に問題となることがらではなく、むしろ読書以前の段階でこそ問題とされることだといってよい。読解の指導であれば、教材の内容に関わる指導内容を押さえていけば良いのだが、読書教育においては、「読書」を十全に進めるための環境に関する問題までも引き受けていかなくてはならないのである。

5　読書教育の研究を深めるために——論文作成の手引き——

(1)　研究の対象と研究の方法

①研究の対象領域

読書教育に関する研究の対象領域を次ページ上の表のように整理した。

読書教育の研究領域を、「目標論」「内容論」「方法論」の三つの領域に分けて示し、加えて、「教育課程論」「授業論」及び「基礎論」の各領域も設定した。これらのうち、とくに「基礎論」の領域は、読書教育の研究において展開されるのみならず、文学教育及び説明的文章教育の各分野の研究の基礎に関わる問題を扱うことになる。

以下、Ⅰ～Ⅵの各々の領域について説明する。

Ⅰ　読書教育目標論

「読書教育目標論」の領域においては、読書教育が誰のために・何のために必要なのかという問題を掘り下げ

Ⅰ　読書教育目標論
Ⅱ　読書教育内容論
　1　読書能力の研究
　　・読書能力の構造に関する研究
　　・読書能力の実態に関する調査研究
　　・読書感想・読者反応の分析的研究
　2　読書教材の研究（読書教材論・教材開発論）
　　・教材論・教材開発論
　　・教材研究法に関する諸理論の研究
　　・教科書研究
　　・読書単元構成法の研究
　読書教育方法論
　1　指導過程論
　2　指導方法論
Ⅳ　読書教育課程に関する研究
　1　『学習指導要領』の検討
　2　読書教育カリキュラムの研究及び作成
Ⅴ　読書に関する授業の研究
　1　授業創造・授業構造の研究

ていくことになる。この領域は、「Ⅵ　読書教育基礎論の研究」の内容とも関わり合う。読書教育に関する研究を展開していこうとすれば、必ず言及せざるを得ない領域である。さらに、「目標」を論じるということは、各々の「目標」観の背後にある筈の思想をも論じていくことになる。そういう意味で、この領域の研究は読書教育思想の研究につなが可能性を有していると言えよう。

Ⅱ　読書教育内容論

「読書教育内容論」の領域は、大きく「読書能力の研究」と「読書教材の研究」との二領域に分けられる。一つは、「読書行為」を構成する諸要素のうち、読者側の条件に関わる「読書能力」の問題であり、いま一つは、読みの対象となるテクストの問題である。読書能力がどのような構造を持っていて、そこにどのような発達論的な差異が見られるのかということを吟味していく研究はこれまでにも為されてきたが、十分なものとは言いがたい。「Ⅳ　読書教育課程に関する研究」のための基礎資料を、そういった研究がもたらすであろうことは明かである。読書教育の内容を検討していく場合、読書能力についての実証的なデータに基づいたものであるか否かがその研究を左右することにもなる。

「読書教育内容論」のもう一つの柱となっている「読書教材の研

2　授業の観察・記録・分析
Ⅵ　読書教育基礎論の研究
1　諸家による読書論の研究
2　読書教育史の研究
3　読書過程に関する理論的研究
4　諸外国における読みの理論と教育の研究

究」は、これまでにもいくつかの民間教育団体などで読書教育のための図書リスト作成という形で試みられてきたものである。国語科教育の他の領域と異なって、教材に関する研究を進めることが最も難しいのが読書教育という領域に関する研究である。読書教育においては、個々の教材の分析よりも、どのように教材を編成し、単元を構成するかということが中心的な問題となる。そのため、教材の研究を研究の対象領域として研究を進めようとした場合、一定の困難が生じるのもやむを得ないことであろう。しかし、表中の「Ⅳ」の領域と併せ、読書教育カリキュラム作成をめざした研究の一環として取り組んで行くことによって、実り多い成果を期待できるだろう。

Ⅲ　読書教育方法論

「読書教育方法論」については、読書の指導過程に関する研究と読書教育の実際的な方法についての研究が中心となる。指導過程に関しては、読解指導の過程ほどには研究が進んでいるとは言いがたい。いわゆる「方式」化のもっとも行いにくい領域でもあり、すでに提出されている指導過程の諸「方式」の比較検討などが行いにくいためでもあろう。

読書教育の研究の場合、むしろ読書の指導方法のヴァリエーションを検討して、そこに各々の方法を支えている理念を探っていくような形での研究が中心になる。民間教育研究団体による読書教育の方法の提案は数多く、指導のさまざまなアイデアを得ることはできる。しかし、実際にそれらを研究の対象にする場合には、できるかぎりそれらの背後にある理念や理論を見透すことができるようにしていかなければならない。卒業研究等で読書教育を扱う場合には、先行の実践事例の具体的検討から研究を始めるという方向が考えられる。その場合には、でき得るかぎり良質の先行実践事例を選び、それら精選された実践事例の検討をもとにして、読書教育を推進していくために必要な諸条件を捉えていく必要がある。

Ⅳ　読書教育課程に関する研究

「読書教育課程に関する研究」は、先の読書教育に関する指導過程の研究と通じ合うものである。すなわち、読書教育の場合は、長期にわたる指導計画が非常に重要な問題であり、長いスパンで考えられた指導の全体のあり方が問われることになる。小学校なら小学校の六年間を見通した指導計画のうち、考察に耐えるものを選び、それらの比較検討を通して、指導計画を立てていく場合のもろもろの問題に関する検討を加えていくことになろう。この点で、学習指導要領の検討を一つの足掛かりにすることができる。

しかし、学習指導要領の検討はあくまでも研究の足掛かりであって、それがそのまま一つの研究になるとは思われない。望ましい読書教育カリキュラムを構成していくための準備作業として、学習指導要領の文言を検討していくことは重要な営みとなるだろうが、あくまでも学習指導要領が様々な意見を折衷したものであるということを忘れてはならないだろう。学習指導要領における「読書」の項目を参照するにとどまらず、広く民間教育団体の提出した読書教育カリキュラムを検討して、その内実を吟味し、理想的な読書教育カリキュラムを構築していく営みも、研究の一つのあり方として進められてよい。

Ⅴ　読書に関する授業の研究

読書の授業に関する研究は、他領域に比して取り組むのがむずかしい領域である。授業研究とは言っても、読書に関するそれの場合は、一つ一つの授業そのもののデータを問題にするというよりも、単元レベル・年間計画レベルでのデータをもとにした、より大きい範囲での営みであると言うことができるだろう。それだけに、研究の目的と切り込みを明確にして取り組んだ場合には、まことにユニークなものとなる可能性がある。読書会やブッククラブの展開や成果を、会話記録や読書ノートの記載内容の分析にもとづいて解明していくことなどは、読書に関する授業の研究として取り組む必要がある。

Ⅵ　読書教育基礎論の研究

「読書教育基礎論の研究」という領域は、読書教育の研究において独自に展開されるものであるといってよい。もちろん、読書教育に関する基礎論は、文学教育や説明的文章教育に関する基礎論と密接に関連し、時には重なり合うものである。読むことに関わるそれぞれの領域の指導の基礎となる問題を包みこむものであるということには間違いがない。

この研究領域には、「諸家による読書論の研究」「読書教育史の研究」「指導過程に関する理論的研究」「諸外国における読みの理論の研究」などがある。卒業論文段階での研究を進める場合、文献の講読をもとにしながら、これらの基礎的課題に取り組んでいくことはけっして回り道ではない。むしろ基礎論の検討は、卒業論文テーマとしてこそふさわしいものであると言うことができよう。

(2) 論文題目例

(1)で説明したそれぞれの研究領域ごとに、論文題目例を示すと次の通りになる。

Ⅰ　○読書教育目標論の研究

○読むことの教育の目標に関する史的考察

○イギリスにおける読書教育－その目標観を中心に－

Ⅱ1○読書能力の構造に関する研究－諸家の理論を手がかりとして－

○読書能力の発達－小学校期を中心に－

○読書感想文分析による読者反応の把握－児童文学作品を中心に－

2○読書教材の研究－小学校国語教科書の分析を中心に－

○読書単元構成の方法－国語教科書の分析を通して－

○読書教材の系統性－非文学領域を中心に－

Ⅲ○読書教育の方法に関する一考察－○○○○氏の場合－

○読書指導過程論の研究－○○○○氏の論を中心にして－

○小学校期における読書教育の原理と方法－児童文学領域を中心に－

Ⅳ○読書教育カリキュラムの研究－日本子どもの本研究会を中心に－

Ⅴ○読書に関する授業の研究－小学校の場合－

○読書教育実践に関する一考察－○○○○氏の実践を中心に－

Ⅵ○読書教育基礎論の研究－読者論を中心に－

○読書教育の独自性に関する一考察－○○○○の論を中心に－

○読書過程に関する理論的考察－W・イーザー『行為としての読書』を中心に－

○戦後読書教育史研究－一九五〇年代を中心に－

○読者反応理論の研究－英語圏を中心に－

(3) 基本資料一覧

(2)に示したⅠ～Ⅵのそれぞれの研究領域に即して、基本文献を掲げておきたい。なお、複数の領域にわたって同一の文献が掲げられていることもある。

Ⅰ『読書指導――原理と方法――』(阪本一郎、牧書店、一九五〇)

『読書指導』(滑川道夫、牧書店、一九五九)

II

『読解読書指導論』(滑川道夫、東京堂出版、一九七〇)
『現代の読書指導』(滑川道夫、明治図書、一九七六)
『児童文学と読書指導』(滑川道夫、牧書店、一九六五)
『児童文学と文学教育』(鳥越信、牧書店、一九六九)
『個性読みの探究』(野地潤家、共文社、一九七八)
『本とわたしと子どもたち』(増村王子、国土社、一九八六)
『読みの力を育てる読書指導』(竹井成夫、国土社、一九八八)
『読書教育と児童文学』(根本正義、双文社出版、一九九〇)
『子どもの読書いま・これから』(広瀬恒子、新日本新書、一九九二)
『読書はパワー』(スティーブン・クラッシェン/長倉美恵子他訳、金の星社、一九九六)
『読書教育の未来』(日本読書学会編、ひつじ書房、二〇一九)
『児童文学と読者』(岡田純也、大阪教育図書、一九八六)
『読書感想文指導の実際』(松尾弥太郎、共文社、一九六九)
『子どもの本の実践書評』(日本子どもの研究会他編、岩崎書店、一九七七)
『読むことと教えること』(倉沢栄吉、国土新書、一九八〇)
『読書感想の指導』(増田信一、学芸図書、一九八二)
『いま子どもの本とはなにか』(日本子どもの本研究会他編、岩崎書店、一九八五)
『子どもの発達と読書の楽しさ』(日本子どもの本研究会編、国土社、一九八六)
『読者としての子どもと読みの形成』(井上一郎、明治図書、一九九三)
『子どもとファンタジー』(守屋慶子、新曜社、一九九四)
『読書の発達過程』(秋田喜代美、風間書房、一九九七)

『ブックトーク――理論と実践――』（全国ＳＬＡブックトーク委員会編、全国学校図書館協議会、一九九〇）
『学校ＤＥブックトーク』（笹倉剛編著、北大路書房、二〇〇七）
『読書ボランティア活動ガイド――どうする？スキルアップどうなる？これからのボランティア――』（広瀬恒子著、一声社、二〇〇八）
『キラキラ応援ブックトーク』（キラキラ読書クラブ編著、岩崎書店、二〇〇九）
『読み聞かせ――この素晴らしい世界――』（ジム・トレリース著、亀井よし子訳、高文研、一九八七）
『読書感想文がラクラク書けちゃう本』（宮川俊彦、小学館、一九九九）
『一冊の本が宝島　読書へのアニマシオン』（岩辺泰吏他、柏書房、二〇〇三）
『読書へのアニマシオン　七五の作戦』（モンセラット・サルト著、柏書房、二〇〇一）
『フランスの公共図書館60のアニマシオン』（Ｄ・Ａ・ミシェル、辻由美訳、教育史料出版会、二〇一〇）
『子どもの心に本をとどける30のアニマシオン』（岩辺泰吏ほか、かもがわ出版、二〇一六）
『読書相談――読書指導の進展のために――』（阪本一郎・滑川道夫、牧書店、一九五二）
『子どもの読書の導きかた』（石井桃子、国土社、一九六〇）

Ⅲ

『集団読書』（松尾弥太郎、国土社、一九七一）
『読書の指導過程』（倉沢栄吉・青年国語研究会、新光閣書店、一九七四）
『現代の読書指導』（滑川道夫、明治図書、一九七八）
『映像時代の読書と教育』（滑川道夫、国土新書、一九七九）
『国語教育講義――新時代の読書指導を中心に――』（倉沢栄吉、新光閣書店、一九七九）
『親子読書運動――その理念と歩み――』（清水達郎、国土社、一九八七）
『読み聞かせ――この素晴らしい世界――』（ジム・トレリース／亀井よし子訳、高文研、一九八七）
『子どもがつくり出す読みの学習』（倉沢栄吉・中越国語教育同好会、東洋館出版社、一九九一）

Ⅳ

『読書教育を学ぶ人のために』(山元隆春編著、世界思想社、二〇一五)
『読書指導の手引』(阪本一郎、牧書店、一九五五)
『子どもの読書の導きかた』(石井桃子、国土社、一九六〇)
『国語科読書指導の実践』(倉沢栄吉・島根国語懇話会、新光閣書店、一九七二)
『文学の読書指導(文学教育実践シリーズ5)』(日本文学教育連盟編、日本標準、一九七四)
『文学の読書指導』(石上正夫・時田功編、鳩の森書房、一九七五)
『子どもの発達と読書の楽しさ』(日本子どもの本研究会編、国土社、一九八六)
『幼児の読書教育』(日本子どもの本研究会編、国土社、一九八八)
『低学年の読書教育』(日本子どもの本研究会編、国土社、一九八八)
『中学年の読書教育』(日本子どもの本研究会編、国土社、一九八八)
『高学年の読書教育』(日本子どもの本研究会編、国土社、一九八八)
『中学生の読書教育』(日本子どもの本研究会編、国土社、一九八八)

Ⅴ

『本の森の案内人』(水野寿美子、国土社、一九九三)
『読書会の指導』(図書館教育研究会、学芸図書、一九五七)
『聞く読書から読む読書へ』(増村王子・代田昇編、国土社、一九六七)
『国語科読書指導の実践』(倉沢栄吉・島根国語懇話会、新光閣書店、一九七二)
『読書指導』(亀村五郎、百合出版、一九七五)
『新しい読書指導』(鈴木喜代春、新評論、一九七七)
『読書生活指導の実際』(大村はま、共文社、一九七七)
『本を読む子を育てる』(鈴木喜代春、国土社、一九八六)
『ブックトーク』(全国学校図書館協議会、全国SLA、一九九〇)

Ⅵ

『読書することによって学ぶ』（早津秀雄、学芸図書、一九九一）

『読者としての子どもと読みの形成』（井上一郎、明治図書、一九九三）

『朝の読書が奇跡を生んだ』（船橋学園読書研究会編、高文研、一九九三）

『読書を教室に　小学校編』（府川源一郎・長編の会編、東洋館出版社、一九九五）

『続・朝の読書が奇跡を生んだ』（林公・高文研編集部編、高文研、一九九六）

『子どもを本好きにする読書指導50のコツ』（上條晴夫、学事出版、一九九六）

『読書で遊ぼうアニマシオン』（モンセラット・サルト／佐藤美智代・青柳啓子訳、柏書房、一九九七）

『ぼくらは物語探偵団』（柏書房、一九九九）

『心を育てる朝の読書』（林公編著、教育開発研究所、一九九九）

『わたしのブックトーク』（京都ブックトークの会、連合出版、二〇〇二）

『増補版　「読む力」はこうしてつける』（吉田新一郎、新評論、二〇一七）

『読書推進運動協議会の二十年』（読書推進運動協議会、一九八〇）

『増補改訂　日本の児童文学』（菅忠道、大月書店、一九六六）

『読書の心理と指導』（阪本一郎、牧書店、一九六〇）

『近代読者論』（外山滋比古、みすず書房、一九六九）

『修辞的残像』（外山滋比古、みすず書房、一九六八）

『読者の世界』（外山滋比古、角川選書、一九六九）

『近代読者の成立』（前田愛、有精堂、一九七二）

『本を読む本』（M・アドラー／外山滋比古他訳、講談社学術文庫）

『行為としての読書』（W・イーザー／轡田収訳、岩波書店、一九八二）

『子どもの本と教育』（G・フォックス／定松正訳、玉川大学出版部、一九八三）

『子どもと本』（N・タッカー／定松正訳、玉川大学出版部、一九八六）
『教師のための読者反応理論入門』（R・ビーチ／山元隆春訳、溪水社、一九九九）
『理解するってどういうこと?』（エリン・O・キーン、山元隆春・吉田新一郎訳、新曜社、二〇一四）
『イン・ザ・ミドル』（N・アトウェル、小坂敦子・澤田英輔・吉田新一郎訳、三省堂、二〇一八）
Tompkins,Jane P., *Reader-Response Criticism*,Johns Hopkins U.P.,1980.
Chall,Jeanne S., *Stages of Reading Development*, McGraw-Hill Book Company,1983.
Barr, Kamil, Mosenthal, Pearson (eds.), *Handbook of Reading Research (Volume II)*, Longman, 1991.
Pilgreen, Janice L. *The SSR Handbook*. Boynton/Cook Publishers, Inc.,2000.
その他　『現代読書指導事典』（阪本一郎他編、第一法規、一九六七）
『子どもの本の事典』（坪田譲治他編、第一法規、一九六九）
『私の読書学遍歴』（阪本一郎、学芸図書、一九七七）
『読書世論調査三〇年――日本人の心の軌跡――』（毎日新聞社、一九七七）
『読書相談事典』（野地潤家編、共文社、一九七八）
『読書指導実践事例集』（野地潤家他編、第一法規、一九七八〜　）
『読書指導通論――児童と青少年の読書活動――』（図書館教育研究会、学芸図書、一九七九）
『新読書指導事典』（阪本一郎他編、第一法規、一九八一）
『子どもの本と読書の事典』（日本子どもの本研究会編、岩崎書店、一九八三）
『新版　子どもの本の学校』（日本子どもの本研究会編、ほるぷ出版、一九八六）
特集「読書運動」（『日本児童文学』第一五巻一〇号、盛光社、一九六〇・一〇）
特集「読書指導理論の比較研究」（『国語科研究資料』第一号、明治図書、一九七三）
特集「児童文学の読者は誰か！」（『日本児童文学』第二四巻九号、偕成社、一九七八・八）

注

（1）横谷輝「子どもの本の読書運動の現状と課題」（『日本児童文学』第15巻一〇号、一九五九・一〇、三ページ）

（2）ここでの「編集」という概念については次のような松岡正剛の著書から多くの示唆を受けている。松岡正剛著『知の編集工学』（朝日出版社）及び同『多読術』（ちくまプリマー新書）

（3）阪本一郎『読書の心理と指導』（牧書店・一九五五）八七～九三ページ

（4）阪本一郎「読者の研究」（図書館教育研究会編『読書指導通論』、学芸図書、一九七八、六一～六三ページ）

（5）Chall,J.S.,*Stages of Reading Development*,McGraw-Hill Book Company,.1983,pp.9-42.

（6）Petrosky,A.R.,"Genetic Epistemology and Psychoanalytic Ego Psychology:Clinical Study of Response to Literature,"Research in the Teaching of English,vol.11,no.1,1977,pp.28-38.

（7）Ibid.

（8）Earley,M.J.,"Stages of Growth in Literary Appreciation," The English Journal,vol.XLIX,March, 1960,pp.161-167.

（9）Blunt,J.,"Response to Reading:How some young readers describe the process,"English in Education, vol.11,no.3,Autumn,1977, pp.34-47.

（10）Thomson,J.,*Understanding Teenagers' Reading*,,Methuen Australia,1987,p.153

（11）ノルベルト・エリアス（波田節夫他訳）、『参加と距離化』、法政大学出版局、一九九一

（12）アメリカの文学理論家で、読者反応理論に関する先駆的業績を挙げ、ホール・ランゲージ運動にも影響を与えたとされるルイーズ・ローゼンブラットは、読者の読みに「喜びを味わう the aesthetic」極と「情報を取り出す the efferent」極とがあるとし、あらゆる読書行為はこの二つの極の間で営まれるとしている（Rosenblatt.L.M.,*The Reader,the Text,the Poem*,Southern Illinois U.P.,1978 他）。この考え方は、読書行為に「遠心性」と「求心性」という相反する二つの属性を見出した滑川道夫の考え方と共通している。

（14）上條晴夫『子どもを本好きにする読書指導50のコツ』（学事出版、一九九六、五二ページ）

（15）松尾弥太郎『集団読書』（国土社・一九七一、二四ページ）

（16）有沢俊太郎「読書の研究法（Ⅶ）－よみの歴史的研究法－」（『読書科学』・第二三巻四号）一三〇～一三七ページ

六　話す・聞く・話合いの教育

1　話す・聞く・話合いの指導目標

話す・聞く・話合いの指導というと、ともすれば話す技術の指導や、スピーチ、パネルディスカッション、ディベート等の形態による指導を思い浮かべがちである。しかし、この領域の教育は音声を媒介としたコミュニケーション能力の教育である。つまり、具体的な相手と目的を持った状況の中で自分の考えを適切に伝える能力や、相手の言葉を受け取り、そこから自分の考えを作り、伝え、共同思考の中で新しい考えを生み出していく能力を育てることこそが目標なのである。

2　話す・聞く・話合いの指導領域

明治以来、国語科教育の中心は文字言語を用いた読み書きの教育であり、音声言語の教育は手薄であった。その状況は、平成一〇年版の学習指導要領国語編の目標に「伝え合う力」を育てることが掲げられ、学習に児童・生徒の言語活動を積極的に取り入れるように改められてからもあまり変わらない。なぜなのだろうか。それは、音声言語は何を指導してよいか内容がはっきりしない、指導法がわからない、音声言語は消えてしまうから評価が難しいことに起因している。

このような状況を克服し、コミュニケーション能力の指導を国語教育の大切な領域として誰もが教えられるものにするためには、まず教師が音声言語教育の内容を具体的に捉えておかなければならない。

音声言語教育の内容は、平成元年版以降の学習指導要領国語編において、聞くこと、話すこと、話し合うことに区分されて示されてきた。しかし、音声言語の指導を構想する際には、スピーチ、話合い等の具体的な言語活動形態を想定して考えることが便利である。また、聞く話すという対面直接性のある「音声言語」を指導する場合、技能の指導以前の問題として、対人コミュニケーション能力を資質や態度の面から育てなければならない。それはまた、教室という具体的なコミュニケーション状況の中で獲得されていく能力でもある。このような音声言語の特性を考慮し、音声言語教育の内容と領域を次のように設定し、領域ごとに説明していこう。

聞くことと話すことの指導内容を、活動形態から系統立てて整理した表

	機能	性格		形態	基盤領域
		体制	プロセス		
第一領域 基礎技能 （音読）	・発声、発音、間、アクセント等の技能習得 ・意味を理解するための音読 ・解釈を表現するための朗読	聞き手 一対多	固定的	ペア音読／役割音読／一斉音読　等	教室コミュニケーション文化作り ・かかわり合おうとする心の育成

領域	内容	話し手・聞き手	人数		活動例	態度
第二領域 独話	・自己開示 ・報告・説明 ・主張・説得	話し手			スピーチ／独話活動／アナウンス／ポスター発表／意見発表／プレゼンテーション等	・他者の言葉を受け止める態度 ・話し合いの意義を実感する ・きく（聞く・聴く・訊く）こと □情報を聞き取る □相手の想いを推し量りながら受容的に聴く □吟味しながら批判的に訊く □思いついた考えを大切にしながら創造的に聴く
第三領域 対話	・親和 ・合意形成 ・問題解決 ・アイデアの創造 ・相互啓発	⟺ 聞き手	一対一		問答／対談／ペアで相談／インタビュー	
第四領域 話合い	・合意形成 ・問題解決 ・アイデアの創造 ・相互啓発	話し手	一対多	相互作用的	パネルディスカッション・討議・ディベート・鼎談・バズセッション・少人数（三～五人）の話し合い	

(1)　基盤領域

①教室コミュニケーション文化作り

(1)　対人関係を結ぶ力（かかわり合おうとする心）を育てる

教室の中でのコミュニケーションの主要なやりとりは教師と学習者の間で行われる。しかも教師が話し手で学習者が聞き手である状況がもっとも時間的には長く、教師が意図的に仕組まない限り学習者同士がお互いの意見を聞き合う時間はあまり設けられていないのが現状であろう。

しかし、コミュニケーション能力の指導は、聞き合う関係を学習者間に作っていくことから始まる。もっとも根本的なことは学習者相互がお互いの存在に関心を持ち、自分の存在と自分が発したメッセージが教室の中で認め受けとめられていく関係が結ばれていることである。一人一人が個人ブースに入り隣の人とは隔絶してひたすら問題をといていくような学習とは対極にある学び合う教室であることが必要なのである。

そのような関係を作るには、まずお互いの意見を聞き合うことや自分の考えを臆せず話すことの大切さを理解させることが大切である。そして、自分の話したことが周囲に受け止められて学習が深まっていくことに貢献したり、人の発言を聞いて新しい発見をしたり自分の考えが確かになっていくという意義ある体験を重ねることで、児童の間に確かな関係が編まれていく。

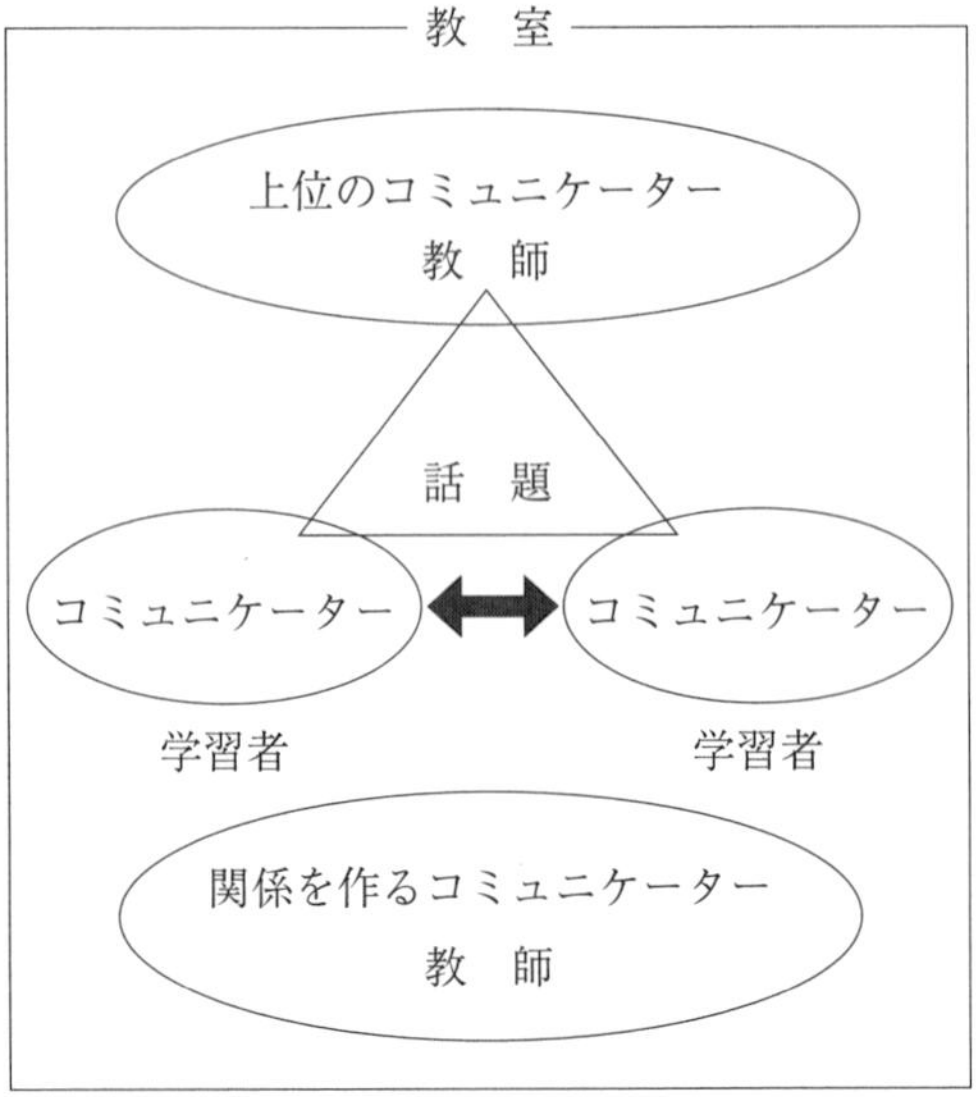

教室
上位のコミュニケーター
教師
話題
コミュニケーター
コミュニケーター
学習者
学習者
関係を作るコミュニケーター
教師

教師はその関係の網を作っていくコーディネーターである。上の表のように教師は上位のコミュニケーターとして学習者間のコミュニケーション活動を見守り、組織していく役割を担うと共に、教室の中で児童相互の関係づくりをはかる意識を持っておくことが必要である。

(2) 他者意識を持って、他者の言葉を受け止め、相手に分かるように筋道立てて伝える力を育てる

コミュニケーション行為は、相手あってこその行為である。そのため、どのような相手に対して自分の思いを伝えるのかという意識を持たせることが大切になる。自分の伝えたいことばかりに意識が向きがちな学習者を他者意識を持った状態に成長させていかなければならない。相手の考えを受容しようとして聞いたり、どういえば伝わるか相手を意識しながら自分の伝えたいことを言語化しようとする態度を育てるのである。つまり、相手にわかりやすく伝えたい。相手に伝わるように話したい。そういう意識を持たせることが大切なのである。そのためには具体的な伝える相手と場を設け、明確な目的を持たせて、誰かに向かって話す。そういった状況を設定することが指導上のポイントとなろう。

②聞くことの指導

聞くこと話すことが国語の学習内容であることは文字の読み書き学習に比べて学習者に意識されにくい。人の話を聞くことや、人に伝わるように話すことも大事な国語の勉強なのだという意識を持たせ、日々の授業で友だちの話を聞く姿勢を形成していくことがまず大切な指導内容である。

特に、子どもたちに聞く構えを作っていくことは学習規律を整えるためにも重要であり、教師は学期始めの早い時期にお互いの話を聞き合うことの大切さを体得させ、自分のありのままを話しても受け止めあえる支持的な教室の風土作りに努めなければならない。

聞くという行為は、一見受け身の活動のように捉えられがちであるが、実は大変能動的で主体的な行為である。聞き手は人の話を自分の意欲や問題意識に応じて、自分に関連のある方向から情報を解釈しながら受けとめていく。聞くという行為の内実は、過去の自分の経験や価値観、場の状況などの諸情報に基づいて、相手の話した情報を自分なりに理解、解釈していく行為なのである。

従って、聞く力を育てるためには、まず学習者の聞く意欲を高める場作りを心がけなければならない。「先生や友だちの話は黙って聞きなさい」という指示だけでは子どもたちの聞く意欲は持続しないし、そのときは聞くかもしれないが、人の話を積極的に聞こうとする態度を育てる指導にはならない。では、学習者はどのようなとき積極的な聞く構えを持ち、それを自分の習慣として身につけていくのだろうか。それは次のような機会や場が提供されたときである。①聞き甲斐のある話を教師が日常的に提供しており、聞くことは楽しいということを実感している。②話し合われている話題に関して関心があったり、話題に関して自分の考えを持っている。③自分の考えを相手に伝え、それを受け止めた他者が話してくれている時。④友だちの話を聞いたことで新しい考えが開けていく知的な楽しさを体験したことがある。

聞くことの指導は、聞く技術の指導も必要であるが、まずは人の話を聞く態度形成が土台となる。そのために①から④のような機会と場を教室の中で教師が積極的に設けていきたい。

聞く力の指導内容には次のようなものが考えられる。

1　受容的に聞く力

相手の話の言語的情報を正しく聞き取り、次々に話される情報を整理しながら、また、目的に応じて取捨選択しながら聞く力である。このような聞く力の指導は、何らかのまとまった話を聞かせ、何が話されたのかをメモに取ったり、図表化したり、第三者に伝えたりする等の学習活動を通して行うことができる。

2　創造的に聞く力

聞いたことに触発されて新しい考えを生み出しながら聞く力である。聞いたことにつないで思いついた自分の考えを伝え合ったり、ペアで物語の続き話を作ったりする学習活動が考えられる。

3　批判的に聞く力

自分の考えと照らし合わせながら批判的に聞く力である。批判的というのは、建設的に検討する構えで聞くことを指す。本当にそうだろうか、こんな考え方もできるのではないかと考えながら情報を鵜呑みにせず聞く聞き方である。例えば、課題として掲げられたことについて、隣の人と意見交換し合うというような場を設けて指導することが考えられる。その場合、意見交換をしたあとで結論を学級全体に報告するような学習活動を組み、聞く必要性のある場にして指導することが効果的である。

(2) 第一領域 基礎技能の習得——音読活動を通して——

音読とは文章の内容を把握するために声に出して読む活動を指す。であるから音読の目的は文字を読んで意味をつかむという活動は、むしろ読むことの導の出発点でもある。ここでは、音読活動を文字に書かれたものの音読を通して音声言語技術を磨く面から位置づけてみよう。音読を通して指導する基礎技能には次のようなものが考えられる。

①発声・発音・アクセント・イントネーション（抑揚）など、明確かつ正確に音声化する技術の指導

②声の大きさ・高さ・スピード、プロミネンス（卓立）、ポーズ（間）、チェンジオブペース（転調）などを意識して、伝えたい想いや内容を声で表現する技術の指導

これらを指導するには、五十音図を繰り返して発声練習をしたり、例えばポーズ（間）の大切さについて一般論を説くような指導だけでは効果は期待できない。日本語の、言葉としての面白さを生かした詩教材等を活用したり、ある作品を群読するために間の取り方を初めとする表現のしかたをグループで検討し合うなどの学習が望ましい。そしてそれが児童の音声による自己表現に生きる形で活用されていくよう指導するのである。

音読活動は、音声言語の指導に役立つ面だけでなく国語科の指導を進める上で価値が高い活動である。ここで、音読の役割を、（1）読む力を育てる面、（2）効果的な授業づくりの面から整理してみよう。

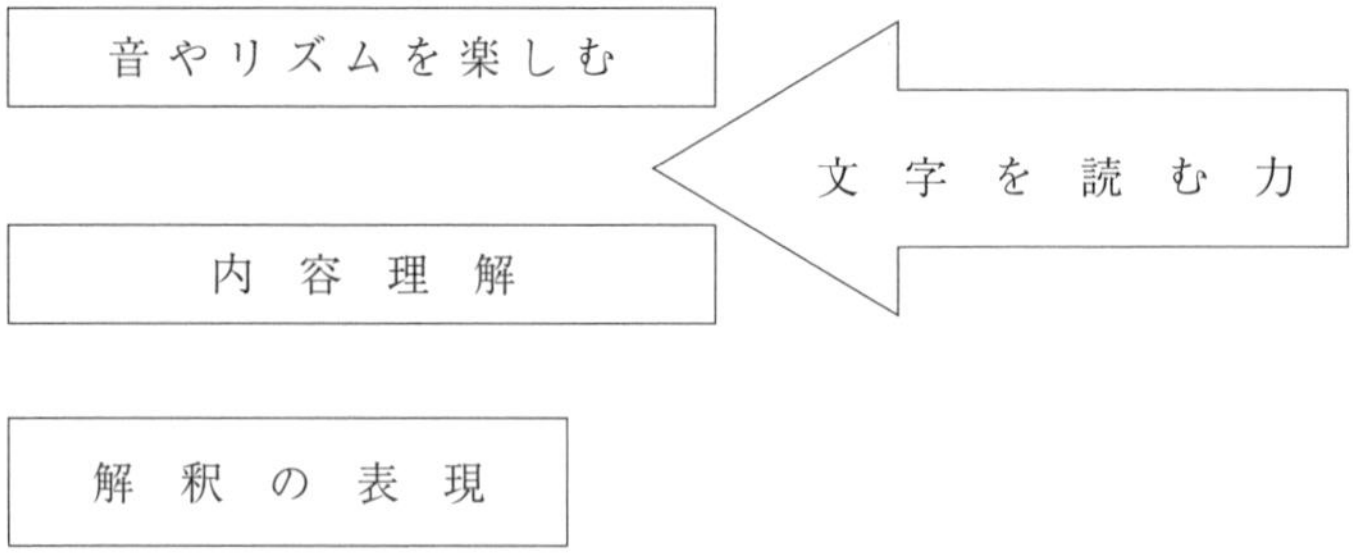

音やリズムを楽しむ

文字を読む力

内容理解

解釈の表現

①読む力を育てる面から

（1）読む力の成長と音読の役割

レベル1　文字を音に変換できるがことばの意味のまとまりまで意識できない。（拾い読み段階）

レベル2　ことばのまとまりを意識して音読できる。

例　きのみきにとまっている虫→きの　みきに　とまっている　虫

レベル3　文の意味を理解しながら音読できる。

例　はなののののはなはなのななあに

→花野の　野の花　花の名　なあに

→　花の　野の　野花　花の名　なあに

レベル4　音読によってことばのイメージや意味理解を確かにし、表現する。音読ではことばが目と耳から入り、頭に刻み込まれるため、音の響きから文字だけでは伝わらない意味やイメージを受け取ることができる。

レベル5　自分の読み取り（解釈）を音声表現にして音読できる。

（2）音読と黙読

音読は、文章の内容把握をするために声に出して読む読み方であり、黙読は声に出さないで文字を目で追う読み方である。この音読と黙読の境界面に、微音読と唇読があり、これらは音読から黙読に移行する途上に現れる現象である。

国立国語研究所が児童の読みの速度（一定時間における読字数）を調査したものがある

が、これによると、黙読が音読より速くなるのは4年二学期になっている（伝達・表現を目的とするはこの限りではない）。

音読と黙読は日常的には目的によってどちらを行うかを選択するものである。成人の日常の読み方がほとんど黙読であることから、学年があがるにつれて文章を読むことを黙読ですませがちだが、小学校段階では文章理解を確かなものにするためには音読活動が適していることを念頭に置いて、音読を積極的に学習に取り入れるべきであろう。

学年＼読み		音読	黙読
1年	2学期	129	
2年	2学期	238	
3年	2学期	354	
4年	1学期	369	344
	2学期	486	558
5年	3学期	616	756
6年	1学期		819

『国語教育指導用語辞典』教育出版　一九八四年

(3) レベルに応じた音読の指導

右の図に示した音読レベルに即して指導方法をあげてみよう。

レベル一の音読力をつける活動　　発音発声の練習／フラッシュカード／口の体操

レベル二の音読力をつける活動　　範読／連れ読み（教師が適当なところで区切って音読した後、児童が音読）／〇（まる）読み（一文ごと区切って読む）／一斉読み（全員が声をそろえて読む）／ふたり読み／交互読み（三・四人で役割を分担して読む）

レベル三・四の音読力をつける活動　　一人読み／ふたり読み／交互読み

レベル五の音読力をつける活動　　朗読／表現読み／群読

このような音読活動を通して音声言語表現の基礎技能を磨き、自分の理解した内容や自分の思いを効果的に声に表す技術を習得させていくのである。

②効果的な授業づくりの面から

音読活動の値うちは効果的な国語の授業づくりの面からも指摘できる。それは次のようなものである。

・授業開始時のウォーミングアップになる。

・既習部分の想起や、本時で扱う文章を頭に入れるための活動になる。

・全員が一斉に参加できる。

・児童の気持ちが一つになる雰囲気が産まれる（一斉音読）。

・テキスト（文章）の内容をより明確に理解し、物語の場合は物語世界に入り込む活動として活かすことができる。

・自分が文章から受け取ったものを表現する活動の一手段として活かすことができる。

(3)　第二領域　独話（スピーチ）

独話とは、話し手と聞き手の立場が固定していて、一対多の場面で行われる活動である。独話は、ある程度まとまった話をする活動であるため、その指導は、一度文章（原稿）を書かせてそれを話させる方法がしばしば行われてきた。しかし、書き言葉として整っている表現や構成が話しことばとしても良いものであるとは限らない。また、独話能力を構成する要素は、使う言葉や話の組み立てだけではなく、視線、笑顔、発声、間の取り方等の非言語的な要素もあり、むしろそういう要素の方が聞き手に訴えかける効果が高いのである。

書いた原稿やメモをもとに発表するのではなく、伝えたいことをその場で自分のことばで語るという、話すことによる本来のコミュニケーションの姿として独話の指導を行わなくてはならない。

独話は、一見話し手による一方的な話す活動のように考えられるが、熟達した話し手の場合、聞き手（聴衆）の反応を見ながら話の内容を調節することもあり、ことば交わしはなされないものの、聞き手との相互交流的な活動である。そのことを配慮すれば、独話の指導は、話し手の指導だけに終わってはならず、聞き手の側の聞く態度の指導もあわせて考えるべきである。子どもにとって、人前で話すことは、教師の想像以上に勇気がいることである。また、必死で話したのに教室はざわついていて聞いてもらえなかったというような砂をかむような独話体験が、「人前で話すのは苦手だ」という意識となってその後の子どもの言語生活に影響を与えかねない。受け止めてくれる聞き手があり、話しがいのある場を設けた独話の指導にすることが大切である。

(4) 第三領域　対話

対話とは、二人の人間の間でかわされる、話し手と聞き手とが固定しない双方向性のあるやりとりを指す。対話には、問答、対談、インタビューなどがある。三人以上でなされるものを会話ということもあり、討議・座談会などがこれに含まれる。

対話は、対面的コミュニケーションの基本単位である。人は、相手に向かって語り出すことで自分の漠想をはっきりと言語化していく。また、対話は相手との言葉のやりとりの中で新しい考えが創発される生産的行為である。このように、対話は社会的行為として、また漠想を明確にしていく行為として価値ある言語行為なのである。

自分の考えをその場でまとめて相手に語ったり、目的に応じて協同的に二人の考えをまとめる等の対話能力は、生活を営む上では実際に必要とされる実践的能力でもある。組織を運営し、これからの社会を作る人間を育てるために、ぜひ身に付けさせたい社会的な言語能力が対話能力なのである。

「対話」の指導の重要性は、西尾実や倉澤栄吉によって以前から指摘されてきている。(3)(4) しかし、対話の指導は未だ充分とは言い難い。対話の指導は、いったいどのようにすればよいのだろうか。

対話の指導は、対話の生産性を実感させることから始まる。二人で話し合うと、ひとりで考えていたときには考えつかなかったことに気がついたという体験である。実りある対話体験を重ね、積極的に誠実に相手に語りかける姿勢を育むことが大切なのである。

対話の指導は、当然のことながら対話行為をさせることによってはじめて成り立つ。国語教室のなかに必然的な対話場面を設けながら、実りある対話体験を提供するのである。それによって学習者の中に対話の生産性や意義の自覚が生まれ、対話学習への意欲が起きてくる。次に、自らが行った対話を振り返り、対話のあり方について反省的思考を促す学習を行う。あわせて、望ましい対話のあり方についてのモデルを提示する。このような指導の積み重ねによって対話能力は育っていくのである。

(5) 第四領域　会話（話合い）

会話（話合い）は、目的によって二つに分けられる。一つは、ある結論を出すことを目的にした問題解決的な話合いや、結論は出さないものの問題を見いだし追究していく論理的探究タイプの話合いである。会議、討論、討議がこれにあたる。もう一つはお互いの考えを自由に述べ合い、考えを深め、啓発し合う話合いで、座談会や読書会がこれにあたる。これらの目的を念頭に置きながら話合いの指導を進めることが肝要であろう。

前者の問題解決的・問題探究型の話合いの場合、話し合う力は、相手の思いや考えを聞き取る力、意見を受けて自分の考えを発展させそれを適切に伝える力、目的や状況に応じて意見を束ねて論点を整理し進めていく力が複合されたものである。この場合、話し合う力の土台には論理的に考えを進めていく思考力が要求される。

例えば次のような思考様式を使って考えを進めていく思考力である。

思考様式	具体的思考活動例
①主張・理由・根拠で考える	主張・理由・根拠で諸意見を整理する。三角ロジック図を用いて整理する。
②比較・分類・構造化	マッピングで広げ、出たアイデアを構造的に整理する。いくつかのことから共通するものを取り出したり共通点で束ねる。
③関係づけ	複数の事柄を関連させたり、ある対象に関係するものを見いだしたりする。
④縦思考（具体化・一般化する）	具体例で考えたり、抽象化したり、全体から俯瞰する（例：学級の問題を学校全体の視点からとらえる）。いくつかの意見を束ね、見出しや意見をくくる言葉を考える。
⑤推論	相手と意見が違うときは、相手の意見の意図を推測し、もっと詳しくわかり合おうとする。
⑥多面的思考	それまでになかった視点を出す、「〇〇の立場から見ると」、「逆から言うと」と考えていく。
⑦分析	話題を分節化・分解してとらえ、それぞれを順序立てて考えていく。課題追究をするために何を話し合えばいいか手順をいくつかに分けて整理する。

話合い活動は、学習者間の協同作業である。であるから、話合いの指導は学習者の間に協同性を育てることから始まる。対話の指導と同様に、協力して話し合うことの値打ちを実感させて場に参加する積極性を引き出し、知恵を合わせて考えようとする意欲や態度をまず持たせなければならない。

話合いの指導を行うにあたっては、話し合う必然性のある状況を作り、話し甲斐がある話題を用意しなければならない。そして、話合いのモデルビデオを見たり話合い台本を読み合うことでよい話合いについてのイメージを持たせ、人の意見の受け止め方や具体的な進め方を実際に使う発言スタイルとして教えていくことが効果的である。

この積み重ねによって教室の話合い文化は育っていく。話合いの指導は、国語の授業のみならずすべての学びに関わる学習力を育てていくことにもなっていくのである。

3　指導の実際

音声言語教育の根幹はコミュニケーション能力の指導であると述べてきた。では、コミュニケーション能力の指導はどのように進めていけばいいのだろうか。

人とのコミュニケーションは相手があってこそ始まる。相手の話していることを共感的に理解しようとする態度と、自分の思いを伝えることへの積極性を形成することが指導の出発点になる。そのためには、教室が、お互いの考えを聞き合い伝え合うことが快く感じられる場であることが必要となる。これをコミュニケーション文化の育成と呼んでおこう。コミュニケーション文化を育成する具体的な方法を、学習者相互の聞き合う関係作りと、教室のコミュニケーションルールの作成の面から示しておこう。

(1)　聞き合う関係作りの方法

①相手に反応を返す習慣を作る

学習者同士がお互いの話を聞き合っている関係を作るためには、相手の発言に対して関心を持たせることが必要である。相手の発言に対して関心を持たせるためには、相手が言おうとしている話題に対して興味がある。つまり、教室の中で、今話題になっている学習課題に興味がある状態が生まれていなければならないだろう。そうであってこそ、その話題についてみんながどう思っているか知りたい。自分も話したいという気持がうまれてくる。

またより根本的な状態として、学級の状態が、お互いの存在が認められており、相手に対する共感的な心を持ち合えていることが必要である。このような共感的態度を育てる方法には次のようなものがある。

・自由な発言を楽しむ時間を取る
　例　気持ちのシェアリングタイムを設ける。例えば教室で教師による本の読み聞かせを聞いた後、本の内容に関する感想を自由に交換し合う。

・自己開示的なスピーチ活動を行い教室の級友同士が情報交換して、相手理解を深める　例　私の宝物スピーチ

・相手の悩んでいることを一緒に考え合う
　例　プラス思考でアドバイスしあう。　相談しましょうそうしましょうタイム

これらの活動を通して、相手に対して、「自分は聞いています」「私はあなたのことに関心があります」ということを意思表示する習慣をつけるのである。意思表示とは、相手の顔を見て聞き、うなずき、首をかしげる等のリアクションを返すことである。より積極的には、賛成・わかりました等の言葉を返す行為である。教師はこれらの態度や言葉かわしを積極的に奨励し、また教師自身も示範しなければならない。自分が話したことに対して、そのような態度で受け入れて聞いてもらえるうれしさを体験させることが、積極的に聞き、共感的に聞く態度を形成していくことにつながるからである。

②話し手の名前を入れて発言する習慣を作る

この方法は相手の発言内容をよく聞きとり、それにつないで自分の考えを作っていく聞き方の訓練となる。低学年の児童の場合は、発言形式として、「今、○○さんはこういいました。私はこうだと思います。」という話し方を

奨励し、児童相互の発言をつないでいくこともいいだろう。中学年では、「○○さんの意見に似ているんだけど……」という自分の意見と相手の意見を双方対象化して聞き考えるような聞き方を奨励する。高学年や中学校にもなれば、「私はこうだと思います。○○さんも言ったように……だからです。」「○○さんの意見と○○さんの意見の違いは、共通点は……」というような、自分を含めた複数の意見を対象化する聞き方や、話合いの目的に照らして統合したりする聞き方を育てていきたい。そのために、具体的な児童生徒への働きかけとして、相手の名前を入れて発言するという方法を取るのである。

③自分の考えと比べて聞く習慣をつける

相手の発言について関心を持ち、自分の考えと比べて聞く習慣をつけることも大切である。そのような聞き方をして初めてそれに対して意見を返していく絡んだ意見の交流関係が生まれていく。そのためにはまず自分の考えを持たせたり、相手の発言を受け入れる構えを持たせることを出発点としたい。そして相手の発言についての意思表示をうながしていく。具体的な方法としては例えば、学習者から聞こえてくる「ああ〜」「納得！」等の共感的つぶやきを教師が大事にしたり、教師自身がしてみせるとか、児童が発言するときに「自分だったら……」「今思いついたんだけど……」「別の考えがあって……」「○○さんの意見の理由が言えます」等の言葉を添えた挙手を推奨することが効果的である。

④児童相互の発言をつなぐ働きかけをする

教室の学習の場におけるコミュニケーションスタイルを想像してみよう。多くの場合、教師が学習者に向かって一人で話し、学習者は黙って聞いているスタイルである。そこでは学習者が話しかける相手は教師である。しかし、教室内で聞く話す力をつけるためには、児童生徒同士がお互いの話を聞き、考え、自分の考えを話す場がなければならない。そのような場を作るためにグループ学習活動を設けることが必要だが、その前にまず、一斉学習の機会を聞き合い話し合う場にしていくことが大切である。そこで学んだ聞き方話し方をグループ学習の場に転移させていくというのが指導の効果的手順になるからである。

そこで、教師は児童・生徒の発言を受け止めて、次のようなコーディネーター役を果たさなければならない。

・発言を明確にするために発言の根拠を問うたり、主語や目的語をはっきりさせて話すように促すなどの働きかけをする。
・児童の発言内容の違いを端的に整理して戻す。
・児童の不十分な表現を的確なことばで言い換えてみせる。
・児童の発言を富化（発展的に展開させたり、意味づけたりすること）したり、別の観点を示したりして話合いに深まりをもたらす手助けをする。もし、そのような発言が児童から出された場合は、発言を取り上げてほめて価値づける。
・黙っている児童にも態度等で意思表示することを促す。（うなずき、首かしげ等）
・児童相互で指名しあう発言方式を教師指名の中に取り混ぜた学習スタイルを適用してもよい。

教室の支持的風土を育て、「わからない」「わからないからもっときかせて欲しい」という意見も立派な意見だということを理解させ、臆せず面倒くさがらず発言することを奨励し、それを共感的に受け止める聞き手を育てること、この循環を軌道に乗せることが聞き合う関係作りの要点となる。

(2) 学級のコミュニケーション文化作りの方法

教室のコミュニケーション文化を作るために、次のような方法が考えられる。

①教室の構成員の中で共感的コミュニケーション文化を培う場を作るため、情動の共有を図る。そのための手だてとして絵本の読み聞かせを活用した感情のシェアリングを試みる。

②他者とつながる機会を、書くこと（例：班ノート）など活用して複層的に設ける。

③コミュニケーション技能の学習を行い、共感的・共同的コミュニケーションを図るための技能を高める。

④コミュニケーションに関する学級のコミュニケーションルールを作る。

このうちの④について説明しよう。コミュニケーションルールとは、学級のコミュニケーションを円滑にはかる上で学習者たちに共有された約束事のことである。これを学級の中に積み上げていくのである。国語科を始めとする様々な学習活動を通して話合いをどのように進めたらよいか考え合い、それを児童になじみのある言葉で命名し、学級での話合いに関する共通認識を作っていくことでコミュニケーションルールは積み上げられていく。

ここでは小学校2年、5年、中学校の事例を掲げておこう。これらのルールは教師が与えたものではなく、実際に話合い活動をする中で学習者の中から生み出され、共有されていったものである。そのプロセスを踏むことが大切で、だからこそ、そのルールは児童・生徒に受け入れられ、定着していくものとなるのである。

【小学2年生】（北九州市　稲田八穂氏の実践によるもの　平成一八年実施）

○児童が共有していった話し合いのタイプ

・どんどんタイプ　まず、いろんな考えをたくさん出す。
次に、にているところを見つけて合体させる。
それから、ちがう考えのよさを見つける。

・つなぎタイプ　まず、友だちの話を最後まで聞く。
次に、友だちの考えにつながることを考える。
それから、どんどんつないで、話をふくらませる。

・まとめタイプ　まず、いろんな考えをたくさん出す。
次に、考えのちがうところやにているところを見つける。
それから、いいところをとり入れて、考えを一つにまとめる。

○児童が共有していったコミュニケーションルール

・ちえを合わせて話し合うには

たいど

話し合う人の目を見る（話す人の目・聞いてくれる人の目）／耳をはたらかせる／話のと中で話をしない／ちがう話をしない／しせいをよくする

ことば

ほかの考えはありませんか／どんどん出そうよ／同じ考えでもちょっとちがうね／○○さんの考えをどう思う／まとめよう／ぼくはそれでいいよ

○言葉の貯金箱（教室にボックスを置き、話し合う時に児童の中から生まれた言葉で、みんなで使いたい良い言葉出てきた時に、ボックスの中に入れて蓄積していったもの。）

合体させたら／わけを言うと／説明するよ／ちょっとちがうけど／それもいいけど／もう一回言ってみて／こうしてみたら？／同じでもわけがちがうね

○気持ちの貯金箱

○○な気持ちゃったんじゃない？／ そう考えたんやね／いい考えだと思うよ／どうしてそう考えたの／その気持ちわかる。

【小学5年生】気持ちよく話し合いを進めていくために（教室の話し合いの中で生まれた言葉）

（北九州市　稲田八穂氏の実践によるもの　平成一九年実施）

○話を進めるとき

一人ずつ意見を言っていく？／他にないですか？／思ったことを言ってみようか？／答えをどうぞ／～が気になったんだけど、何かない？／わかる？／どうですか？

○話がいきづまったとき

はい、話を進めましょう／どういう意味だと思う？／三十秒ぐらい考えましょう／これをどうすればいいんやろ？／考えようよ／これ、考え方を変えれば？／いったん置いてみるよ／もうちょっと考えて／話をもとにもどそう／具体的に～したらわかるんじゃない？／ところで／目的はなんだったっけ

○友達の考えに同意するとき

うちもそう思うんよね／それはわかる／あっ、そういう意味／それしかないね／こういう意味じゃない？／うんうん／～はわかるけど／そうそう／そんな感じじゃない？／ほうほう／～みたいな感じ？／それぞれそれ／それかあ／わかった、わかった／そういうことかあ／たぶんね／まあ、そうやろうね／ここがポイント

やろ／そうやね／お、すごい／さすが／それがいいね／ああ、なるほど／わかるねえ

○友達に質問したりちがう考えを言ったりするとき

その意味がわからないんだけど説明してくれない？／～やったら？／理由は？／～やないかな／たとえば？／それじゃないと思うよ。

○考えをまとめるとき

それを全部合わせたらどう？／簡単に言えるようにしよう／じゃあ、それ二つ、一個ずつまとめん？／じゃあ、どんなふうに発表する？／みんなのをまとめたら？／そういうことでいいですか／二つの考えを合わせて言うと／もう一回確認するよ

【中学2年生】（元福岡教育大学附属小倉中学校　加来和久教諭の指導によるもの　平成一三年実施）

○話合いのルール

1　友達の意見や常識的なことでなく、自分の思ったこと考えたことを「私は～と思います」というふうにきちんと語ること。

2　対等な関係で話し合い、相手の考えとの対立や違いを避けようとしないこと。

3　単純な賛成、反対ではなく『小さな違い』を大切にして話し合い、高め合うこと。

4　単なる言い合いになったり、誰かの意見への頼り切りになったりを無くし、互いに高まり合うような話し合いになること。

5　一人最低一発言を心がけ、分からなければ「自分はよく分からないが～」といった意見でも必ず述べること。またまわりもその意見を尊重すること。

○話し方規準表

1　相手の顔を見ながら、落ち着いて話すことができる（態度）
2　声の大きさ、速さ、口調をその場にふさわしいもので話すことができる。
3　原稿やメモを読むのではなく、気持ちを込めて話すことができる。
4　自分の思いや考えを適切な言葉で表すことができる。
5　テーマに沿って他の人の話と関係づけながら話すことができる。

○聞き方規準表

1　相手の顔を見ながら、静かに聞くことができる。
2　うなずいたり、相づちをうったりして、聞くことができる。
3　必要な時はメモを取ったりしながら聞くことができる。
4　話の内容を細かいところまで正確に聞き分けることができる。
5　疑問に思うことを質問しながら聞くことができる。

○良い司会者の条件

1　公平な立場で進行すること。
2　はっきりした声とわかりやすい言葉を使うこと。
3　発言内容をきちんと把握し、分類整理すること。
4　笑顔で話し合いを盛り上げるようにすること。

(3) 技能（スキル）の取り立て指導

①聞くことの指導

聞くことの指導は、日常の学習場面すべてを通して行うものである。学習活動の中でお互いの発言を聞き合う関係ができなければ学びは起こらない。そのような土壌をまず形成し、それから次のような聞き方を取り立てて練習する学習を適宜入れていくのが良いだろう。例えば次のような学習である。

1 必要な情報を聞く：緊急災害情報がラジオから流れる状況を想定し、必要な情報をメモする学習。
2 話の内容に触発されながら聞く：あるテーマに関して意見の異なる複数の人が主張し合っている会話（録音されたもの等）を聞き、それぞれの意見について反対、賛成、感想や疑問をメモする学習。
3 共感的に聞く：ラジオドラマを聞き、登場人物の性格や心境、行動の意味を想像・推測しながら聞く学習。

聞く行為は見取りにくい。そこで聞くことの指導は、メモを取ることや、聞いたことに関して意思表示する活動とセットで進めるとよい。又は、二人ペアになって相談して何かを作ったり、相手の話をまとめて第三者に伝える活動をとおして指導することもできる。

いずれにしても、聞く活動をしたあと、その活動を振り返り、どのような聞き方をしたらよいかについてモニタリングを行う学習も行い、「聞く活動を通して何を学んだか」をはっきりさせることが大切である。そうすることで、聞くことへの意識付けと技能の獲得を図ることができるのである。

②話すこと（独話）の指導

相手にわかりやすく伝えるためには、自分の考えを思いのままに話すのではなく、筋道立てて伝えなければならない。筋道立てて伝える言語活動には、紹介・報告・説明・主張などがある。具体的な学習の場と、それらの学習を通して指導するスキルを示しておく。

紹介：読んでおもしろかった本を紹介する。家族、自分の宝物を紹介する。
報告：委員会で決まった内容を報告する。先生からの伝達事項を教室で報告する。
説明：おもちゃの作り方や、野球のルールを説明する。学校の委員会組織を説明する。修学旅行計画を説明する。
主張：文化祭行事の出し物案を提案する（プレゼンテーション）。何かの問題に対する自分の意見を主張する。

機会を捉えて教えたい説明スキル

・まず全体の内容を伝えてから話す。
・ナンバリングし、順序立てて話す。（例：いまから三つのことを説明します。）
・話の内容をまとまりごとにラベリングする。（例：ここまでがまず始めにすることです。）
・一文を短く話す。
・つなぎことばを使う。例：まず、次に、つまり、例えば、さらに
・話の道筋を示すことばを入れる。（例：以上をまとめると。こんな例があります。これがポイントです。ここからが結論です。）
・五感を使った描写やオノマトペや比喩を入れる（効果的な表現を工夫する）。
・聞き手に届く声で話す。
・聞き手の体験を想起させながら話す。

・聞き手の反応を確かめながら話す。

機会を捉えて教えたい主張スキル

・主張の理由や証拠をはっきり示す。
・聞き手の納得を誘う内容を入れる。(例：具体的な数値　証拠の一般性　誰でも知っていること　専門家の見解)
・聞き手の体験を想起させながら話す。(例：こんな経験はありませんか?)
・聞き手の反応を確かめながら話す。(例：そう思われる人はちょっと手を挙げてみてください。)

③対話・話合いの指導

対話や話合いの指導は、対話や話合いそのものを学習する「取り立て指導」と、物語や説明文の読解学習時等の機会を捉え、その都度必要な場を生かして行う「その都度指導」の効果的な組み合わせをはかることがよい。

話合い指導の方法は、事前の指導、事中の指導、事後の指導に分けて考えるのがよい。以下、それぞれの段階の指導の要点と指導方法例を示しておこう。

○事前の指導

話合いの事前指導として最も大切なのは、学習者に話す内容を持たせることである。これを言いたいという内容を豊かに持たせ、みんなに伝えたいという気持ちを持たせることなしに話合いに臨ませても効果は期待できない。

中学校における、初歩段階の討議指導にふさわしい話題として、大村はまは次のような条件をあげている。

〈適切な話題の条件

1　太い線で話を進められるような、どういってよいかわからないと言うような微妙なところがあまりなく、程良く単純なこと。

2　こういう筋道で、このように討議を展開するという見通しが、子どもの力でつけやすいこと。

3　話の切れ目がつけやすく、話の節目が目立ちやすいこと。

4　資料の分量が少ないこと。

5　授業時間一時間で、一応、結末がつけられること。

（『大村はま国語教室　第二巻』筑摩書房　一九八三年　三六九ページ）

このようなことに配慮しながら、児童生徒の生活に即した話題を定め、その上で話したい内容を一人一人の児童生徒に持たせる事前学習を行った上で指導に臨みたい。

話合いの指導の一つに、児童生徒の話合いの発話を文字起こしして教材にしたものや、教師が創作した「話合い台本」を読みあって、良い発言を指摘し、学級で共有するスキルを学ぶ方法がある。サンプルビデオを作成してもいいだろう。動画を使えば、間や表情や協同的態度などの非言語による要素を理解させることができる。

事前の話合い指導の効果的方法として、大村はまの実践で用いられた台本型の学習プリント（学習の手引きプリント）を紹介したい。

〈話し合いはどのようにするか、話し手も、順序など教えても、一年生（引用者注、中学一年）はなかなか実際には話し合えない。話し合いの仕方のてびきは、読むことなどのてびきと、全くちがわなければならないと思う。単なる指示では手引きの役目を果たさない。（つぎのようなてびきを）繰り返し、劇の場合の、本読みのように試みる。それから、替え歌でも作るような要領で、自分たちの実際にあてはめて話し合いを進める。

話し合いをするときも、このてびきをひろげて見ながら進めていく。発言できない生徒がなくなり、話のそれることを防ぐこともできる。指導も、何番のところで流れなくなったかがよくわかり、やりやすい。〉

話し合いのてびき

1司会　では始めます。よろしくお願いします。
2一同　よろしくお願いします。
3司会　これからすることは、まず担当の言葉についてよく調べること。そして、自分たちとしての考えをしっかり持つことです。次に提出されている用例文を読んで、正しく使えているもの、使い方の違っているもの、そして、よくわからないもの、というふうに分けます。つまり、○と×と、?のものに分けるわけです。それから、よいもののなかから、特別によいのを捜します。次によくなかった点、まちがいの多かった点をまとめます。そして、発表の準備をするわけです。では、まず、私たちの担当の言葉の研究から始めましょう。私たちの担当のことばは、「たたずむ」ですが、似たようなことばの違いとか、どういう場合には使えない、とかいうような注意など何か気がついたことを言って下さい。
4A　はい、……こういうことがあると思います。
B　……こういう意味でしょう?
C　……
D　……
5司会　辞書にもう一度あたってみましょう。
6（みんなで、いろいろの辞書で調べる。報告しあう。）
7司会　では、これから調べます。一枚ずつ読みますから、それを○と思うか、×か、それとも?か、言ってください。はじめAさんに聞いて、それをBさんやCさんがどう思うか聞いて、次は、はじめにBさんに聞いて、というふうでいいですか。
8一同　賛成

（引用者後略）

（『大村はま国語教室　第二巻』筑摩書房　一九八三年　三九二ページ）

○事中の指導

子ども達が話し合っている途中に話合い方の指導を行うことは配慮を要する。話題について夢中で考えているさなかに、話合い方についての指導を加えることが、逆に話合いを滞らせてしまうこともあり得るからである。

話合いの最中に、教師がどのように介入して指導すればよいのか。事例をあげてみたい。ここで取り上げる事例は、大村はまが昭和二〇年代に行った実践（中学校）である。話合いのテーマは「学級日誌の「記事」欄に何を書くか」である。行頭に「大村」とあるのは、大村はまがひとりの生徒として話し合いに参加し、発言している言葉である。この場合、司会の生徒は「大村さん」と呼んでいる。行頭に「先生」とあるのは、大村はまが教師として助言発言をしたものである。行頭にＡＢＣＤとあるのは生徒を指す。

司会　では、今日は学級日誌の「記事」の欄にどういうことを書いたらいいかについて話し合いましょう。どうぞ意見を出してください。
一同　……
（ちょっと考えが出そうもない。そこで―）
大村（挙手）はい。
司会　大村さん、どうぞ。
大村　進行についてなんですが、ちょっと意見が出しにくいようなので、自分はどんなつもりで書いているか、ありのままを発表しあってみてはどうでしょうか。

司会　そうですね。どうですか、とにかく、みんな書いているのですから、実際どうか発表しあいましょうか。

（一同うなずく。そうね、はい、そうしましょう　など。）
A　Aさん、どうでしょう。
B　わたしは、クラスの出来事を書くというようなつもりでいます。
C　わたしも出来事だろうと思います。
司会　はい。
C　どうぞ。
A　出来事というほど、大きなことではないのではありませんか。
司会　ええ、そうです。出来事というと、ちょっと、やはり大きな事の感じですね。
D　Dさん、どうぞ。
E　平凡な出来事ですね。平凡な出来事、―ことばがおかしいけれど。
D　大きい、小さいこと、というみたいですね。
大村　なんていっていいかな、平凡なことなんだけれど、―やっぱり。
司会　（挙手）
大村　大村さん、どうぞ。
D　平凡なことのようだけど、クラスとしては、やはり、書いておく意味のあること。
先生　そう、そうです。
B　（大村）「意味のあること」ってわかりますか。わからなかったら質問しなさい。Bさん、質問してみなさい。
司会　意味のある、ってどういうことですか。
先生　どういうことでしょう。
（大村）（小声で司会者に）発言した人に聞いたら？

司会　大村さん、どういう意味でしょう。
大村　書いてあると、何か、そのクラスの、その日の生活とか、クラスの人の気持ちなりがわかるようなこと、の意味です。
先生（大村）　さて、だいたいわかったのですけれどちょっとはっきりつかめないというところですね。このままでは、やはり日誌の記事のところ、書きにくいでしょうね。ここを、もう一歩進めてほんとうに今日の話し合いをかいのあるものにするのに、いま、いいことが言えるのですが、どなたか、発言、思いつきませんか。
E　あの、ちがってるかもしれないけれど、……例を出してもらう……
先生（大村）　そうそう、それから？
C　日誌を見たら、どんなことが書いてあるか読みながら考える。

（『大村はま国語教室　第二巻』筑摩書房　一九八三年　一五七ページ）

この実践では、話合いが行きづまった時にどのような発言をすればよいのかを教師が実際に一人の生徒として発言してみせるという指導がなされている。このような具体的示範的発言を挟みながら、傍線部分のような指導を加え、話合いを望ましい方向に導いていくのである。話合いの流れに即応した効果的な事中指導であるといえよう。

○事後の指導

話合いの最中は、児童生徒の意識は話し合う内容や自分の意見をまとめることに向けられる。また本来そうあるべきだろう。話合いのしかたという方法的な面に目を向けた学習は、その後、そこで経験したことを話合いの方法として取り出し、方略化してつかみ直すことで行われる。具体的にいえば、誰の発言によって話合いが深まったかを指摘しあったり、児童生徒自らの話合い活動をビデオに記録したものを教材にし、よかったところを指摘したり、不十分な発言を取り上げて自分のあの時の言葉は伝えたかったことを十分に表しているか考えてみる等の「ふりかえり学習」の時間を設けるのである。それによって、よりよい話し方、尋ね方、話合いの進め方をつかんでいかせるのである。

4　音声言語指導のための教材

「聞く話す」行為の指導は、人間性の陶冶とも密接に関わるものである。相手の想いを受け止めながら誠実に聞く、自分の言いたいことだけにとらわれないで話す、他者と協同的な話合いができるなどの言語運用力は、技術的なものというより、そのことの価値を身にしみて実感させることによってはじめて指導できる性質のものであろう。そのためには、教室が、誠実に聞き合い、話し合う場となっていなければならない。教室の言語環境自体が教材なのである。

また、教師の話しことばや話し方は、子どもの話しことばを育てるための格好の教材である。

教師の話し方は、明るく、聞き手が聴いていて楽しくなるような雰囲気をもち、語彙が豊かで変化に富んでいるものでありたい。教師の話しぶりが子どもの話し方を育てることについて、蓑手重則は次のように述べている。

〈教師がていねいなことば、やさしいことばを使えば、その学級の児童もていねいなことば、やさしいことばを使う。教師が乱暴なことばや荒々しいことばを使えば、その学級の児童も乱暴なことば、荒々しいことばを使うことは、教師自身が想像するよりもはるかに深刻である（引用者中略）。教師がじょうずな聞き手、じょうずな話し手であること、少なくとも教師がじょうずな聞き手、じょうずな話し手になろうと努めることは、話しことば指導上の留意点の他のどの要件よりも大切なことであろう。日本の教師達はそうした話しことばの能力を身につけるためにもっと努力する必要があるのではなかろうか。聞き手という立場に即していうと、教師はいつもくつろいだ態度で、児童ののびのびした発表や会話を誘うような気軽なふんい気をつくること、そのためにはつとめて児童と遊びや生活をともにし、豊かな感情と、きびしい行動と、ユーモアにあふれた性格とで接し、どんなつまらない発表や会話でもあいづちを打ったりことばを助けたり、そして何よりもほめてやることに力をそそぎ、児童ひとりひとりに話すことへの自信をつけてやることが必要であろう。さらに、話し手という立場に即していうと、筋のとおった短いわかりやすい話を歯切れよくはっきり話すように心がけなければならないが、それが、ユーモアにあふれた生き生きとした親しみ深い話しぶりであることが何よりも望ましい。〉

（「聞くこと話すことの指導上の留意点」『実践講座国語教育４　聞くこと話すことの学習指導』牧書店　一九六〇年）

例えば、聞く力を育てるための教師の話し方には、次のようなタイプが考えられる。

①　人の話を聞くことの楽しみを知らせ、聞く態度を育てるための話

新鮮な話題で、教師自身が心を動かされたものや子どもの生活経験にふれるもの。おもしろく、啓発されながら聞かせる話材。描写の言葉を豊かに盛り込み、聞き手にイメージを形成させるための間や、表情に気を付けて話す。

②　情報を正確に聞き取らせるための話

正確に詳しく聞かせ、文末の最後の判断を聞き誤らないような聞き方を促し、話し方としては数値や固有名詞など、大切な「情報」の部分の前に間をおいて、一音一音をはっきりと発音して話す。

③　聞いて行動を起こさせるための指示の話

話す内容の順序に気をつけ、一文を短く話し、一文一情報を心がけ、「何をどうする」を明確にして話す。

教師自身が自らの話しことばが教材であることを自覚し、自らのことばの向上を願い、自己研鑽に励みたい。

5　コミュニケーション能力をどう評価するか

コミュニケーション能力の評価は、主には観察によってなされるが、そのためには学習者の聞く・話す・話し合う姿を見取る指標が必要になる。聞く力は、学習者の態度観察と、聞いたあとの発言によって見取ることができる。話し合う力は主に話合いを運ぶ発言によって判断するとよいだろう。ここで、学習者のコミュニケーション能力を見取る指標を示しておこう。一から四の段階は、学年を表すものではなく、教室でコミュニケーション文化が育っていく階梯を示している。ただし、認知や言語発達上の制約から、低学年においては第一・二段階を狙い、中・高学年では第二・三段階の指導を始め、高学年から中学校にかけては第三・四段階が重点的指導事項となるだろう。

表一　聞く・話す能力見取り表

	第一段階	第二段階	第三段階	第四段階
認知・態度面の姿	・興味を持って聞こうとする	・話す聞くことに関する学級のルールを守って	・協力して話し合うために積極的に自分を表現	・話し合いのルールを協同で作っていく

意欲 相手意識 場意識 （マナー）	・人の考えを受けとめようとする ・相手に反応を返す ・口をはさまないで聞く ・まず聞いてから話す習慣を身につける	話すことができる ・話し合うことで考えが深まる楽しさを知り、積極的に話そうとする	しようとする ・相手の立場や意見を尊重しながら聞く	
まとまった話を聞く姿	・相手の言うことを理解しようとして聞く ・自分の経験にとらわれずに大事なことを落とさず聞く	・相手の話をもとに自分の感想を持ったり考えを広げながら創造的に聞く	・相手の思いや意図をくみ取りながら聞く	・目的や場に応じて、問題意識を持ちながら聞く ・いろいろな視点から内容を吟味して批判的に聞く ・話し方に注意を向けて聞く
聞く姿	・相手の話の内容を最後まで聞き取る ・相手の話に反応を示しながら聞く	・前の発現と関連づけながら聞く ・自分の考えとの共通点や相違点を考えながら聞く ・わからないことは進んで尋ねる	・相手の言いたりないことを推し量りながら聞く ・発言が流れにあっているか判断しながら聞く ・自分の言いたいことにとらわれず話題に沿って次にどう発言すべき	・相手の話の妥当性や欠落点を考えながら聞く ・細かいことがらを聞き分けながら必要な情報を選択して聞く ・出された意見同士の内容を分類しながら問題点を整理して聞く

話し合う姿		
	つなぐ姿	話す姿
	・分からないことをたずねる ・付け加えて話せる ・同意・感想・反対などの反応を返す	・進んで話合いに加わって発言する ・聞かれた内容にあわせて答える ・聞き手の方を見て（伝える気持ちで）話す
	・話合いの目的からそれないように話題に沿ってつないで話す	・自分の考えに理由を付けて話す ・自分の考えの中心点をはっきりさせて話す ・聞き手にわかるようにことばを選んで話す
か考えながら聞く	・相手の話を引き出す質問をする ・話合いの目的からそれないように相手と自分の考えを照らし合わせながら目的に向けて話す ・出された意見同士を関連づけながら話す ・場に出た意見以外の見たり読んだりしたことなどをその場で想起して話を展開させる	・自分の意見の根拠をはっきりさせて話す ・場にふさわしい話体や言葉遣いで話す ・相手の気持ちを配慮した建設的な反論表現で話す
	・話合いの流れを見通しつつ出された意見を整理し位置づけながら、自分の考えを発展させる方向で話す内容を産み出す ・目的に向かって考えの違いを統合して合意を生み出す	・出された意見を関連づけながら話す ・相手の意見もくみ入れながら話す ・聞き手の理解に応じて言い方を考えながら話す

			・聞き手の理解を確かめながら話す	
司会	・司会の役割を知り、朝の会などの簡単な司会ができる	・みんなが話合いに参加できるよう気を配る ・話合いの目的からそれないように気を配る	・意見の違いを聞き分けながら話合いが計画的に進むよう話合いの流れに気を配る	・話合いが深まるように別の見方を提案したり、流れを転換させたりする
まとまった話を話す姿（独話）	・浮かんだ考えや知らせたいことを言葉にして表す ・文を区切って話す ・相手に届く声で話す ・順序よく話す（そして、それから等を使って出来事の順序を追って話す） ・意見→理由の順序で話す	[親和的独話] ・伝えたい自分の思いをはっきりさせて話す [報告・説明の独話] ・情報が正しく伝わるように内容を整理して話す [説得・主張の独話] ・伝えたいことをはっきりさせ、自分の考えが相手に伝わるように順序や中心点を考えて話す	[親和的独話] ・自分の思いが相手に伝わるように、言葉を選んで話す [報告・説明の独話] ・情報が正しく伝わるように相手や目的に応じて表現を選んで話す [説得・主張の独話] ・伝えたいことがはっきりと伝わるように表現や組み立てを意識して、わかりやすい表現で、筋道を立てて話す	[親和的独話] ・聞き手との一体感を大事にし、相手の反応を見ながら、自分の伝えたいことを話す [報告・説明の独話] ・情報が正しく伝わったか、相手の理解を確かめながら話す [説得・主張の独話] ・伝えたいことが相手に納得してもらえるように意図や根拠を明示しながら説得力のある表現や組み立てで効果的に話す

・相手・場・目的に応じた適切な言葉遣いを意識して話す

6　指導事例集

(1)　独話の指導例　独話活動（川崎市　笠原登教論の実践）

笠原登教諭の独話活動実践を紹介しよう。独話活動は次のような流れで行われる。

①話題選択。話し手はテーマに即して話したい話題を決める。

②独話原稿を書き、話す前に原稿を担任に提出。話す時は原稿を見ない。

③独話：独話係が独話する児童を紹介→児童の独話→感想交流（話し手が進行役となる）。まず対話（言葉のキャッチボール）から始まり、次に自由発言をする。終わったら聞き手は独話ノートに一言感想を一分で書く。教師も話し手の原稿に心に響く言葉を書く。話し手がまとめをする。→先生がまとめの話をする。

この独話活動は児童一人ひとりの個性を尊重し合う共感的コミュニケーション活動である。一例を挙げておこう。

独話係から

「三月十四日、金曜日。テーマ「大好きな人紹介」です。今日の話し手はTさんです。あの寒い日がいつのまにか無くなって、暖かくなりました。Tさんの話も春のような暖かい話だといいですね。

児童の独話　タイトル「いつもそばにはあるけれど」

これから私の話を始めます。（拍手）私には二つの宝物があります。一つは、私が父と写っているこんな写真です。（写真を見せる）二つ目は、私はぬいぐるみが好きなんだけれども、それで父に買ってもらったアザラシのぬいぐるみです。（ぬいぐるみを見せる）（笑い）

私の父は、昨年の十一月から出張でサウジアラビアに行っています。本当は三月の終わり頃に帰ってくるはずだったのにのびてしまって、四月頃に帰ってくることになってしまいました。私は家族の中で、父が一番好きです。父はお酒を飲んで母を困らせたりもするけれど、そんな父が、私たち家族のために一生懸命になってくれます。私は父に早く帰ってきてほしいと願っています。ときどき、父の会社に「早く父を帰してよ」と文句を言いたくなります。父は、私に優しくしてくれたり、困っているときにはすぐ助けてくれる「スーパーマン」のような人です。（笑い）これで私の話を終わります

感想交流　対話

A　Tさんは話し出しの「私には二つの宝物があります。」というところでみんなを引きつけたのがよかったです。森さんどうでしたか。

B　宝物の中身がお父さんとの思い出だというところがいいなと思いました。

A　私も、その思い出をたくさん入れていたので、みんなの心を温かくしてくれたと思います。特に、「スーパーマン」という言葉を使ったので教室風景が明るくなってよかったと思います。Bさんはそのことについてどうですか。

B　いつもまじめなTさんが、「スーパーマン」という言葉を使ったので、なんか意外なところがでているなと思いました。

A　私は、その意外性がわかってよかったと思いました。あと、二つの宝物を持ってきたのもよかったと思います。

B　私も同じです。Aさんまとめてください。

A　はい。話し出しの「二つの宝物」と中身の「スーパーマン」という言葉、それと実際に持ってきて見せた宝物、この三つがよかったところです。

B　私もまとめます。「スーパーマン」という言葉になんか一番強く引きつけられました。「大好きなお父さん紹介」というテーマによく合っている締めくくりだったと思います。

　これで、言葉のキャッチボールを終わります。

感想交流　自由発言活動

話し手　私の父のような人が自分のそばにいたら話に入れてください。

C　（引用者中略）「いつもそばにある」（タイトル）っていうのは人形のことだったので、それを大事にしていることが題に表れていました。

話し手　ちょっと最後の部分に入れるはずだったこと、C君の発言で思い出しました。「こんな宝物はいつもそばにはあるけれど、素敵な父に早く帰ってきてほしいです。」と締めくくるつもりでした。

D　最初に題は見たけど、テーマを見落としていたので、「そばにはあるけれど」だから「なると」のようなものかな、と思ったんだけど（笑い）内容を聞いて「あっ、そういうことか」と思いました。あと、最後に「スーパーマン」と入れたのがまじめなTさんにしては意外だなと思いました。（引用者中略）

E　「いつもそばにはいるけれど」という言葉に私は引きつけられました。ぬいぐるみと写真を見せたところがよかったです。

　私の父が単身赴任で、一人でもいないと寂しかったことを思い出しながら聞いていました。

F　Tさんのお父さんの優しい心がよく出ている話でした。私はTさんのお父さんが運転してくれた車で子供会の場所まで行ったことがあるけど、そのときもすごく親切にしてくれて、見るからに優しい人なんだとわかりました。私の父は、毎朝起きない私を二、三回起こしに来てくれます。夕べもお風呂前にうたた寝してたら少しおこるように起こしに来てくれました。

今朝、「いい人だね。」って母に言いました。（引用者中略）

G　うちの父も酔って遅く帰ることがあります。ヨロヨロしているのを見ると、酔っぱらった父だけは嫌いになります。次の日、家族が怒って相手にしてくれないと、なんか寂しそうで、「迷惑かけてごめんな」と、迎えに行った兄に言ったりします。

あと、「スーパーマンのような人」などという言葉の中からも、なんだか「お父さんに早く会いたい」というTさんの気持ちが伝わってきました。（引用者中略）

話し手　これで自由発言を終わります。私の感想を言います。この前の独話では、「早口」などと言われたけれど、今回はそういう注意をされなくてよかったです。いい発言がいっぱいあって、話してよかったと思いました。先生の言葉です。先生よろしくお願いします。

教師（笠原）：いつもまじめなTさん、と言った人が何人かいましたね。本当はそうではないようです。面談の時、お母さんが言ってました。独話でわかりました。ちょっと甘えっ子なのかなあ。それから、かなりユーモアがあります。普段ケタケタ笑ったりしないから、みんなが「Tさんて真面目なんだな」と、勘違いしているんですよね。お姉さんも四年で受け持ちましたが、とても真面目でした。全く違うタイプという感じ。だから、今日の独話はそういう意味では自分をアピールするチャンスになったわけです。今日のような話が独話らしい自己表現だと思いました。いい話を聞けばいい感想がたくさん出る。そういう独話活動でした。今、Tさんのそばへ行ったら、ぬいぐるみを抱えて「かわいいでしょ。」（笑い）って言いました。そういうところがTさんの甘える感じやユーモアの表れなんですよね。

今朝は、春らしい光が差し込んでいます。窓際で鉢の菜の花がきれいに咲いています。なんだか、そのようなほのぼのとした雰囲気にさせてくれる話が聞けました。ありがとう。

（笠原登「実践記録　個性が生きる独話活動　本日は晴天なり」私家版　平成一〇年八月より）

(2) 対話の指導例

○「持つ」の仲間わけ学習

活動1　ひとりで分類する。　活動2　ふたりで考えを比べる。　活動3　よりよい考えを一緒に作る。

「持つ」ということばは、いくつかのちがった使われ方をします。左の九個の「持つ」の例を、よく似たものどうしで集めてみましょう。

1　自信（じしん）を持っている。
2　ハンカチを持って行く。
3　テレビゲームを持っている。
4　えんぴつを持って字を書く。
5　責任（せきにん）を持って取り組む。
6　着がえを持って出かける。
7　はしを持って食べる。
8　仕事を持っている。
9　大きな願いを持っている。

○**類語表現辞典を作ろう**（福岡教育大学附属小倉中学校　岡井正義教諭の実践による　平成九年）

ここに紹介する学習プリントは、中学校（3年）で使用されたもので、二人の生徒がそれぞれ自分の調べた言葉（「さめる」と「ひえる」）の意味の違いを追究している対話活動を想定して作られている。この学習は類語表現辞典を作ることをゴールにして、生徒たちが担当の言葉について用例を調べ、二人で辞典の項目を作っていくものであった。対話モデルを示したこの学習プリント（山元が一部改変）は、授業で生徒が実際に対話する前に、望ましい対話の仕方について学習させる意図で作成された。この実践の詳しい内容は注5に収録されているのでそちらもあわせて読んで欲しい。

対話の手引き

○いつも教室で見慣れた顔ですが、親しき仲にも（　　）。体（顔）を相手にまっすぐ向けて、挨拶をしてから対話を始めましょう。

○自分の話したいことを話すだけではだめ、対話は「言葉のキャッチボール」です。

○声の大きさに気をつけて。相手がわかってくれているか確かめながら、間を置いて話しましょう。

Ａ１：「さめる」と「ひえる」について、比べてみよう。

Ｂ２：いいよ。順番は僕からでいいかな。

Ａ３：うん、いいよ。それじゃあ二人が出し合ったあと、二つの言葉の用例カードを分類しながら違いを見つけていこうか。

（話し合う前に手順を決めておくことが大切です。）

Ｂ４：オッケー。じゃあ、「さめる」の用例を言うと、「お茶がさめる」「風呂がさめる」（一枚ずつ用例カードを並べながら）「情熱がさめる」。

Ａ４：「ジュースがひえる」「足がひえる」「外気がひえる」「いい具合に西瓜がひえる」「明日の朝はきっとひえるだろう」「肝がひえる」「溶岩がひえて固まった」それからちょっと違うかもしれないけど「二人の仲がひえきる」。

Ｂ５：最後のは関係なくはないけど、ちょっと別にして考えよう。それにしてもよく思いついたね。

A6：うん。図書館に二時間こもりっきりだったし、C君にも手伝ってもらったから。C君はいい電子辞書持っててね。類義語辞典が入ってるんだ。

B7：ふーん。それはラッキーだったね。僕も電子辞書持ってるけど、類義語辞典入ってたっけ。

A8：それより、本題に入ろう。**（話が横道にそれないように気をつけよう）**。

B9：あっ、そうだね。えーっと、まず、主語に何が使われているか並べて比べてみよう。**（観点をたてて比べるという方法がいいですね）**。

A10：「さめる」の方は「お茶」「お風呂」「情熱」。「ひえる」の方は「ジュース」「外気」「足」「西瓜」「朝」「肝」「溶岩」かな。

B11：うーん。主語の違いにどんな傾向があるかなあ。

A13：どっちも液体に関係あるものが多いね。

B14：でも「足」とか「西瓜」とか、「肝」「情熱」っていうのもあるよ。

A15：あっそうか、じゃあ具体的なものと抽象的なもの？（相手の考えにのっかって考えを発展させてみましょう。ここでは「足」「西瓜」の共通点を、一般化した言葉「具体的なもの」で言い換えてあげていますね。）

B16：おっいいアイデア。（ほめられるとうれしいもの。賛成の気持ちは積極的に相手に伝えましょう）。でも待てよ、どっちの用例にも、具体的なものもあれば抽象的なものもあるなあ。

A17：うーん。ということは、その分け方は決定的な違いを表している訳じゃないと……（相手の言い足りないことをもっと適切なで言い換えてあげましょう。よくぞ僕のいいたいことを代弁してくれたと、相手もうれしくなり、会話も弾みます）。

B18：そう、そういうこと。

A19：じゃあ、発想を変えて、一つずつ「さめる」と「ひえる」の主語を入れ替えて、おかしくないか考えてみよう。（押してもだめなら引いてみな。行き詰まったときには視点や発想を変えてみましょう）。

B20：「お茶がさめる」「お茶がひえる」これは置き換えOK。「外気がひえる」「外気がさめる」これは変だね。

7　話す・聞く・話合いの指導研究を深めるために――論文作成の手引き――

(1)　研究の対象と研究の方法

この領域の研究は大別して二つに分けられる。一つは音声言語そのものの研究である。話しことばの文法や、会話を対象にした聞く話すコミュニケーション行為のメカニズムに関する研究などである。国語教育のための基礎研究においては、特に児童期の子どもの音声言語を対象にした研究が望ましい。

もう一つは、音声言語教育に関する研究である。これまでどのような音声言語教育がなされてきたか。歴史的に価値のある実践・理論を掘り起こす研究（Ⅱ―1）。誰がどのような音声言語教育論を展開してきたか。その理論の特性や価値についての研究。（Ⅱ―2）がこれにあたる。

また、Ⅱ―3のような音声言語教育の内容に関する研究もある。ここでは音声言語教育の内容を、聞くこと・音読朗読・独話・対話・話合いの五領域で示している。

Ⅲ―1は、聞く話す教材としての教師の話しことばの研究である。児童の発達特性に即した教師の言葉がけのあり方、聞く力を育てるための教師の話材の開発などが考えられる。

Ⅲ―2は、学習者の音読・朗読・群読等の指導のための台本やモデル、インタビューやディベートで活用できるサンプルコンテンツを作る研究である。具体的な実践を想定しながらそこで活用できるサンプル教材を創作するというものである。

Ⅰ　音声言語の特質に関する研究
1　理論的研究
音声言語そのものの特質の研究（聞く行為や話すことや談話についての研究）
2　実態調査研究
児童の話し言葉や会話の分析
談話の調査研究
Ⅱ　音声言語教育研究
1　音声言語教育史研究
2　音声言語教育論研究
3　音声言語教育実践研究
聞くことの指導
音読・朗読指導
話すことの指導（独話・プレゼンテーションなどの指導）
対話の指導
話合い（討議・討論・読書会・ディベート）の指導
Ⅲ　音声言語教材・教材開発研究
1　教師の話しことば（教育話法）研究
2　音声言語教材の制作

(2)　論文題目例

(1)で説明した研究領域ごとに論文題目例を示す。

Ⅰ　教室談話の特徴に関する研究
教師の話し言葉が児童の話し言葉の育ちにいかに影響を与えるか
児童の生活語の特徴―地域差に着目して―
Ⅱ　討論活動の日本導入の研究―弁論大会（明治）からディベートまで―
対話に着目した音声言語教育論の誕生について―西尾実・倉澤栄吉に着目して―
能動的にきく力を育てる―聞く・聴く・訊く―
リテラチャー・サークルによる啓発的話合いの指導
Ⅲ　群読を活かした詩の授業の研究
思考力を高める討論指導

多様な形態による話合い指導の考察—フィッシュボール・ワールドカフェ・ジグソー方式の比較—
(3) 基本資料一覧

Ⅰ
『話しことばの科学』(齋籐美津子、サイマル出版、一九六八)
『話しことば論』(大石初太郎、秀英出版、一九七一)
『聞き方の理論』(齋籐美津子、サイマル出版、一九七二)
『言語・思考・コミュニケーション』(井上尚美、明治書院、一九七二)
『きくとよむ　ことばの勉強―2』(山本安英の会、未来社、一九七四)
『話すということ』(竹内敏晴、国土社、一九八一)
『声にだして読もう!　―朗読を科学する―』(杉藤美代子、明治書院、一九九六)

Ⅱ―1
『話しことば教育史研究』(野地潤家、共文社、一九八〇)
『音声言語教育実践史研究』(増田信一、学芸図書、一九九四)
『音声言語指導大辞典』(高橋俊三、明治図書、一九九九)
『話し言葉の教育』(朝倉国語教育講座3　倉澤栄吉・野地潤家監修、朝倉書店、二〇〇四)

Ⅱ―2
『国語教育学の構想』(西尾実、筑摩書房、一九五一、『西尾実国語教育全集第四巻』に収録)
『話しことば教育論』(近藤頼道、『教育学講座8　国語教育の理論と構造』、学習研究社、一九七九)
『話しことば学習論』(野地潤家、共文社、一九七四)
『育つ言葉　育てる言葉』(白石壽文、東洋館出版社、一九九六)

Ⅱ―3
『話しことばとその教育』(倉澤栄吉、新光閣書店、一九六九、『倉澤栄吉国語教育全集十巻』に収録)
『国語科対話の指導』(倉澤栄吉、新光閣、一九七〇、『倉澤栄吉国語教育全集十巻』に収録)
『聞くことの学習指導』(倉澤栄吉、明治図書、一九七四、『倉澤栄吉国語教育全集十巻』に収録)

『大村はま国語教室　第二巻』（大村はま、筑摩書房、一九八三）
『話しことば教育の復興　全三巻』（森久保安美、明治図書、一九八九）
『群読の授業―子どもたちと教室を活性化させる―』（高橋俊三、明治図書、一九九〇）
『対話能力を磨く―話しことばの授業改革―』（高橋俊三、明治図書、一九九三）
『講座音声言語の授業　全五巻』（高橋俊三、明治図書、一九九四）
『中学校国語　聞く力が育つ学習指導』（田中瑩一、東京書籍、一九九四）
『中学校の表現指導　聞き手話し手を育てる』（安居總子・東京中学校青年国語研究会、東洋館出版社、一九九四、音声言語教育に関する参考文献目録がある。）
『協力すれば何かが変わる―続・学校グループワークトレーニング―』（日本学校ＧＷＴ研究会、遊戯社、一九九四）
『コミュニケーションを深める話しことばの授業』（田近洵一、国土社、一九九六）
『聞くことと話すことの教育学』（安直哉、東洋館出版社、一九九六）
『共生時代の対話能力を育てる国語教育』（福岡教育大学国語科　福岡教育大学附属中学校―福岡・久留米・小倉、明治図書、一九九七）
『話しことば教育の実際』（森久保安美、東洋館出版社、一九九七）
『今求められるコミュニケーション能力』（村松賢一、明治図書、一九九八）
『話し合う力を育てる授業の実際―系統性を意識した三年間―』（若木常佳、溪水社、二〇〇一）
『対話的コミュニケーションが生まれる国語』（坂本喜代子、溪水社、二〇〇七）
『発達モデルに依拠した言語コミュニケーション能力育成のための実践開発と評価』（山元悦子、溪水社、二〇一六）
『話す・聞く―伝え合うコミュニケーション力―』シリーズ授業づくり（植山俊宏・山元悦子、東洋館出版社、

二〇一七)

Ⅲ

『教師の話しかた技術』(大久保忠利・小林喜三男、明治書院、一九五九)

『教師の話し方・その基本』(平井昌夫、明治図書、一九六七)

『協力すれば何かが変わる―続・学校グループワークトレーニング―』(横浜市学校GWT研究会、坂野公信、遊戯社、一九九四)

『教育話法入門』(野地潤家、明治図書、一九九六)

『「話す・聞く」の実践学』(三浦和尚、三省堂、二〇〇二)

『教師の短話集　聞き手が育ついい話』(笠原登、東洋館出版社、二〇〇七)

『独話教育20年の軌跡　「本日は晴天なり」個性満開の言語活動』(笠原登、東洋館出版社、二〇一三)

注

(1)山元悦子「久留米プランに見る国語単元学習カリキュラム」(『福岡教育大学紀要』第四三号　一九九四)

(2)森岡健二「言語教育の本質と目的」(『言語教育学叢書　1』文化評論出版、一九六七)

(3)西尾実『国語教育学の構想』(筑摩書房、一九五一、『西尾実国語教育全集第四巻』に収録)

(4)倉澤栄吉『国語科対話の指導』(新光閣、一九七〇、『倉澤栄吉国語教育全集十巻』に収録)

(5)岡井正義「単元『類義語表現辞典をつくろう』(中学三年)」(『共生時代の対話能力を育てる国語教育』(福岡教育大学国語科福岡教育大学附属中学校――福岡・久留米・小倉、明治図書、一九九七)

七　「言語要素・言語文化」の指導

1　概観

(1)「言語要素・言語文化」の範疇

本章では、「言語要素」という術語を、「話す・聞く・書く・読む」という言語活動を支える日本語の言語的性格を形作る諸要素を意味するものとして使用する。また、「言語文化」という術語は、「我が国の歴史の中で創造され、継承されてきた文化的に高い価値をもつ言語そのもの、つまり文化としての言語、また、それらを実際の生活で使用することによって形成されてきた文化的な言語生活、さらには、古代から現代までの各時代にわたって、表現し、受容されてきた多様な言語芸術や芸能など」（『小学校学習指導要領解説　国語編』平成二〇年八月、文部科学省、東洋館出版社、二三ページ）を意味するものとして使用する。

平成二九年版学習指導要領（小学校・中学校）・平成三〇年版学習指導要領（高等学校）において、言語要素・言語文化に関する指導事項は、国語学力における基礎的・基本的な能力として定位される〔知識及び技能〕の「⑴言葉の特徴や使い方に関する事項」・「⑶我が国の言語文化に関する事項」に整理されている。したがって、本章では、基本的にこれらの項目として整理されている言語要素・言語文化に関する研究の在り方や指導の在り方について記述する。

「⑴言葉の特徴や使い方に関する事項」には、「言葉の働き、話し言葉と書き言葉、漢字、語彙、文や文章、言葉遣い、表現の技能、音読・朗読」の観点から指導事項が整理されている。ここに示された指導事項は、平成二〇年版学習指導要領において〔伝統的な言語文化と国語の特質に関する事項〕に「言葉の特徴やきまりに関する事項」・「文字に関する事項」として取り上げられていた指導事項である。

「⑶我が国の言語文化に関する事項」には、「伝統的な言語文化、言葉の由来や変化、書写、読書」の観点から指導事項が整理されている。これらは、〔伝統的な言語文化と国語の特質に関する事項〕において、「伝統的な言語文化に関する事項」・「書写」として整理されていた事項と「言葉の特徴やきまりに関する事項」に含まれていた「言葉の由来や変化」に関する指導事項及び「読むこと」の領域の指導事項として位置づけられていた「読書」から成り立っている。これまでの類別とは異なり「読書」が「⑶我が国の言語文化に関する事項」に位置付けられていることについては、「中央教育審議会答申において、「読書は、国語科で育成を目指す資質・能力をより高める重要な活動の一つである。」とされたことを踏まえ、各学年において、国語科の学習が読書活動と結び付くよう〔知識及び技能〕に「読書」に関する指導事項を位置付けるとともに、「読むこと」の領域では、学校図書館などを利用して様々な本などから情報を得て活用する言語活動例を示した。」（『小学校学習指導要領（平成二九年告示）解説国語編』平成三〇年二月二八日、文部科学省、東洋館出版社、一〇ページ）と解説されている。確かに、読書する対象は、本であれ新聞・雑誌などであれ言語文化であることから本章で扱うことがあってもよいかもしれない。しかし、「読書」は、国語科で育成を目指す資質・能力をより高める重要な活動であり人間形成や人生を豊かにすることに資するものである。それだけに、「読書」については章を特設すべきものであり、これまで通りに本章では扱わないこととする。

なお、〔知識及び技能〕の「⑵情報の取り扱い方に関する事項」については直接的には取り上げないが、新しく設定された意図を踏まえたとき、「話や文章に含まれている情報を取り出して整理したり、その関係を捉えたりすることが、話や文章を正確に理解することにつながり、また、自分のもつ情報を整理して、その関係を分かりやすく明確にすることが、話や文章で適切に表現することにつながるため、このような情報の取り扱いに関する「知識及び技能」は国語科において育成すべき重要な資質・能力の一つである。」(『小学校学習指導要領(平成二九年告示)解説　国語編』〈前出〉一二ページ)という趣旨を踏まえ、特に言語要素の指導において言語要素ごとの体系的指導にとどまるのではなく、言語要素相互の関係性を意識した指導を構築したり具体的な理解活動や表現活動を念頭に置いた指導を構築したりすることに反映させる必要がある。

⑵ 学習指導要領における「言語要素・言語文化」の位置づけの変遷

国語科教育においては、文字の読み書きを指導内容の中心としていた時期から今日まで、国語科教育が言語教育であるという立場は一貫されている。したがって、言語要素の指導は、常に国語科学習指導の柱の一つとなってきた。平成二九年版学習指導要領・平成三〇年版学習指導要領における〔知識及び技能〕の「⑴言葉の特徴や使い方に関する事項」に位置づく言語要素に関する指導事項は、昭和二二年の『学習指導要領試案』以来、さまざまな枠組みのもとに指導事項として位置づけられてきている。昭和二二年版『学習指導要領試案』では、「話すこと」、「つづること」、「読むこと」、「書くこと」と並んで「文法」として位置づけられている。昭和二六年版学習指導要領では、「聞くこと」・「話すこと」・「読むこと」・「書くこと」・「書くこと(書き方)」という領域構造となり、文法が欠落している。ただ、中学校においては、「国語科における文法の学習指導」として、目標・内容・方法が示されている。また、ローマ字指導の章が設けられた。昭和三三年版学習指導要領では、「聞くこと・話すこと」・「読むこと」・「書くこと」の三領域構造となり、言語要素の指導は「ことばに関する事項」として、これらの言語活動を通して指導されることになった。昭和四三年版学習指導要領では、基本的に昭和三三年版学習指導要領を踏襲している。なお、「学年別漢字配当表」に改善が加えられた。そして、昭和五二年版学習指導要領では、教育課程の基準の改善の基本方針として力説された「言語の教育としての立場を一層明確にすること」・「国語力を養うための基礎となる言語に関する事項を系統的に指導できるようにすること」という趣旨を生かして、言語としての国語に関する知識や技能の育成を重視する意図を明確にするために、〔言語事項〕として整理され、「表現」・「理解」の各領域の指導に資するように指導することが求められるようになった。そして、平成元年版学習指導要領・平成一〇年版学習指導要領においても、言語教育重視の立場は保持され、〔言語事項〕として重要な指導内容とされたのである。加えて、「教育基本法」の改正に伴って強調された「伝統と文化の尊重」という趣旨を具体化する形で、平成二〇年版学習指導要領では〔伝統的な言語文化と国語の特質に関する事項〕として再編成されることになった。さらに、平成二九年版学習指導要領・平成三〇年版学習指導要領においては、平成一九年の「学校教育法」の一部改正として第三〇条の二項に条文化された三つの骨格的要素（知識・技能、思考力・判断力・表現力等、主体的な学習態度）からなる学力観に基づいて構造化され[1]、国語科における基礎的・基本的な能力として定位されることになる〔知識及び技能〕の「(1)言葉の特徴や使い方に関する事項」・「(3)我が国の言語文化に関する事項」として整理しなおされた。しかも、これまで伝統的な言語文化とは別に取り立てられていた「書写」が「(3)我が国の言語文化に関する事項」に位置づいている点から分かるように、指導観の変更につながりかねない区分もなされている。「読書」の位置づけも含め、学習指導要領における指導分野の位置づけの変更の意味を考えるとともに指導の在り方の再検討が必要になってきているといえよう。

(3)「言語要素・言語文化」に関する指導の基本的性格

言語は、人間の精神活動（思考・想像・判断・類推・表現など）や価値観・思想の形成、コミュニケーションの実現、人間関係・社会の形成、文化の継承・創造、これらを通しての人格の形成に深くかかわってくる。したがって、言語要素の指導は、個としての人間形成や人間相互のコミュニケーションの実現、集団としての社会・文化の形成に関わるものとしての認識を持ってその能力を育成していく必要がある。

言語要素の指導には、基本的に、「A 話すこと・聞くこと」・「B 書くこと」・「C 読むこと」の三領域の指導と一体的（機会的）に指導する立場と言語要素ごとに体系的に取り立てて指導する立場の二通りの基本的立場がある。平成二九年版学習指導要領・平成三〇年版学習指導要領では、「この〔知識及び技能〕に示されている言葉の特徴や使い方などの「知識及び技能」は、個別の事実的な知識や一定の手順のことのみを指しているのではない。国語で理解したり表現したりする様々な場面の中で生きて働く「知識及び技能」として身に付けるために、思考・判断し表現することを通じて育成を図ることが求められるなど、「知識及び技能」と「思考力、判断力、表現力等」は、相互に関連し合いながら育成される必要がある。」（『小学校学習指導要領（平成二九年告示）解説 国語編』〈前出〉七ページ・八ページ）とあるように、機会的な指導の必要性を強調している。ただ、言語要素に関する指導の効果を高めるためには取り立て的指導が不可欠であり、教育科学研究会や児童言語研究会などを中心とする民間教育団体によって、取り立て的指導に関する実践的研究が蓄積されてきている。取り立て的指導の必要性に関する記述は、学習指導要領においても昭和三三年版から確認されている。これは経験主義に立つ言語活動中心の指導がもたらした「学力低下」を改善しようとする意図が背景としてある。なお、昭和四三年版学習指導要領を経て系統的指導を前提とした知識の詰込み的教育の弊害が叫ばれるようになると、昭和五二年版学習指導要領以降は取り立て指導よりも理解活動や表現活動と一体的に指導される機会的指導を重視する声が高まってきた。結果として、現在の国語科教育の実際の場では、言語要素に関する体系的な指導が薄くなってしまっている観がある。言語要素の指導においては、指導者側に言語要素に関する体系的理解・認識が必要であり、「規範」ではなく指導の拠り所としての「標準」への理解・認識が必要である。(2)

言語要素の指導においては、機会的指導と取り立て的指導のどちらも必要ではあるが、その両者を組み合わせた機会的取り立て指導の工夫もあってよい。そのためには、言語要素の体系化とその指導の体系化を追究するだけでなく、言語活動ごとに、その活動を保障する言語要素に関する能力の分析的把握がなされなければならない。たとえば、文章表現力を育成する活動を支える書写力・文字力・語彙力・文法力などの確認とその指導の系統化が把握されていることが必要である。また、教材研究の段階では、どのタイミングで言語要素を取り立てて指導するのかという指導過程上の計画性も追究されなければならない。さらに、漢字力の育成に必要な語彙力や書写力のように、言語要素に係わる能力の相互連関性も追究し、取り立て指導の有機的組織化を図ることも必要であろう。

「(3)我が国の言語文化に関する事項」は、「伝統的な言語文化」・「言葉の由来や変化」・「書写」・「読書」に関する事項から構成されている。「伝統的な言語文化」に関しての指導は、平成二〇年版学習指導要領の精神を継承し、小学校段階から、古典をはじめとする伝統的な文章や作品を音読・朗読したり、書き換えたり、演じたりすることを通して、伝統的な言語文化の世界に親しみ先人の物の見方や感じ方を知るという、言語文化を享受し継承・発展させる態度を育成することを目指すことになる。小学校段階の「伝統的な言語文化」の指導においては、小学生が親しみやすい教材の開発が必要となるが、学びが抵抗なくなされるような指導上の工夫が必要になる。基本的には、伝統的な作品や芸能などを教材として、読み聞かせ、音読・暗唱、動作化などを活用した指導方法の工夫により体感的に受容させ、自国の伝統と文化を尊重する態度を育成することになる。中学校の場合には、これまで同様に、古典を中心とした「伝統的な言語文化」に親しませることが指導の中心となる。親しませるためには、古典世界に触れやすくすることと継続的に関わっていくことを促すような工夫が必要である。その意味で、補助教材などを工夫し、(3)スムーズに古典作品の世界に同化できるようにしていく必要がある。高等学校においては、小学校・中学校での学びを踏まえつつ、古典作品を主な教材としながら、当時の人々の考え方や感性、生き方に触れるとともに、自己の生き方などを相対化していくことのできる学びを実現したい。指導にあたっては、文法事項などの知識の詰込みにならないように留意する必要がある。そのためには、例えば、「季節感の感受」・「友情」といったようなテーマ単元の発想を参考に、「伝統的な言語文化」だけでなく現代の文章なども教材として組み込みながら、「今」を生きる高校生が「主体的・対話的で深い学び」を実現できるような指導の工夫があってよい。

「言葉の由来や変化」に関する指導においては、「⑴言葉の特徴や使い方に関する事項」に整理されている「漢字」や「語彙」等の指導と一体的に指導することが必要である。すなわち、「漢字」や「語彙」等に関する学習に関連させてその成り立ちや由来などに触れさせ、「漢字」や「語彙」等の習得を促進させつつ、「漢字」や「語彙」等の言語文化としての価値に気づかせていく必要がある。また、地域ごとの言語の差異である「共通語と方言」に関しては、実生活における使い方の違いや果たす役割の違いに気づかせ、それぞれの価値を実感させるような指導を行う必要がある。加えて、「若者言葉」に代表されるような世代間の言語使用に関しても、それぞれの使い方の違いや果たす役割に気づかせ、それぞれの価値を実感させるような工夫が必要である。

「書写」に関する指導は、文字を正しく、整えて、速く書く能力の育成に終始した孤立的な指導であってはならない。国語科の他の分野・領域の学習活動や実生活での言語使用に資する能力として関連的・総合的な学習活動の中で指導していく必要がある。また、ＩＣＴ機器が積極的に活用される学校教育の中で、アナログ的な性格に限定されてしまいそうな書写指導においても、運筆や字形の整え方、配置・配列などの能力の育成に自分のペースで繰り返し見直すことができる動画などを活用した指導を工夫しなければならない。なお、書写指導においては、指導者の書写技能の優劣で指導の質が変わってしまうことがないように、科学的な視点を取り入れた指導の要点の措定や指導方法の開発が必要である。加えて、毛筆が筆記具として実用性が低くなってきている現代社会を見据えたとき、学校教育での毛筆書写指導の必要性を指導者自身が見つめなおし、他の学習活動や実生活に生きる書写技能として育成するように努めなくてはならない。また、硬筆書写力と毛筆書写力との相関性を追究した上での書写指導の展開や横書きに対応した書写指導の在り方を追究する必要がある。さらに、今回の「⑶我が国の言語文化に関する事項」に「書写」が位置付けられたことを、「毛筆書写＝言語文化」といった短絡的な捉え方をすることなく、今の時代における「言語文化」の意味を考えることも重要になってくる。

なお、「言語要素・言語文化」に関する指導の在り方を考えるにあたっては、これまで記述した指導の方向性に加え、平成二九年版学習指導要領・平成三〇年版学習指導要領に具現化された教育改革を性格づけている要件の一つである「社会に開かれた教育課程の実現」を踏まえ、言語要素・言語文化に関する指導も実生活での活用を見通したものであるべきことを念頭に置いておく必要がある。さらには、授業を「主体的・対話的で深い学びの過程」として再構築し、学力の骨格的要素である「思考力・判断力・表現力等」の育成を目指そうとする学力観・授業観を前提とした指導の在り方の追究も必要である。

2 「言語要素・言語文化」に関する指導の目標

平成二九年版学習指導要領・平成三〇年版学習指導要領には、「言語要素・言語文化」指導の目標が、教科目標の一部として「⑴日常生活に必要な国語について、その特質を理解し適切に使うことができるようにする。」（小学校、傍線は引用者。）、「⑴社会生活に必要な国語について、その特質を理解し適切に使うことができるようにする。」（中学校、傍線は引用者。）、「⑴生涯にわたる社会生活に必要な国語について、その特質を理解し適切に使うことができるようにする。」（高等学校、傍線は引用者。）と示されている。すなわち、身近な日常生活から生涯にわたる社会生活へと使用する国語の質的・量的な差異はあるものの、小学校・中学校・高等学校を通して、「その特質を理解し適切に使うことができるようにする。」ことが、指導の目標とされていることがわかる。

この「その特質を理解し適切に使うことができるようにする。」を目標とするということは、「⑴言葉の特徴や使い方に関する事項」に整理されている言語要素の指導に関して言えば、小学校・中学校・高等学校を通して、社会言語体系としての「国語」を個人言語体系の自分の言葉として確実に定着させるとともに、新たな社会言語体系を創造する能力の育成をめざすことを意味している。すなわち、学習者一人一人が、「A 話すこと・聞くこと」・「B 書くこと」・「C 読むこと」の三領域に係わる能力（「話す力・聞く力」、「書く力」、「読む力」及びそれらの能力に通底する思考力・判断力・表現力等）を育成するために、その基礎学力として、それぞれの個人言語体系を形作る言語要素に係わる知識・技能の定着・拡充をめざすことが目標となる

「⑶我が国の言語文化に関する事項」のうち「伝統的な言語文化」に関して「その特質を理解し適切に使うことができるようにする。」を目標とするということは、単に「伝統的な言語文化」に関する知識を蓄積することに留まるのではなく、三領域に関わる能力が確実に育成されるように、三領域の言語活動を支援する「生きて働く知識」として育成しなければならない。実践的には、平成二九年版学習指導要領・平成三〇年版学習指導要領に示された教科目標の実現に培うべく「我が国の言語文化に触れ、親しんだり、楽しんだりするとともに、その豊かさに気付き、理解を深めることに重点を置いて内容を構成している。」（『小学校学習指導要領（平成二九年告示）解説国語編』〈前出〉二五ページ）とあるように「我が国の言語文化に触れ、親しんだり、楽しんだりするとともに、その豊かさに気付き、理解を深めること」の実現を目指すことになる。この趣旨は、中学校・高等学校でも同様である。

具体的な目標としては、小学校では伝統的な文章や作品に出会わせたり昔の日本人の考え方や感じ方等に触れさせたりしていく指導を通して、日本の言語文化を享受し継承・発展させる態度の育成が指導の目標となる。中学校・高等学校においては、これまで同様に伝統的な言語文化に親しませることを意識した指導を通して、言語文化を享受し継承・発展させる態度の育成をめざすことが目標となる。その上で、小・中・高等学校を通して、「教育基本法」の第二条（教育の目標）の第五号「伝統と文化を尊重し、それらをはぐくんできた我が国と郷土を愛するとともに、他国を尊重し、国際社会の平和と発展に寄与する態度を養うこと。」に示された精神を実現することを目標としなければならない。

「言葉の由来や変化」に関して「その特質を理解し適切に使うことができるようにする。」とは、時間の経過や地域の違いによって生じる言語文化の差異（古典と現代文との差異、共通語と方言との差異など）だけでなく、言語文化としての共通性についても、理解や認識の形成を促すことが必要である。同時に、「言葉の由来や変化」に関わる言語感覚を習得・錬磨していくことが目標となる。

小学校・中学校の指導分野である「書写」において「その特質を理解し適切に使うことができるようにする。」とは、他分野・他領域の指導と切り離され孤立的に指導されてきたことを猛省し、単に文字を正しく整えて速く書く技能の習得をめざすのではなく、国語科の他分野・領域での国語学力の育成に役立つ書写能力を育てていくことを目標としなければならない。さらには、社会のニーズの変化を踏まえつつ、教育改革のねらいを意識しながら、文字を手書きすることが思考力・判断力・表現力等の育成にどのような影響を与えるのかといった視点を意識しながら指導するように心がけたいものである。また、「⑶我が国の言語文化に関する事項」に位置付けられたことを踏まえると、言語文化としての価値を時代の変化を踏まえつつ考えさせることも目標として位置付ける必要がある。

3 「言語要素・言語文化」に関する指導の内容

平成二九年版学習指導要領・平成三〇年版学習指導要領に基づけば、言語要素に関する指導内容は、〔知識及び技能〕における「(1)言葉の特徴や使い方に関する事項」に「言葉の働き」・「話し言葉と書き言葉」・「漢字」・「語彙」・「文や文章」・「言葉遣い」・「表現の技法」・「音読、朗読」に分けて整理されている。

「言葉の働き」には、言語の基本的な機能（特に、第一言語である母語の機能）への気づき・理解を促すことが挙げられている。これまで様々なレベルで取り上げられていた言語の機能に関する認識の形成（言葉の機能に対するメタ的な認識の形成）を促すもので、今回の学習指導要領でも重視されている。

「話し言葉と書き言葉」には、話す力・聞く力・書く力・読む力の育成に資する、発音・発声に関する知識、話し方に関する基本的知識（抑揚・間といった周辺言語の使い方や視線などの非言語的要素の使い方など）、平仮名・片仮名・漢字・ローマ字・表記などといった書き言葉に関する知識、話し言葉と書き言葉の差異に関する知識が挙げられている。発音・発声に関する知識は、話すことに関わる基礎的・基本的な知識であると同時に、表記文字の価値を認識することや韻文の鑑賞に役立つ知識である。抑揚・間といった周辺言語の使い方や視線などの非言語的要素の使い方などの話し方に関する基本的な知識は、効果的に話す力や的確に聞く力の育成に不可欠な知識である。また、単音文字としてのローマ字、音節文字としての平仮名・片仮名、表意文字としての漢字に関する知識、送り仮名の付け方・仮名遣い・外来語の表記・句読法などの表記に関する知識は、日本語の音韻構造の理解や日本語表記の有用性を理解することに役立つだけでなく、書く力や読む力の伸長を支える知識として役立つものである。さらに、話し言葉は流動性の高い「場（状況）」に依存し書き言葉は思考・判断などの「理性」に依拠するという性格の違いと、それに基づく話し言葉と書き言葉の形態的な差異や使用の在り方の違いといった話し言葉と書き言葉の差異に関する知識は、話したり書いたりといった表現力の伸長に生きて働くものである。

特設された「漢字」には、指導内容として、小学校では一〇〇六字から一〇二六字に増えた「学年別漢字配当表」に含まれる漢字の読み方・書き方・使い方が挙げられ、中学校・高等学校では「学年別漢字配当表」の漢字を含む「常用漢字表（二一三六字）」の漢字の読み方・書き方・使い方が挙げられている。漢字の指導では、それぞれの漢字の読み方・書き方・使い方が指導内容となるが、読めない漢字は書けないし、書けない漢字は適切に使えない。このことから、漢字の指導においては、読める漢字を増やすことを第一の目標とする必要がある。また、漢字は語となったり語の一部となったりすることから、語彙指導と重なる部分が多い。したがって、漢字指導の内容は、語彙指導の内容と重ねて捉えておく必要もある。

「語彙」には、思考・判断・表現等の精神活動の土台となり話す力・聞く力・書く力・読む力の中核となる語彙力や語感に関する事項が挙げられている。語句・語彙指導に関しては、昭和一〇年代に入ってから本格的に研究され始め、今日では、言語要素に関わる指導の中核を占めるようになってきている。平成一六年に文化審議会から答申された「これからの時代に求められる国語力について」においても、国語学力の基盤としての語彙力の育成指導の重要性が強調されるに至っている。また、今回の学習指導要領でも、「中央教育審議会答申において、「小学校低学年の学力差の大きな背景に語彙の量と質の違いがある」と指摘されているように、語彙は、すべての教科等における資質・能力の育成や学習の基盤となる言語能力を支える重要な要素である。このため、語彙を豊かにする指導の改善・充実を図っている。」（『小学校学習指導要領（平成二九年告示）解説　国語編』〈前出〉八ページ）と重視している指導内容である。

「文や文章」には、単語の類別に関する事柄や文を構成する成分（主語・述語・修飾語・接続語など）及び段落の役割・文章の種類・効果的な使い方などに関する事項が挙げられている。読解活動や文章表現活動の質を高めるためには、単語に関する知識や文を構成する成分に関する知識、段落・文章に関する知識が不可欠である。単語の類別に関する知識や文の成分に関する知識は、一つの文を構造的に分析したり構築したりする能力として働き、読解力・文章表現力を支えることになる。また、段落がどのような要素で構成されているのかといった点や役割、効果的な文章構成などに関する知識も、読解活動や文章表現活動に生きて働く知識となる。

「言葉遣い」には、敬語の使い方が挙げられている。言葉遣いに関しては、主に敬語や共通語の問題として追究されてきたが、その指導についての本格的な研究は充分ではなかった。ただ、敬語指導を方向付けるものとして、平成一二年に国語審議会から答申された「現代社会における敬意表現」及び平成一九年に文化審議会から答申された「敬語の指針」は、今後の敬語指導に大きな影響を与えてくるものである。特に「敬語の指針」には、従来の尊敬語・謙譲語・丁寧語という敬語の三分類から「尊敬語・謙譲語Ⅰ・謙譲語Ⅱ・丁寧語・美化語」の五分類が示されており、今後の敬語指導に大きな影響を与えることが予想される。

「表現の技法」には、比喩・反復・本歌取りなどの修辞法に関する事項が挙げられている。修辞法の範疇は、本来、言葉をどのような文字で表記するのかといった点から、比喩・反復・本歌取りなどの言葉遣いに関する点、構文の技法、段落構成、文章構成までを含む。したがって、指導に当たっては、比喩・反復・本歌取りなどの言葉遣いに関する点を中心としつつも、幅広く表現の技法を捉えて指導していく必要がある。

「音読、朗読（中学校・高等学校では削除。）」には、音読や朗読に関する事項が挙げられている。小学校において、音読は、語や語句を正確に認識することに役立ち、読解力や自らの文章表現を相対化する力の育成に役立つものである。朗読は、文章理解を土台とした表現活動の一つであることを踏まえて指導していきたい。

これらの指導内容は、いずれもこれまでの言語要素に関する指導内容に重なるものである。ただ、教科目標にある「言葉による見方・考え方を働かせ」という文言が加えられている点を踏まえて、「言葉の働き」に気付くことが指導内容として強調されている点には留意したい。

「⑶我が国の言語文化に関する事項」のうち「伝統的な言語文化」に関しては、平成二〇年版学習指導要領から、小学校第一学年から中学校第三学年までに明確な指導内容として配当された流れを受け、平成二九年版学習指導要領・平成三〇年版学習指導要領においても、小学校から系統的な指導がなされるように内容が示されている。すなわち、小学校では、伝統的な言語文化としての昔話・神話・伝承、文語調の短歌や俳句、ことわざ・慣用句・故事成語、親しみやすい古文や漢文、近代以降の文語調の文章、古典についての解説文などを指導内容としている。また、中学校では、基本的には「古典に親しむこと」を軸におきながら、古典に表れたものの見方や考え方、作者の思い等を想像することが指導内容となっている。高等学校では、古典をはじめとする我が国の伝統文化の特質の理解や外国の文化との関係性の理解が指導内容となっている。

「言葉の由来や変化（高等学校では、「言葉の由来や変化、多様性」。）」に関する指導の内容は、漢字をはじめとする文字の由来や特質、時間の経過や世代・地域の差異による言葉の違いなどに対する理解を深めるための内容が取り上げられている。

「書写」（小学校・中学校）の内容としては、文字を正しく整えて速く書く技能を育成するための字形・運筆・配列などに関する指導事項と文字文化への関心を高めることに関する指導事項が挙げられている。なお、今回も、平成二〇年版学習指導要領で強調された「国語科の一環としての書写指導」という考え方は継承され、単体の文字を正しく整えて書くという技能の育成ではなく、国語科学習をはじめとするさまざまな言語活動を支える書写力の育成という発想が強調されている。すなわち、「書写」の時間として孤立的に取り扱うのではなく、国語科の他の学習活動の中で書写力の育成をなす機会が必然的に求められるような有機的に組織された「単元的展開」などを求めている。また、文字文化への着目は、「教育基本法」に代表されるように「伝統と文化の尊重」が強調されていることを反映している。

ところで、言語要素・言語文化に関する指導の内容は、言語要素や言語文化に係わる事柄的内容だけと捉えるのではなく、それらの事柄的内容に係わる能力を含んだものとして捉えるべきである。ここでいう能力とは、各言語要素に係わって習得された知識・技能及び言語文化だけでなく、具体的な課題を解決する際にこれらの知識や技能を活用する能力も指すものであり、既に獲得したこれらの能力を未知の知識・技能及び言語文化の習得や新たな課題の解決に適用する能力（類推力・応用力）までも含めて考えるべきである。また、これらの知識・技能及び言語文化の取得やこれらの習得した知識・技能を活用することを主体的に進めていく態度も含むものと捉えるべきである。

これらの指導内容は、国語科教育のさまざまな分野に、有機的に関連している。それだけに、各言語要素の体系的知識の習得に拘泥せず、相互の連関性を見通しながら、話す力・聞く力・書く力・読む力の育成に生きて働く知識・技能として習得させるように心がけたい。

4 「言語要素・言語文化」の教材研究法

教材研究を広く措定すれば、「言語要素の体系的認識→学習者の実態把握→学習指導目標の仮設→学習指導内容の仮設→教材の選定・分析（指導目標・内容の具体化と確定）→学習指導方法の研究→学習指導計画の立案（学習指導案の作成）→授業→総括（指導過程全体の評価）」という流れを持つ。これらのうちの「教材の選定・分析（学習指導目標・内容の具体化と確定）」と「学習指導方法の研究」の複合体が、狭い意味での教材研究である。

「言語要素・言語文化」に係わる教材研究のあり方は、「A　話すこと・聞くこと」、「B　書くこと」、「C　読むこと」の各領域の活動の中で機会的に指導する場合と独自に取り立て的指導をする場合とに分けて説明しなければならない。しかし、紙幅の都合から、ここでは、取り立て的指導に関する教材研究のあり方を中心に記述する。

さて、言語要素の指導を取り立てて行う場合は、指導しようとする言語要素に係わる能力についての指導者側の事前の体系的整理や系統性への認識が必要である。これは実際にはなかなか難しい問題であり、言語要素の取り立て的指導が完成されない原因でもある。しかし、これまでの研究・実践の成果を踏まえつつ、部分的にでも仮説的な見通しは必要であろう。たとえば、漢字指導に関しては、次のような能力の系統性を仮説的に提案できる。

［低学年――差異・関係・機能への気づきの段階］

（1）読字力（形と音との結合による音の措定力、形・音と意味との結合力）

①　図形認識力・識別力の育成

ア　漢字が図形であることが分かる。（象形・指事文字中心）

イ　他の漢字と図形的（全体的）な差異に基づいた区別ができる。

ウ　図形としての漢字を構成要素（音符・形符・意符の単位、部首と旁）単位で把握できる。（会意・形声文字）

②　音読み・訓読みの能力の育成

ア　平仮名・片仮名と同様に図形としての漢字が音を表すことが分かる。

イ　字源を意識しながら、図形としての漢字と訓読みの音声とを結合させることができ、漢字の意味を把握することができる。

ウ　訓読みを送り仮名も含めて覚えることができる。
エ　熟字の音読みにおいて、基本的に単一の文字の音読みが応用できることが分かる。
（2）書字力（漢字の意味を理解しながら図形として漢字を書く能力）
ア　教科書の字体・字形を真似て書くことができる。
イ　書く順番（筆順）を意識して書くことができる。
ウ　点画の長短・方向性などを意識して書くことができる。
＊指導者の書字活動（板書・生活記録への評価語の記入等）が学習者の書字力形声に強く影響するだけに、特に配慮が必要な段階。
（3）運用力（必要に応じて適切に漢字を使う能力）
①「読むこと」の学習の場合
ア　音読に当たって、学習した漢字の読みを活用できる。
イ　読めない漢字には振り仮名を振るなどして、読みの定着を図ることができる。
②「書くこと」の学習の場合
ア　学習した漢字を文章表現で少しずつ使うことができる。
イ　平仮名・片仮名と併せて書字したときの漢字の機能・役割に気づくことができる。
＊性急に書字活動を求めず、表現内容の形成の後に、書字活動を求める段階。
[中学年——差異・関係・機能の整理及び構造への気づきの段階]
（1）読字力（形と音との結合による音の措定力：形・音と意味との結合力）
①　図形認識力・識別力の育成

ア　平仮名や片仮名との比較によって、視覚上の漢字の役割（判読性）に気づく。
イ　漢字が図形の組み合わせで出来上がっていることが分かる。
ウ　漢字を構成要素単位で識別し、他の漢字との比較によって点画の役割に気づく。
エ　漢字の構成要素のうち、音符・畏怖の役割が分かる。

②　音読み・訓読みの能力の育成

ア　漢字に音読みと訓読みとがある理由を考えながら、それぞれの読み方の特性に気づく。
イ　同じ音読みの漢字を集め、読みの根拠を音符に求めることができる。
ウ　読み替え漢字の学習を通して、読みの多様性や読みと意味との連関性に関心を持つ。
エ　辞書によって漢字の音訓を調べることができ、辞書の役割に気づくとともに、音訓の多様性や漢字の造語性の豊かさに気づく。
オ　熟字の構成パターンを類別できるとともに、それを踏まえて熟字の読みが徐々にできる。
カ　振り仮名を活用して、正書法の意識を喚起するとともに、熟字の読みを広げることができる。

＊既習の読みを活用して新出漢字の読みを類推する能力を育成する段階。

（2）書字力（漢字の意味を理解しながら図形として漢字を書く能力）

ア　筆順が必要な理由を考えながら、筆順の原則や字形との関係に関心を持つ。
イ　点画を重視する理由を考えながら、教科書の字形・字体に近づけて書くことができる。
ウ　速書能力（書写技能）の発達に合わせて、速く整えて書くことができる。
エ　構成要素を意識しながら、正確に書くことができる。
オ　語として意識しながら、送り仮名も含めて書いたり、熟語の構成パターンを踏まえて性格に書いたりすることができる。

＊文字構造の体系性から書字力の育成をめざすという観点を取り入れる段階。

（3）運用力（必要に応じて適切に漢字を使う能力）

①「読むこと」の学習の場合

ア　学習した漢字の読みを、文脈や送り仮名を参考にしながら確定することができる。

イ　構成要素を意識しながら、文脈に即した読みを類推することができる。

②「書くこと」の場合

ア　仮名と漢字との差異性を意識しながら、表現内容に即した漢字表記ができる。

イ　文章表現における推敲作業の一環として、漢字の機能（視覚的に意味把握を容易にする機能や誤読・誤解釈を防ぐ機能等）に気づく。

ウ　漢字を積極的に使うことによって、語の中核としての漢字の役割に気づく。

＊繰り返し学習する機会を保障すべき段階。

［高学年――選択・変換・類推及び相関性への気づきの段階］

（1）読字力（形と音との結合による音の措定力：形・音と意味との結合力）

①図形認識力・識別力の育成

ア　音符・意符ごとに共通する漢字を集め、体系的に把握することができる。

イ　音符・意符の役割を認識する。

②音読み・訓読みの能力の育成

ア　音読みの多様性が伝来時期や音の連続性及び慣用によって決まっていることを理解する。

イ　訓読みの多様性が意味の多様性を表すことを理解する。
ウ　音読みにおいて、音符・意符に留意することで読みや意味が広げられることに気づく。
エ　熟字の読みにおいて、音読みと音読みとの組み合わせを原則とするが、湯桶読みや重箱読み・字訓読み等の慣用的な読み方があることが分かる。
（2）書字力（漢字の意味を理解しながら図形として漢字を書く能力）
ア　書字すべき漢字の読みを生み出す構成要素の役割を考えながら、点画を過不足なく書くことができる。
イ　速書が必要な状況において、書字活動における最も重要な他の漢字との識別性を保障する字形・字体になるよう整えて書くことができる。
ウ　同音異字を書き分けることができる。
（3）運用力（必要に応じて適切に漢字を使う能力）
①「読むこと」の学習の場合
ア　漢字を語として確認しながら、文脈に即して読みを確定することができる。
イ　既習の読みに関する情報に基づいて、新出漢字の読みを文脈に即して類推し確定することができる。
②「書くこと」の学習の場合
ア　自主的・自発的に漢字で表記するとともに、辞書等を積極的に活用する姿勢を持つ。
イ　文種や目的に合わせた文体の選択に即した漢字の使い方ができる。
ウ　漢字・仮名を書き換えて、その表現効果を認識することができる。
＊漢字学習と他分野の学習との相関性を考慮し、漢字の機能や学習のあり方に独自の認識を持たせる

段階。

＊漢字学習の成果（体系性への気づき・学習方法など）を他分野の学習にも応用させる段階。

＊漢字の由来や特質（特に正書法）についての認識を持たせる段階。

このような漢字力（読字力・書字力・運用力）の発達系統を想定することによって、学習指導要領の指導事項の求めているものの理解が深まったり、学習者の実態把握の質が深まったりするのである。

「学習者の実態把握」においては、学習指導要領の目標・内容に基づきながら前述したような言語要素に係わる能力の系統的発達仮説を参考に、指導しようとする言語要素に関する学習者の到達度を事前に診断しておくこと（診断的評価）が中心課題となる。その際は、育成したい能力に焦点化した観察法やテスト法などを活用することになる。また、国語科の他分野の能力の実態や学習状況等も把握しておくと、育成したい言語要素に関する能力を、他分野と関連させながら身に付けさせていくことが可能となる。「学習者の実態把握」は授業構想の出発点として、教材研究の骨格となる「学習指導目標の仮設」・「学習指導内容の仮設」に繋がっていく。したがって、日常的に言語要素に関する認識を深めつつ、実態把握の観点や方法についての研鑽を積んでおきたいものである。

続いて、「学習者の実態把握」を踏まえた「学習指導目標の仮設」に基づき、学習指導内容の具現化となる教材の選定・分析が必要となる。

この「教材の選定・分析（学習指導目標・内容の具体化と確定）」は、三つの立場にたってなされるべきである。

① 一人の学び手として、対象の教材（内容及び技能）の体系性や要点を把握（理解）する立場

② 指導する側に立って、対象の教材の内容的価値や技能的価値を追究する立場

③　子どもの側に立って、対象の教材の内容及び技能に係わる学習の要点を確認する立場

次は、「学習指導方法の研究」が必要となる。学習指導方法は、「教材の選定・分析（学習指導目標・内容の具体化と確定）」を通して学習事項を具体的に組織していく過程で、必然的に案出される。ただ、「学習指導方法の研究」を意識的に取り上げたのは、案出した学習指導方法を改めて自覚的に追究することによって、学習指導形態や発問、板書、補助教具などを確実に準備しておくことになるからである。「主体的・対話的で深い学び」の過程として授業を改善してくことが求められている中で、ペア学習やバズ学習、ジグソー学習等といった学習指導形態の工夫は不可欠であるが、発問計画や板書計画は、効果的な学びを深めるために確実に立案しておくべきものである。

「学習指導計画の立案（学習指導案の作成）」に当たっては、ここまでの過程を踏まえ、単元の指導過程、一つの教材を取り扱う指導過程、一単位時間の指導過程に基づいて、多様な学習活動に要する時間を換算しながら組み立てていけばよい。ただ、より意識的・実証的な授業構想を求めるのであれば、一単位時間における学習活動がどのような具体的能力を育成しようと企図したものであるかを学習指導案に明示するぐらいの濃やかな指導計画の作成が必要である。さらには、平成一四年度から完全実施されている「目標に準拠した評価（いわゆる絶対評価）」に基づく「評価規準」を明確にし、授業展開の節々で行われる評価活動によって指導のあり方を弾力的に組み替えていくような姿勢（形成的評価）も堅持しなければならない。

さらに、授業の総括段階で行う学習活動としての「自己評価・相互評価（学習の振り返り）」の効果的・効率的な方法の準備やペーパーテストとは異なるルーブリック評価やポートフォリオ評価、パフォーマンス評価といった指導者による「総括的評価」の工夫もなされなければならない。授業の総括段階で行う評価活動の意義は、学習者も指導者も学習・指導の成果をメタ認知したりモニタリングしたりすることに繋がり、新たな学び・授業を展開させ

るところにある。

5 「言語要素・言語文化」に関する指導の方法

「言語要素・言語文化」に関する指導のうち書写指導を取り上げ、指導過程の例と指導の構想例を記すことによって学習指導の方法を示す。

(1) 書写指導における指導過程

書写の指導過程は、毛筆による指導過程を取り上げて説明したい。

学制（明治五年）施行以来、「習字（てならい）」・「書キ方」（明治三三年）・「芸能科習字」（昭和一六年）・「習字」（昭和二六年）・「毛筆書写」（昭和三三年）と呼称を替えてきた毛筆による書写指導は、平成二九年版の学習指導要領においても、ひきつづき第三学年から実施される。この毛筆による書写の指導過程は、単体の文字や四～五文字の語句を対象として、「（手本を観察させる）→手本を見て練習させる→朱筆によって指導する→清書させる→朱筆によって評価する」という流れを持っていた。しかし、このような流れの中では、学習者は学習の系統性を意識するどころか当面の教材の学習を通してどのような技能を身につけようとしているのかということすら意識化できない状態にあった。また、指導者にも朱筆による評価ができる技量が要求され、結果として技能科目としての弊に陥っていた。このような旧態を脱却するために、戦後は書写指導においても科学化が追究され、小・中学校の教師の誰でもが指導できることを目指して、新たな指導過程が研究されてきている。たとえば、「①目標と内容（教材）・学習方法を把握する（学習の見通しを持つ）→②試書する→③問題点とその解決方法を知る→④練習する→⑤批正する→⑥再練習する→⑦自己批正をする→⑧成果をまとめる→⑨成果を評価し発展を図る（学習を振り返る）」といった指導過程が帰納できる。この「①から⑨」の指導過程は、これまでの書写指導に関する実践的研究の成果として評価できる。

ただ、平成二九年版学習指導要領では、「思考力・判断力・表現力等」の育成に培う「知識・技能」の育成が求められており、これを実現するために授業を「主体的・対話的で深い学び」の過程として再構築することが求められている。したがって、書写指導においてもこの学力観や授業構想観を反映させる必要が生まれている。ちなみに、「主体的」であるとは、学習者が「自分なりに考える」ということであり、学習目標（課題）や学びの内容・方法を自覚しながら（見通しを持って）、学びの過程をメタ的に認識しながら学ぶ姿を言う。「対話的」とは、自己内対話も含みつつ他者との対話的（協働的）学習を通して自らの学びを相対化したり協働して学びを作り上げたりしていくことと言う。「深い学び」とは、「主体的・対話的」な学びを通して、個人言語体系を自覚的に拡充したり他の学習内容と関連させながら習得したり、実生活に活用できるような知識・技能や思考力・判断力・表現力等として習得したりできることを言う。

平成二九年版学習指導要領に示された学力育成観や「主体的・対話的で深い学び」の過程として授業展開することを反映させると、単体の文字や四～五文字の語句を対象とした毛筆書写の指導過程は、以下のように示すことができる。

（1）学習の見通しを持つ。（主体的学び）

① 目標と内容（教材）・学習法を把握する。

（2）自分で考える。（主体的学び・自己内対話的学び）

②　試書する。
③　問題点とその解決方法を考える。
④　練習する。
(3)　交流する。(対話的学び・主体的学び)
⑤　自己練習を踏まえ、問題点とその解決方法を交流する。
(4)　自分で考える。(主体的学び・自己内対話的学び)
⑥　相互交流を踏まえて練習する。
⑦　自己批正する。
⑧　成果をまとめる。
(5)　学習を振り返る。(主体的学び・自己内対話的学び・深い学び)
⑨　成果を評価し、他の書写技能や国語科学習への発展を考える。

(2)　書写指導の構想

平成二九年版学習指導要領における書写指導の考え方の柱は、「国語科教育の一環としての書写指導」という点にある。この点に着眼した場合、例えば次のような国語科の他分野の学習と一体化した「単元的展開」も考えられる。

【単元「創作意図が伝わるように書こう」(全三時間)[4]】

一　単元目標

ア　俳句の作り方を再確認させつつ、書体・字形・筆記具などを工夫することで創作意図が多様に表現できることを理解させる。（「知識及び技能」）

イ　自作の俳句の創作意図が読み手に豊かに伝わるように、書体・字形・筆記具などを工夫して書写させる。（「思考力・判断力・表現力等」）

ウ　表現効果を発揮させるために、さまざまな機会に書写活動を工夫しようとする態度を身に付けさせる。（「主体的な学習態度」）

二　単元の評価規準

ア　作り方を再確認しながら俳句を作り、創作意図が反映するような書き方を工夫する中で、書体・字形・筆記具の効果を理解している。

イ　書体・字形・筆記具などを工夫しながら、自作の俳句の創作意図が読み手に伝わるように考えている。

ウ　表現効果を発揮させるために、書写活動を工夫しようとしている。

三　単元の指導計画

第一時　これまでの句作を踏まえて、感動したことや心に浮かぶ思いを読む。（創作がうまくできない場合は、これまでに創った俳句の中から適切なものを、一句選ぶ。俳句は、定型句とする。）

第二時　自作の俳句を創作意図が豊かに表現できるように書写するために、書写の教科書や資料（平仮名・片仮名・漢字の書体一覧）を参考にしつつ、書体や字形等を工夫しながら、サインペン・筆ペン・小筆などを使い分けて、短冊に調和よく書写できるように練習する。

第三時　短冊に書写された俳句作品を持ち寄り合評会をする。（グループでの合評会と全体での合評会を組み合わせる。）

四　一単位時間の指導計画（第二時）

（1）学習の見通しを持つ。（主体的学び）

①同一の俳句を異なった書体（楷書・行書）や文字の種類（漢字・平仮名・片仮名）で書き分けたものを数種類提示し、受ける印象の違いや創作意図の違いについて考えさせる。その上で、本時の学習課題が「自作の俳句を創作意図が伝わるように工夫して書こう」であることを確認する。また、学習の進め方を確認するその際に、筆記具も筆ペンやサインペン、マジックなどを使い分けることへの注意も喚起する。

（2）自分で考える。（主体的学び・自己内対話的学び）

②自分なりに、書体や字種を工夫して、試書する。

③試書した作品の問題点とその解決方法を考える。

④考えた解決方法を意識しながら、練習する。

（3）交流する。（対話的学び・主体的学び）

⑤自己練習を踏まえ、問題点とその解決方法を友達と交流する。日常的に、相互批評活動がスムーズに展開できるような学びの共同体を構成しておくこと。

（4）自分で考える。（主体的学び・自己内対話的学び）

⑥相互交流を踏まえて、書体や字種を定めた上で、筆記具を変えて書いてみる。加えて、上の五文字、中の七文字、下の五文字の短冊における位置を工夫しながら（配置・配列を工夫しながら）練習する。

⑦自己批正する。

⑧ 自作の俳句の創作意図が表現できるように作品を清書する。

(5) 学習を振り返る。(主体的学び・自己内対話的学び・深い学び)

⑨ 創作意図を最も表現できていると判断した作品を一つ選び、提出する。その際に、創作意図が表現できるように工夫した点を自己評価表に記録させておく。

ここでは、「言語要素・言語文化」に関する指導方法を、毛筆書写の指導を取り上げて、「主体的・対話的で深い学び」に繋がる基本的な指導過程と孤立的な書写指導を克服するために国語科の他分野の指導と一体化した単元的展開の授業構想例を示すことで説明した。

いずれにしても、「言語要素・言語文化」の指導方法は、各言語要素や言語文化の体系・範疇を踏まえて開発されなければならないが、生きて働く知識・技能となるためには、国語科の他の領域・分野との有機的な関連を持つ授業構想や知識・技能を積み上げていくボトムアップ型の授業展開ではなく課題を解決するために知識・技能を学ぶという「基礎に降りていく学び」のような授業構想を前提とした指導方法の開発が必要となる。

6 「言語要素・言語文化」に関する指導の研究を深めるために——論文作成の手引き——

(1) 研究の対象分野と研究の内容・課題

「言語要素・言語文化」の指導に関しては、日常生活・社会生活における使用実態を踏まえた言語要素ごとの体系的整理や言語要素ごとの指導原理(目標・内容・方法・評価)の究明及び学習者の受容過程の分析が研究の柱となり、これらを踏まえた具体的な指導方法の構築や教材の開発も研究対象となる。さらに、歴史的・比較教育学的視野から、これらの研究に資する方向もある。言語文化指導に関する研究も、同様である。以下、平成二九年版学習指導要領・平成三〇年版学習指導要領の〔知識及び技能〕に示されている「言語要素・言語文化」に関して、重要と思われる対象分野に関する研究内容や課題を紹介していく。

①発音及び発声に関する研究の内容と課題

音楽や演劇を中心とした芸術的分野やアナウンサーなどの職業的分野においては、発音・発声を重視している。これらの分野においては、その芸術性を高める目的や話し手としての専門性を高める目的を達成するために、きわめて必然性の高い技能として発音・発声を位置付けている。そのため、発音・発声についての練習・訓練は、繰り返し行われている。しかも、練習・訓練の成果が、確かな手応えとして、芸術性を高めたり話し方の巧みさとして表れたりするために、成長過程にある人々だけでなく一定の力量を持った人たちの間でも大切にされている。

このような他分野の実際は、国語科教育における発音・発声に関する指導のあり方について多くの示唆を与える。すなわち、国語科教育においても、ある目的を達成するための必然的な学習あるいは他の活動への発展性が確認されうる学習として、発音・発声に関する指導を位置付けるべきである。もちろん、発音・発声に関する事項の指導を直接的な目的とすることが国語科教育の独自性であることは充分に認識されなければならないが、学習の場においては、他の活動との関連性を持たせなければ意欲的な学習とはなりにくい。また、発音・発声に関する事項の学習の成果が、学習者自身や指導者に確かに感じられるようにしなければならない。学習者にとって、一定の学力をつけ達成感を持たせることは当然のことではあるが、指導者自身が意欲的に積極的に指導の機会や場を設定していくためにも、具体的な成果がつかまえられるような活動を組織していかなければならない。そのためには、学習を意識化させた取り立て指導が必要となってくる。一方でまた、日常生活や学習活動において発音・発声せざるをえない機会（会話や問答など）を捉えた機会的な指導も積み重ねられなければならない。

ところで、国語科教育においては、指導者の発音・発声に関する事項についての理解と具体的なありようが直接的な教材となるだけに、指導者自身が常に練習・訓練する必要がある。さらに、どのような教材が適切であるのかという教材開発も、指導者が力を注ぐべき研究の課題として挙げられる。加えて、音声言語特有の性格を踏まえた即時的指導のあり方も、評価の問題とからめた研究課題として捉えておくべきであろう。

②漢字に関する研究の内容と課題

ここでは、漢字指導にしぼって論述する。漢字指導においては、明治期以来さまざまな研究・実践が蓄積されてきたにもかかわらず、未だに百字練習に代表される機械的反復練習や知識の注入的指導の弊害を克服することができなかったり、他領域の指導過程における漢字指導の位置付けが不明確であったりする現状がある。このような現状を克服するためには、次のような基本的な考え方を踏まえた漢字指導が必要である。

1　意図的・計画的指導と学習者の自然習得の両面性を見通した指導であること
2　発達段階に即して、読字力・書字力・運用力のそれぞれの能力を育成する指導であること
3　関連する諸能力（なかでも語彙力と書写力）の重要性を認識した指導であること
4　機会的指導を中心にしながらも、適切な場面における取り立て的機会を確保するとともに、取り立て指導によって学習の意欲を喚起しつつ体系化や整理を行い、さらに表現力や理解力との相関性を見通したうえでの漢字に関する知識や技能の運用の場を確保した指導であること
5　漢字仮名混じり文における正書法の確立を目指す指導であること
6　評価にあたって、結果だけに目を向けるのではなく習得の過程にも目配りした指導であること
7　漢字指導の成果を蓄積し、指導の系統化を目指す指導であること

これらの考え方に立った漢字指導を実践するためには、以下に示す今日的課題があり、研究対象となろう。

1　指導原理の確立に係わる課題

（1）社会的漢字使用に関する実態調査の充実

①漢字仮名混じり文における正書法の確立を見通した実態調査の充実

②使用されている漢字の字種・字体・字数に関する実態調査（特に社会生活に通用している異体字使用の実態調査）の充実

③PCやスマートフォン等の使用に伴う漢字使用の変化に関する実態調査（特に漢字の字数の増加と使用語彙の変化に関する実態調査）の充実

（2）学習者の語彙使用に関する実証的研究の充実

（3）学習者の漢字使用に関する実証的・科学的研究の充実

①読字活動・書字活動・運用における習得の段階的発達に関する研究の充実

②読字活動・書字活動・運用における誤りに関する研究の充実

（4）漢字に関する研究の充実

①漢字の字源の研究と指導の俎上にのせるべき漢字の研究の充実

②漢字の構成要素の中でも音符の音変化に関する研究及び意符のもつ意味の多様性に関する研究の充実並びに漢字の学力に関する原理的研究の充実

（5）語彙力・書写力をはじめとする諸能力との関連性に関する研究の充実

（6）関連諸科学の研究成果の導入の可能性に関する研究の充実

2　指導内容・方法・評価に関する課題

（1）教材における漢字の提出状況に関する研究の充実

（2）「常用漢字表」・「学年別漢字配当表」に関する研究の充実

（3）指導内容としての漢字の体系化に関する研究の充実

（4）取り立て指導を中心とする指導の系統化に関する研究の充実

（5）三領域における機会的漢字指導の位置付けに関する研究の充実

（6）読字力・書字力・運用力のそれぞれの育成を目指す指導方法に関する研究の充実

（7）評価の時期・対象・方法に関する研究の充実

①　漢字力の関連的・過程的な捉え方についての評価方法の開発に関する研究の充実

②　読字力・書字力・運用力を適切に評価する方法の開発に関する研究の充実

3　その他の関連する課題

（1）漢字指導に関する歴史的研究の充実

（2）漢字文化圏における漢字指導に関する研究成果の導入の可能性についての研究の充実

既に、かなりの研究成果が蓄積されてきているが、これらの課題は今日の漢字指導が抱える問題点の克服に向けて、視野におさめておきたいものである。ただ、それぞれの課題は一朝一夕には解決できないものが多く、継続的な実践・研究が今後とも必要となる。なお、日本語教育及び教育工学、教育心理学分野の漢字指導に関連する研究成果にも着目したいものである。

平仮名に係わる研究としては、書写指導との連関性を踏まえた書字活動に関する領域が研究課題としてある。片仮名については、片仮名で表記する語彙の問題や漢字や平仮名で書く場合との言語感覚の問題が、研究対象となろう。ローマ字は、昭和二九年に告示された「ローマ字のつづり方」に基づいて、訓令式を軸にヘボン式も指導されている。平成二〇年版学習指導要領からは、これまで4年生から学習することになっていたローマ字を3年生から学習することになった。パーソナルコンピュータを活用した調べ学習の日常的な展開を踏まえた措置である。その意味では、今日のローマ字使用に鑑みた指導の再構築が課題となる。

③表記に関する研究の内容と課題

表記に関する研究の対象として、句読法を取りあげる。永野賢は、「句とう法がきまっていないということは一面には、日本語の文章表記法の歴史的事情にもとづくものであり、他面また、句とう点そのものの性質にもよることではあるが、しかし、できるだけ早く標準の立てられることが望ましいことは、いうまでもない。[5]」と句読法の「標準」を策定する必要性を指摘している。しかし、今日の句読点の打ち方は、新聞や雑誌だけでなく論理性の要求される学術論文においてさえ大きな揺れがあり、十人十色の様相を呈している。この現状が、多様な言語生活の中で関連する諸領域との相関性を踏まえて指導しなければならない学校教育に、指導上のさまざまな混乱を引き起こしている。先の永野賢の指摘ともあいまって、改めて学校教育における句読点の指導に関する枠組を考え直さなければならないのである。

句読法に関する先行研究としては、権田直助の『国文句読考』（明治二〇年）・文部省図書課『句読法案』（明治三九年）・文部省教科書局調査課国語調査室『くぎり符合の使い方〔句読法〕（案）』（昭和二一年）・総理庁文部省「くぎり符合の用い方」（『公文用語の手びき（改訂版）』〈昭和二四年〉）や大類雅敏の案などがある。しかし、以上の先行する「標準」は、いずれも表現主体の立場に立って整理されているものの、いわゆる「文」の形式面の観察から帰納されたものである。句読法に係わる研究をすすめるにあたっては、実際の用例をできるかぎり収集し分析するという帰納法的な研究を欠くことができない。しかし、このような研究方法では、時代とともに変化する句読点使用のために、必ず例外が生じてくる。したがって、帰納法的な研究と同時に、句読点の本来の役割を追究することが必要となってくる。たとえば、宇野義方は、文章の中における「符合」の機能について、次のように述べている。

> そこで、文章表記の場合に、表現の意図を明確に示し、表現の効果をじゅうぶんに発揮し、理解者に能率的に受け入れてもらおうとするために、諸種のくふうがこらされてきたのである。句読点に限らず、いろいろな符合が、その中で大きな位置を占めるものであることは、言うまでもないであろう。(6)

句読点を打つ意義及び役割も、右記の指摘にかさなる。「表現の意図を明確に示し」・「表現の効果をじゅうぶんに発揮し」・「理解者に能率的に受け入れてもらおうとする」の三点は、文字言語によるコミュニケーションを円滑におこなうための必要条件である。そのためには、書き手としての表現主体が、意図的に一つ一つの表現を明確にしなければならない。そうすれば、読み手（理解主体）は、表現の流れから逸脱することはなく、ある程度に正確なコミュニケーションが成立する。その意味で、句読法を中核とした読解指導や表現指導の実践的な開発が待たれるところである。また、今日の区切り符号の使い方の実態を考慮した場合、欧米の区切り符号（中でも句読点）指導のあり方にも目配りが必要であろう。(7)

④語彙・語句に関する研究の内容と課題

田近洵一に従えば、語彙とは、「文脈中で、ある特殊な意味をになわされて現実に使われている現実体としての単語の一つ一つではなく、それらの総体であり、ラングとして一般的な意味（意義）を持つ抽象的な存在(8)」である。また、甲斐睦朗は、この語彙に関する能力（語彙能力）を、「理解・表現に係わる語句の豊かさを意味する。[9]」と規定し、豊かさの内実として、数量的な豊かさ・各語句に対する意味・用法への理解の深さ・連想能力の広さと的確さ・語彙語句に対する興味・関心の強さを挙げている。

ところで、語彙・語句に関する能力は、国語学力の中核と言ってもよい。文章の理解や表現は、理解語彙や表現語彙の豊かさと相関性を持つし、漢字力などの言語要素は語彙・語句の豊かさと深く関与している。しかし、戦後の国語科教育において語彙の指導は、理解活動や表現活動に付随するものとして取り扱われてきた。特に学習指導要領に基づく指導の場合は、その傾向が強い。そのため、語彙に関する能力も、文脈での語句の意味を理解することができたり、文脈に従って適切な語句を使うことができたりすれば充分であると考えられてきた。しかし、語彙を拡充していくことは、思考や感情を豊かにし、認識を拡大・深化させ、思想を鍛えることになる。すなわち語彙を豊かにすることは、単に文脈を軸とした理解・表現活動に資するだけではなく、それ自体において非常に重要な能力を身につけることになる。まさに、語彙指導は、語彙の拡充に力点を置いたあり方が求められなければならない。その上で、従来指摘されている理解・表現活動に資する能力の育成も措定されなければならない。

戦後の語彙指導の研究的・実践的展開については、田近洵一の論稿（前出）や甲斐睦朗の論稿（前出）及び浜本純逸の編んだ文献[10]に詳しいが、垣内松三の『基本語彙学（上）』を基点として、教育科学研究会や児童言語研究会の研究成果が、今日の語彙研究の基礎となっている。先に挙げた甲斐睦朗は、今後の語彙研究のあり方として、一〇項目にわたる課題を示している。[11]

1　「語彙能力標準表」の設定
2　学習者の理解語彙・表現語彙の実態調査
3　国語教科書等の語彙調査

4　国語科専門用語の検討
5　理解・表現の各キーワードの考察
6　学習基本語彙の作成
7　学習国語辞典・学習漢字辞典の検討
8　語彙・語句の考察態度・分析力の育成
9　語彙指導面からの教科書の改善
10　語彙指導の実際的方法の探究

これらの課題は、有機的に作用しながら「語彙能力標準表」の設定や学習基本語彙の作成に収斂していくものであり、それらに基づいた語彙指導面からの教科書の改善及び語彙指導の実際的方法の探究につながり、語彙・語句の分析力の育成をはじめとした語彙・語句に係わる能力の育成と表現力や理解力の育成に資することになると考えられる。

今後の語彙・語句に関する指導は、これらの課題を追究しつつ、先の数量的な豊かさ、各語句に対する意味・用法への理解の深さ、連想能力の広さと的確さ、語彙・語句に対する興味・関心の強さを、どのように育成すればよいかという視点から研究されなければならない。また、大村はまが長年実践してきた語彙学習の「生活化」という視点も改めて指導方法の開拓の際に組み入れていく必要があろう。さらに、塚田泰彦・池上幸治の『語彙指導の革新と実践的課題』[12]に示された「意味マップ」なども、語彙指導の実践的資料として参考となる。また、井上一郎の『語彙力の発達とその育成』[13]などは、研究的視点を学ぶものとして参考にできる。なお、日本語学研究者から国語教育への提言として続けられている研究活動では、国語教育に役立つような語彙の選定を行うと同時に、語彙指導の土台となる辞書（紙媒体の辞書や電子媒体の辞書）の有用性に関する研究などが進められている。[14]

⑤文法・文・文章の指導に関する研究の内容と課題

いわゆる文法の指導に関しては、一定の文法学説に準拠しながらその文法体系を取り立てて指導することが、指導の典型であった。学習指導要領をみても、昭和二二年に刊行された『中等文法　口語』及び『中等文法　文語』に明示された橋本進吉の学説に基づきながら、構文・文章研究などの成果を取り入れて「学校文法」なるものが活用されてきている。しかし、文法体系を知識として与えようとする文法指導は、その熱意や時間のかけかたにもかかわらず、知識としても定着しにくかったし表現活動や理解活動に生きて働く能力としても定着しにくかった。そこで、知識の獲得に終わってしまいがちな文法体系の取り立て的指導の問題点を克服しようとした機能的文法指導のあり方が提案された。一方で、児童言語研究会や教育科学研究会を中心とした言語要素体系化の試みが確実になされ、取り立て指導の必要性も再認識されてきている。それにもかかわらず、今日、文法教育研究の不十分さが指摘されつづけている。また、文法教育に係わる教材の不足も指摘されている。この原因の追究も研究の範囲に含めたい。

文法指導を展開する場合は、ある文法体系に依拠しなければならない。しかし、小学校・中学校における学習者の実態を勘案すると、表現・理解活動の展開の中で、必要となった文法的知識や能力を学ぶという学習の方が現実的であり、学んだ部分と部分の連関性や整合性を図るために文法の体系を知るという流れが妥当である。したがって、基本的には機会的な学習を中核としつつ必要な時期に取り立て指導を組み入れるという機会的取り立て指導のあり方を重要な研究対象としなければならない。その際に、児童言語研究会や教育科学研究会の言語要素体系化の成果や新たな文法体系の構築の成果及び井上尚美の提唱する文法の単位と人間の認識・思考とを対応させた（語＝概念、文＝判断、文章＝論理）意図的・体系的な指導のあり方なども参考にしたい。また、これからの文法に係わる指導を探究する場合には、時枝文法や渡辺実の構文論、永野賢や市川孝の文章論、生成文法の可能性なども研究対象として検討しなければならない。

ところで、文法の指導は「表現・理解に役立つため」として作文や読解の学習に役立つものと発想されるが、その他の言語要素の学習に役立つ側面を忘れてはならない。たとえば、「表記」に含まれる句読点の学習においては、特にこの文法に係わる知識が重要な要素となってくるのである。この点にも注視し、研究対象とすべきである。

⑥言葉遣いに関する研究の内容と課題

「言葉遣い」には、文字言語の修辞の問題まで含まれる。しかし、学習指導要領を含め、一般的には敬語の使い方や共通語の指導の問題が中核となっている。

言葉遣いが問題にされるのは、円滑な人間関係の維持を背景とした適切なコミュニケーションの成立に係わっている場合である。すなわち、多くは表現力の育成が問題にされる場合の付随的な手段として取り上げられ、言葉遣いの問題を軸として適切な言葉遣いができるためにはどのような要素（言語要素に係わる能力）を育成しなければならないのかという視点では捉えられていない。適切な言葉遣いを実現するためには、語彙力はもちろん文法的な能力が要求される。また、表現・理解活動で着目される論理性の問題も考慮しなければ適切な言葉遣いにはならない。文学的な文章の学習成果である心情の洞察力も必要になってくることにも留意しなければならない。

中核となる敬語の指導においては、知識の提供を偏重するのではなく、敬語使用の基盤ともいえる敬意の表れの問題として見据えた指導をしなければならない。そのためには、学校生活や社会生活の場を適切に捉えた即時的な指導を軸にしながら、国語科教育の場においては話す・書く活動において機会的に指導することが必要であろう。敬語指導の場合は、背景に人間関係があるために、学習の生活化や生活の中での学習化が重要になってくる。なお、敬語の使い方については、昭和二七年に国語審議会から出された『これからの敬語』がよりどころとなっていたが、平成一二年に国語審議会から答申された「現代社会における敬意表現」及び平成一九年に文化審議会から答申された「敬語の指針」が、今後の敬語指導に大きな影響を与えてくるものである。特に「敬語の指針」には、従来の尊敬語・謙譲語・丁寧語という敬語の三分類から「尊敬語・謙譲語Ⅰ・謙譲語Ⅱ・丁寧語・美化語」の五分類が示されており、今後の敬語指導に大きな影響を与えることが予想される。また、ＮＨＫの放送研究所・文化庁文化部国語課などは、現代人の敬語の用法に関する規範意識調査を展開しているが、「社長の申されるとおりです。」・「どうかいたしましたか。」・「植木に水をあげなさい。」などは、規範意識において既に大きな揺れが確認されている。このような状況下では、ますます敬語に関する教師の規範意識の内省と指導するための適切な工夫が求められる。

共通語の指導は、方言が強い地域においては、あいかわらず重要な課題であろう。たとえば、鹿児島県下では、道具をある場所にしまうことを「なおす」という。また、「今日は、楽しかったです。」を「今日は、楽しいでした。」と表現する。このような語彙のレベルや構文のレベルでの差異は、文章理解の活動や作文の学習などにおいて注意しておかなければならない。共通語の用法と各地域の用法との差異は、指導者として確認しておきたい。ただ、今日のもう一つの動向として、方言を見直そうとする動きもある。歴史的には藤原与一や白石寿文の研究等が注目に値する。地域に根差した「生活語」としての方言は、豊かに継承されなければならないし、地域の文化として方言の豊かさに気付き、その豊かさを軸にした言語文化の創造も、国語科教育の本質に連なるものである。この点に関しては、『知的財産教育としての方言・教材開発に関する実験的・実証的研究』（研究代表児玉忠、二〇〇九）といった積極的な研究も展開されている。

また、以前は、標準語と共通語は明確な区別がなされていた。あるべき日本語の典型としての標準語は、多くアナウンサーの言葉・言葉遣いに見出されていた。しかし、アナウンサー以外の話し手が続々登場するに至って、標準語は共通語の一種に組み込まれてしまった。もちろんこれは、送り手の問題だけではなく、受け手の言語意識の問題でもある。このような受け手の言語意識の変化は、共通語指導に係わる問題の範囲を拡大していく。たとえば、「よく出来ているので本物みたく見える。」は、「〜みたい」を「〜みたく」と表現する若者を中心とした「新方言」の一種である。また、「早急」を「サッキュウ」と発音するか「ソウキュウ」と発音するかなどの問題も残されている。これらの問題の取り扱いも研究の視野にいれておきたい。

ところで、敬語の使い方や共通語の指導を考える場合、問題になるのはテレビやラジオの影響である。教材として意図的に作成されたものではないメディアの言葉遣いは、破格の言葉遣いとして批判的に受け入れる力を、早急に養成することも必要であろう。

最後に、先のＮＨＫの放送研究所の調査によれば、言葉遣いの問題に関して明確な規範意識を持っているのは、日常生活において新聞を読み国語辞典をよく活用している人に多いという結果が出されている。この点も、関心を呼ぶところである。

⑦伝統的な言語文化に関する研究の内容と課題

これまでの伝統的な言語文化に関する実践研究は、中学生・高校生を対象とした古典指導に限定されていた。その意味では、新規に小学生を対象とした伝統的な言語文化に関する研究が必要となる。平成二九年版学習指導要領・平成三〇年学習指導要領では、古典をはじめとする伝統的な文章や作品を読んだり、書き換えたり、演じたりすることを通して、言語文化を享受し継承・発展させる態度を育成することをめざしている。したがって、小学校においては、伝統的な文章や作品に出会わせたり昔の日本人の考え方や感じ方等に触れさせたりするために、我が国の神話・昔話や馴染みのある古典作品などの、読み聞かせや音読・暗唱、動作化などを活用した指導が取り入れられることになる。中学校では、小学校で触れた古典作品だけでなく幅広い古典作品を教材として、古典に「親しませる」ように実践されている。高等学校では、古典教育を中心に伝統的な言語文化の指導が厚みを持って展開されてきている。増渕恒吉・益田勝実・西郷竹彦・竹村信治らをはじめ、それぞれの古典観に立った実践と理論化がなされてきている。なお、中学校・高等学校における古典教育研究に関しては、世羅博昭・渡辺春美・内藤一志らの成果が注目に値する。

これらの先行実践や研究成果に学びつつ、改めて小学校から高等学校への系統性を見据えた伝統的な言語文化に関する教育観を構築していくことが必要である。その上で、学校種ごとに、時代状況や学習者の実態に鑑みた、伝統的な言語文化に関する教材開発、補助資料の開発、指導方法の開発、指導過程の開発、評価のあり方の研究などを、確実に蓄積していく必要がある。

⑧書写に関する研究の内容と課題

かつて、久米公は、書写指導の実態を、「書写力の未熟化」という術語で捉えた。背景としては、社会における書字・書写活動を取りまく環境の急速な変化と制度としての教員の養成の問題が挙げられていた。書字・書写手段としての筆記用具の変化とそれによる書字・書写活動量の減少・手指の運動能力の低下及び文字の字形の変化、さらには縦書きから横書きの書式への変化などが社会的な環境の変化である。また、制度面としては、昭和二四年に施行された「教育職員免許法」において小学校の免許規定から「書道（書写を中心とする）」の単位が欠落したまま今日まで改善されず、教員養成の段階で書写指導に関する見識が育成されていないことが指摘されていた。この書写指導の実態は未だに改善されてはいない。それどころか、書写指導は国語科の他領域・他分野の指導と切り離され、「孤立的な書写指導」に陥っている。文字を手書きする機会が減少する社会において、学校教育における書写指導の必要性を明確に打ち出すためにも、国語科の他領域・他分野との連関性を意識した科学的な視点での書写指導の追究が必要である。

書写指導の分野は、明治期以来、毛筆中心の指導から硬筆中心の指導へ、大字・小字指導から大字指導へというような変化を経験しているが、その度に時代の要請を踏まえつつ、国語科教育の一環としての書写力の育成を果たしてきた。したがって、今日の状況を改善するために、改めて国語科教育の一環であるという観点から再検討する必要がある。その際、制度面の改善は最も重要な課題としなければならないが、書字・書写活動の実態に立った指導法の改善を早急に考えていく必要がある。たとえば、毛筆による書写指導は、戦後の一時期を別として、今日まで継続されてきているが、社会的実用の面から見れば毛筆による書写指導の必要性はそれほど感じられない。それにもかかわらず、平成二九年版学習指導要領においても、小学校第3学年から各学年において年間三〇単位時間程度の時間をかけて指導することになった。（中学校においては、第1学年及び第2学年において二〇単位時間程度、第3学年においては一〇単位時間程度の時間をかけることになっている。）しかしながら、毛筆は、文字の字形や運筆の感覚などの習得には有効であるが、硬筆による書写力への転用・発展に関するメカニズムの解明はなされていない。この点の解明がなされない状態では、毛筆による書写指導の必然性は認めにくい。したがって、毛筆による書写指導の必然性の追究が重要な研究対象となるのである。また、硬筆による書写指導を含め、書写指導が国語科教育の一環としての立場を維持し国語科教育の他の学力の育成に資するためには、書写力と理解力・表現力との相関性を見通さなければならない。この点については、既に理解の速度や表現内容の表出速度を保証するための速書き能力の育成についての研究が発表されている。また、意味のまとまりのある文・文章の書写速度と無意味な文字の羅列を書写する速度との違いを追求することによって、理解力と書写力の相関性を追求する研究もなされている。これらの多くは、心理学的な研究と協力した成果であるが不十分であり、今後の研究対象となる。加えて、文字を構成する構成要素（点画）の体系的整理やそれらの構成要素を書写する能力の系統的追究、それらを指導する際の内容（指導事項）の体系化や指導方法の開拓と分類にも力を尽くさなければならない。さらに、横書きに適した字体の工夫もなされなければならない。(15)

今日、書写活動を代行する機器の発達やそれらの機器を活用する際の書写活動の変化を目のあたりにするとき、文字を手書きするという書写活動の意義（特に、国語学力の発達に資する手書きの意義）を追究することも研究の正面に据える必要を感じる。[16]書写の指導に関しては、国語科教育において最も研究すべき課題が多く残されているのである。

(2) 論文題目例

論文の題目を決定するためには、明確な問題意識と研究方法についての見通しがなければならない。しかし、このような好ましい状況ではない場合は、たとえば縦軸に「共時的視点・通時的視点・比較教育学的視点」を立て、横軸には「目標・内容・方法・評価」を取り、その座標の中から最も関心が高く研究方法が見通せる課題を探しだし、題目化すればよい。

この座標軸にしたがって、紙幅の都合上、研究価値の高いと思われる題目例だけを、「言語要素・言語文化」の各分野にわたって示す。

小学校における伝統的な言語文化の指導に関する研究
伝統的な言語文化に関する指導の系統的研究—小学校から高等学校まで—
発音・発声の指導過程に関する一考察—学習を意識化させた機会的取り立て指導を求めて—
発音・発声の教材化に関する研究
漢字指導に関する一考察—学年別漢字配当表の弾力的運用とふりがなの機能を中心に—
漢字力と語彙力との相関性についての一考察
送り仮名指導に関する史的考察

句読法に関する研究―アメリカにおける指導方法との比較を通して―
語彙指導に関する実践史研究
発達段階を踏まえた語彙指導の方法
学習基本語彙の研究―発達段階に即した語彙学習教材の開発―
文法教育の歴史的展開―児童言語研究会のばあい―
文章表現力の育成に係わる文法能力の研究
言葉遣いに関する研究―言葉遣いを支える諸能力の究明とその系統化を目指して―
指導者の言語規範意識に関する研究
毛筆書写能力と硬筆書写能力の相関性に関する研究
文字を手書きすることと国語学力発達との相関性に関する研究

(3) 基本資料一覧

『日本語音声学』(天沼寧他著、くろしお出版、一九七八)
『音声言語指導大事典』(高橋俊三編著、明治図書、一九九九)
『かな文字の教え方』(須田清著、麦書房、一九六七)
『これからの漢字指導』(田中久直著、新光閣書店、一九七一)
『漢字の読字指導 その教育心理学的研究 』(福沢周亮著、学燈社、一九七六)
『漢字の基礎研究』(小林一仁著、明治図書、一九八一)
『漢字の情報処理学』(海保博之・野村幸正著、教育出版、一九八三)
『漢字の系統的指導』(小林一仁著、明治図書、一九八四)
『漢字講座』(佐藤喜代治編、明治書院、一九八八)

『バツをつけない漢字指導』（小林一仁著、大修館書店、一九九八）
『教育漢字の読み・書きの習得に関する調査と研究』（小森茂編著、総合初等教育研究所、二〇〇五）
『学校文法概説』（永野賢著、共文社、一九五八）
『文法教育における構文的内容の取り扱いの研究』（山室和也著、溪水社、二〇〇八）
『現代作文講座6　文字と表記』（林大・林四郎・森岡健二編、明治書院、一九七七）
『新版　現行の国語表記の基準』（文化庁国語課、ぎょうせい、一九九〇）
『基本語彙学（上）』（垣内松三著、文学社、一九三八）
『国語教育のための国語講座4　語彙の理論と教育』（熊沢龍他著、朝倉書店、一九五八）
『国語教育・その内容と方法』（教科研東京国語部会・言語教育研究サークル著、麥書房、一九六四）
『単語指導ノート』（宮島達夫著、麥書房、一九六八）
『言語要素とりたて指導入門』（林進治著、明治図書、一九七〇）
『語句指導と語い指導』（倉沢栄吉著、明治図書、一九七四）
『小学校における効果的な語彙指導』（福沢周亮・岡本まさ子著、教育出版、一九八一）
『小学校語彙指導の活性化』（浜本純逸編、明治図書、一九九〇）
『語彙指導の革新と実践的課題』（塚田泰彦・池上幸治著、東京書籍、一九九八）
『語彙力の発達とその育成』（井上一郎著、明治図書、二〇〇一）
『文法指導』（大久保忠利、松山市造編、春秋社、一九五六）
『文法指導　ことばの基礎能力　』（倉沢栄吉著、朝倉書店、一九五九）
『学校文法文章論』（永野賢著、朝倉書店、一九五九）
『文法教育・その内容と方法』（教科研東京国語部会・言語教育研究サークル著、麥書房、一九六三）
『言語論理教育への道』（井上尚美著、一光社、一九七七）

『学校文法概論』（永野賢著、共文社、一九八六〈新訂版〉）
『モダリティの文法』（益岡隆志著、くろしお出版、一九九一）
『最新　中学校国語科指導法講座　12　言語事項　・　敬語、共通語、文法の指導』（飛田多喜雄・小林一仁編著、明治図書、一九八四）
『岩波講座日本語４　敬語』（南不二男他著、岩波書店、一九七七）
『育つことば　育てる言葉』（白石寿文著、東洋館、一九九六）
『「言語文化」の学習指導考究』（米田猛著、溪水社、二〇一八）
『知的財産教育としての方言・教材開発に関する実験的・実証的研究』（研究代表児玉忠、二〇〇九）
『大村はま国語教室第三巻』（大村はま著、筑摩書房、一九八三）
『戦後古典教育論の研究』（渡辺春美著、溪水社、二〇〇四）
『「関係概念」に基づく古典教育の研究——古典教育活性化のための基礎論として——』（渡辺春美著、溪水社、二〇一八）
『書写指導講座』（藤原宏編、明治書院、一九六九）
『筆順指導総覧』（久米公著、みつる教育図書、一九七七）
『書写書道教育要説』（久米公著、萱原書房、一九八九）
『「書くこと」の学びを支える国語科書写の展開』（松本仁志著、三省堂、二〇〇九）
『言語事項用語辞典』（永野賢・市川孝著、教育出版、一九七九）
『講座国語科教育の探究１　総論・言語指導の整理と展望』（全国大学国語教育学会編、明治図書、一九八一）
『国語科教育研究５　「言語」教育の理論と実践の課題』（全国大学国語教育学会、明治図書、一九八七）
『国語科教育学研究の成果と展望』（全国大学国語教育学会編著、明治図書、二〇〇二）
『国語科教育学研究の成果と展望Ⅱ』（全国大学国語教育学会編著、学芸図書、二〇一三）

注

（1）『小学校学習指導要領（平成二九年告示）解説国語編』〈前出〉には、構造化の考え方を、「「知識及び技能」と「思考力、判断力、表現力等」は、国語で正確に理解し適切に表現する上で共に必要となる資質・能力である。したがって、国語で正確に理解し適切に表現する際には、話すこと・聞くこと、書くこと、読むことの「思考力、判断力、表現力等」のみならず、言葉の特徴や使い方、情報の取り扱い方、我が国の言語文化に関する「知識及び技能」が必要となる。このため、今回の改訂では、資質・能力の三つの柱に沿った整理を踏まえ、従前の3領域1事項の内容のうち、国語で正確に理解し適切に表現するために必要な「知識及び技能」を〔知識及び技能〕として明示した。」（同前書七頁）と、解説している。

（2）第一二三回全国大学国語教育学会（富山大会）において、稿者は、「『国語の特質』の指導における問題点と課題——『教育的内容』の創出と指導の再検討——」と題して、指導の拠り所としての「標準」の重要性を指摘するとともに、日本語学研究者との協働による研究組織設置の必要性を強調した（『国語科教育第七三集』〈全国大学国語教育学会編、平成二五年三月三一日〉所収）。この結果、現在筑波大学の矢澤真人教授を中心とする研究組織が「指導の拠り所」の立案に向けた研究を推進している。

（3）『大村はま国語教室　第三巻』（大村はま著、筑摩書房、一九八三）参照。

（4）文字を正しく整えて速く書くことの技能の育成のみに拘泥して国語科の他の分野や領域との相関性を視野におかない書写指導を松本仁志・鈴木慶子・千々岩弘一は、「孤立的な書写指導」と呼んでいる。この授業構想例は、そのような「孤立的な書写指導」を改善するための提案である。『書写スキルで国語力をアップする！新授業モデル　小学校編』（松本仁志・鈴木慶子・千々岩弘一編著、明治図書、二〇一二）や『書写スキルで国語力をアップする！新授業モデル　中学校編』（千々岩弘一・鈴木慶子・松本仁志編著、明治図書、二〇一二）には、この提案に関する実践構想例が詳述されている。

（5）『学校文法概説』（永野賢著、共文社、一九八六　新訂版、一七七ページ）

（6）『国語表記の問題』（文部省著、教育図書、昭和三八年七月、四ページ）

（7）「『句読点』指導に関する研究（4）——英国における punctuation 指導——」（千々岩弘一、鹿児島短期大学研究紀要第58号、一九九六）

（8）「語彙指導」（『講座国語科教育の探究1　総論・言語指導の整理と展望』〈全国大学国語教育学会編、明治図書、一九八一〉一八七ページ）

（9）甲斐睦郎「語彙指導研究の課題」（『国語科教育研究5　「言語」教育の理論と実践の課題』全国大学国語教育学会編、明治図

書、一九八七、六八ページ）

（10）『小学校語彙指導の活性化』（浜本純逸編、明治図書、一九九〇）。中学校用も出されている。

（11）「語彙指導研究の課題」（前出、六八ページ）

（12）『語彙指導の革新と実践的課題』（塚田泰彦・池上幸治著、東京書籍、一九九八）

（13）『語彙力の発達とその育成』（井上一郎著、明治図書、二〇〇一）

（14）「作文を支援する語彙・文法的事項に関する研究」（科学研究費補助対象研究、研究代表：筑波大学教授　矢澤真人）などが推進されている。

（15）全国大学書写書道学会を中心に、心理学的見地や脳科学の研究手法を活用した科学的追究が始まっている。押木秀樹・青山浩之・小林比出代・杉崎哲子らの研究成果が、同学会の紀要「書写書道教育研究」に発表されている。

（16）文字を手書きすることの意義を追究する研究としては、「世界標準の Literacy 育成プログラム開発のための基礎研究—時間・身体・過程—」（平成30年度科学研究費助成事業基盤研究（C）：研究代表千々岩弘一）などが始まっている。

索　引

【た】

【な】

【は】

「小学校学習指導要領」 第２章各教科　第１節　国語（平成29年告示）

第１　目　標

言葉による見方・考え方を働かせ，言語活動を通して，国語で正確に理解し適切に表現する資質・能力を次のとおり育成することを目指す。

⑴　日常生活に必要な国語について，その特質を理解し適切に使うことができるようにする。

⑵　日常生活における人との関わりの中で伝え合う力を高め，思考力や想像力を養う。

⑶　言葉がもつよさを認識するとともに，言語感覚を養い，国語の大切さを自覚し，国語を尊重してその能力の向上を図る態度を養う。

第２　各学年の目標及び内容

〔第１学年及び第２学年〕

１　目　標

⑴　日常生活に必要な国語の知識や技能を身に付けるとともに，我が国の言語文化に親しんだり理解したりすることができるようにする。

⑵　順序立てて考える力や感じたり想像したりする力を養い，日常生活における人との関わりの中で伝え合う力を高め，自分の思いや考えをもつことができるようにする。

⑶　言葉がもつよさを感じるとともに，楽しんで読書をし，国語を大切にして，思いや考えを伝え合おうとする態度を養う。

２　内　容

〔知識及び技能〕

⑴　言葉の特徴や使い方に関する次の事項を身に付けることができるよう指導する。

ア　言葉には，事物の内容を表す働きや，経験したことを伝える働きがあることに気付くこと。

イ　音節と文字との関係，アクセントによる語の意味の違いなどに気付くとともに，姿勢や口形，発声や発音に注意して話すこと。

ウ　長音，拗音，促音，撥音などの表記，助詞の「は」，「へ」及び「を」の使い方，句読点の打ち方，かぎ（「　」）の使い方を理解して文や文章の中で使うこと。また，平仮名及び片仮名を読み，書くとともに，片仮名で書く語の種類を知り，文や文章の中で使うこと。

エ　第１学年においては，別表の学年別漢字配当表（以下「学年別漢字配当表」という。）の第１学年に配当されている漢字を読み，漸次書き，文や文章の中で使うこと。第２学年においては，学年別漢字配当表の第２学年までに配当されている漢字を読むこと。また，第１学年に配当されている漢字を書き，文や文章の中で使うとともに，第２学年に配当されている漢字を漸次書き，文や文章の中で使うこと。

オ　身近なことを表す語句の量を増し，話や文章の中で使うとともに，言葉には意味による語句のまとまりがあることに気付き，語彙を豊かにすること。

カ　文の中における主語と述語との関係に気付くこと。

キ　丁寧な言葉と普通の言葉との違いに気を付けて使うとともに，敬体で書かれた文章に慣れること。

ク　語のまとまりや言葉の響きなどに気を付けて音読すること。

⑵　話や文章に含まれている情報の扱い方に関する次の事項を身に付けることができるよう指導する。

ア　共通，相違，事柄の順序など情報と情報との関係について理解すること。

⑶　我が国の言語文化に関する次の事項を身に付けることができるよう指導する。

ア　昔話や神話・伝承などの読み聞かせを聞くなどして，我が国の伝統的な言語文化に親しむこと。

イ　長く親しまれている言葉遊びを通して，言葉の豊かさに気付くこと。

ウ　書写に関する次の事項を理解し使うこと。

㈠　姿勢や筆記具の持ち方を正しくして書くこと。

㈡　点画の書き方や文字の形に注意しながら，筆順に従って丁寧に書くこと。

㈢　点画相互の接し方や交わり方，長短や方向などに注意して，文字を正しく書くこと。

エ　読書に親しみ，いろいろな本があることを知ること。

〔思考力，判断力，表現力等〕

A　話すこと・聞くこと

⑴　話すこと・聞くことに関する次の事項を身に付けることができるよう指導する。

ア　身近なことや経験したことなどから話題を決め，伝え合うために必要な事柄を選ぶこと。

イ　相手に伝わるように，行動したことや経験したことに基づいて，話す事柄の順序を考えること。

ウ　伝えたい事柄や相手に応じて，声の大きさや速さなどを工夫すること。

エ　話し手が知らせたいことや自分が聞きたいことを落とさないように集中して聞き，話の内容を捉えて感想をもつこと。

オ　互いの話に関心をもち，相手の発言を受けて話をつなぐこと。

⑵　⑴に示す事項については，例えば，次のような言語活動を通して指導するものとする。

ア　紹介や説明，報告など伝えたいことを話したり，それらを聞いて声に出して確かめたり感想を述べたりする活動。

イ　尋ねたり応答したりするなどして，少人数で話し合う活動。

B　書くこと

⑴　書くことに関する次の事項を身に付けることができるよう指導する。

ア　経験したことや想像したことなどから書くことを見付け，必要な事柄を集めたり確かめたりして，伝えたいことを明確にすること。

イ　自分の思いや考えが明確になるように，事柄の順序に沿って簡単な構成を考えること。

ウ　語と語や文と文との続き方に注意しながら，内容のまとまりが分かるように書き表し方を工夫すること。

エ　文章を読み返す習慣を付けるとともに，間違いを正したり，語と語や文と文との続

き方を確かめたりすること。

オ　文章に対する感想を伝え合い，自分の文章の内容や表現のよいところを見付けること。

(2)　(1)に示す事項については，例えば，次のような言語活動を通して指導するものとする。

ア　身近なことや経験したことを報告したり，観察したことを記録したりするなど，見聞きしたことを書く活動。

イ　日記や手紙を書くなど，思ったことや伝えたいことを書く活動。

ウ　簡単な物語をつくるなど，感じたことや想像したことを書く活動。

C　読むこと

(1)　読むことに関する次の事項を身に付けることができるよう指導する。

ア　時間的な順序や事柄の順序などを考えながら，内容の大体を捉えること。

イ　場面の様子や登場人物の行動など，内容の大体を捉えること。

ウ　文章の中の重要な語や文を考えて選び出すこと。

エ　場面の様子に着目して，登場人物の行動を具体的に想像すること。

オ　文章の内容と自分の体験とを結び付けて，感想をもつこと。

カ　文章を読んで感じたことや分かったことを共有すること。

(2)　(1)に示す事項については，例えば，次のような言語活動を通して指導するものとする。

ア　事物の仕組みを説明した文章などを読み，分かったことや考えたことを述べる活動。

イ　読み聞かせを聞いたり物語などを読んだりして，内容や感想などを伝え合ったり，演じたりする活動。

ウ　学校図書館などを利用し，図鑑や科学的なことについて書いた本などを読み，分かったことなどを説明する活動。

〔第３学年及び第４学年〕

１　目　標

(1)　日常生活に必要な国語の知識や技能を身に付けるとともに，我が国の言語文化に親しんだり理解したりすることができるようにする。

(2)　筋道立てて考える力や豊かに感じたり想像したりする力を養い，日常生活における人との関わりの中で伝え合う力を高め，自分の思いや考えをまとめることができるようにする。

(3)　言葉がもつよさに気付くとともに，幅広く読書をし，国語を大切にして，思いや考えを伝え合おうとする態度を養う。

２　内　容

〔知識及び技能〕

(1)　言葉の特徴や使い方に関する次の事項を身に付けることができるよう指導する。

ア　言葉には，考えたことや思ったことを表す働きがあることに気付くこと。

イ　相手を見て話したり聞いたりするとともに，言葉の抑揚や強弱，間の取り方などに注意して話すこと。

ウ　漢字と仮名を用いた表記，送り仮名の付け方，改行の仕方を理解して文や文章の中で使うとともに，句読点を適切に打つこと。また，第３学年においては，日常使われ

ている簡単な単語について，ローマ字で表記されたものを読み，ローマ字で書くこと。

エ　第３学年及び第４学年の各学年においては，学年別漢字配当表の当該学年までに配当されている漢字を読むこと。また，当該学年の前の学年までに配当されている漢字を書き，文や文章の中で使うとともに，当該学年に配当されている漢字を漸次書き，文や文章の中で使うこと。

オ　様子や行動，気持ちや性格を表す語句の量を増し，話や文章の中で使うとともに，言葉には性質や役割による語句のまとまりがあることを理解し，語彙を豊かにすること。

カ　主語と述語との関係，修飾と被修飾との関係，指示する語句と接続する語句の役割，段落の役割について理解すること。

キ　丁寧な言葉を使うとともに，敬体と常体との違いに注意しながら書くこと。

ク　文章全体の構成や内容の大体を意識しながら音読すること。

⑵　話や文章に含まれている情報の扱い方に関する次の事項を身に付けることができるよう指導する。

ア　考えとそれを支える理由や事例，全体と中心など情報と情報との関係について理解すること。

イ　比較や分類の仕方，必要な語句などの書き留め方，引用の仕方や出典の示し方，辞書や事典の使い方を理解し使うこと。

⑶　我が国の言語文化に関する次の事項を身に付けることができるよう指導する。

ア　易しい文語調の短歌や俳句を音読したり暗唱したりするなどして，言葉の響きやリズムに親しむこと。

イ　長い間使われてきたことわざや慣用句，故事成語などの意味を知り，使うこと。

ウ　漢字が，へんやつくりなどから構成されていることについて理解すること。

エ　書写に関する次の事項を理解し使うこと。

㋐　文字の組立て方を理解し，形を整えて書くこと。

㋑　漢字や仮名の大きさ，配列に注意して書くこと。

㋒　毛筆を使用して点画の書き方への理解を深め，筆圧などに注意して書くこと。

オ　幅広く読書に親しみ，読書が，必要な知識や情報を得ることに役立つ
ことに気付くこと。

〔思考力，判断力，表現力等〕

Ａ　話すこと・聞くこと

⑴　話すこと・聞くことに関する次の事項を身に付けることができるよう指導する。

ア　目的を意識して，日常生活の中から話題を決め，集めた材料を比較したり分類したりして，伝え合うために必要な事柄を選ぶこと。

イ　相手に伝わるように，理由や事例などを挙げながら，話の中心が明確になるよう話の構成を考えること。

ウ　話の中心や話す場面を意識して，言葉の抑揚や強弱，間の取り方などを工夫すること。

エ　必要なことを記録したり質問したりしながら聞き，話し手が伝えたいことや自分が聞きたいことの中心を捉え，自分の考えをもつこと。

オ　目的や進め方を確認し，司会などの役割を果たしながら話し合い，互いの意見の共通点や相違点に着目して，考えをまとめること。

(2)　(1)に示す事項については，例えば，次のような言語活動を通して指導するものとする。

ア　説明や報告など調べたことを話したり，それらを聞いたりする活動。

イ　質問するなどして情報を集めたり，それらを発表したりする活動。

ウ　互いの考えを伝えるなどして，グループや学級全体で話し合う活動。

B　書くこと

(1)　書くことに関する次の事項を身に付けることができるよう指導する。

ア　相手や目的を意識して，経験したことや想像したことなどから書くことを選び，集めた材料を比較したり分類したりして，伝えたいことを明確にすること。

イ　書く内容の中心を明確にし，内容のまとまりで段落をつくったり，段落相互の関係に注意したりして，文章の構成を考えること。

ウ　自分の考えとそれを支える理由や事例との関係を明確にして，書き表し方を工夫すること。

エ　間違いを正したり，相手や目的を意識した表現になっているかを確かめたりして，文や文章を整えること。

オ　書こうとしたことが明確になっているかなど，文章に対する感想や意見を伝え合い，自分の文章のよいところを見付けること。

(2)　(1)に示す事項については，例えば，次のような言語活動を通して指導するものとする。

ア　調べたことをまとめて報告するなど，事実やそれを基に考えたことを書く活動。

イ　行事の案内やお礼の文章を書くなど，伝えたいことを手紙に書く活動。

ウ　詩や物語をつくるなど，感じたことや想像したことを書く活動。

C　読むこと

(1)　読むことに関する次の事項を身に付けることができるよう指導する。

ア　段落相互の関係に着目しながら，考えとそれを支える理由や事例との関係などについて，叙述を基に捉えること。

イ　登場人物の行動や気持ちなどについて，叙述を基に捉えること。

ウ　目的を意識して，中心となる語や文を見付けて要約すること。

エ　登場人物の気持ちの変化や性格，情景について，場面の移り変わりと結び付けて具体的に想像すること。

オ　文章を読んで理解したことに基づいて，感想や考えをもつこと。

カ　文章を読んで感じたことや考えたことを共有し，一人一人の感じ方などに違いがあることに気付くこと。

(2)　(1)に示す事項については，例えば，次のような言語活動を通して指導するものとする。

ア　記録や報告などの文章を読み，文章の一部を引用して，分かったことや考えたことを説明したり，意見を述べたりする活動。

イ　詩や物語などを読み，内容を説明したり，考えたことなどを伝え合ったりする活動。

ウ　学校図書館などを利用し，事典や図鑑などから情報を得て，分かったことなどをまとめて説明する活動。

〔第５学年及び第６学年〕

１ 目 標

⑴ 日常生活に必要な国語の知識や技能を身に付けるとともに，我が国の言語文化に親しんだり理解したりすることができるようにする。

⑵ 筋道立てて考える力や豊かに感じたり想像したりする力を養い，日常生活における人との関わりの中で伝え合う力を高め，自分の思いや考えを広げることができるようにする。

⑶ 言葉がもつよさを認識するとともに，進んで読書をし，国語の大切さを自覚して，思いや考えを伝え合おうとする態度を養う。

２ 内 容

〔知識及び技能〕

⑴ 言葉の特徴や使い方に関する次の事項を身に付けることができるよう指導する。

ア 言葉には，相手とのつながりをつくる働きがあることに気付くこと。

イ 話し言葉と書き言葉との違いに気付くこと。

ウ 文や文章の中で漢字と仮名を適切に使い分けるとともに，送り仮名や仮名遣いに注意して正しく書くこと。

エ 第５学年及び第６学年の各学年においては，学年別漢字配当表の当該学年までに配当されている漢字を読むこと。また，当該学年の前の学年までに配当されている漢字を書き，文や文章の中で使うとともに，当該学年に配当されている漢字を漸次書き，文や文章の中で使うこと。

オ 思考に関わる語句の量を増し，話や文章の中で使うとともに，語句と語句との関係，語句の構成や変化について理解し，語彙を豊かにすること。また，語感や言葉の使い方に対する感覚を意識して，語や語句を使うこと。

カ 文の中での語句の係り方や語順，文と文との接続の関係，話や文章の構成や展開，話や文章の種類とその特徴について理解すること。

キ 日常よく使われる敬語を理解し使い慣れること。

ク 比喩や反復などの表現の工夫に気付くこと。

ケ 文章を音読したり朗読したりすること。

⑵ 話や文章に含まれている情報の扱い方に関する次の事項を身に付けることができるよう指導する。

ア 原因と結果など情報と情報との関係について理解すること。

イ 情報と情報との関係付けの仕方，図などによる語句と語句との関係の表し方を理解し使うこと。

⑶ 我が国の言語文化に関する次の事項を身に付けることができるよう指導する。

ア 親しみやすい古文や漢文，近代以降の文語調の文章を音読するなどして，言葉の響きやリズムに親しむこと。

イ 古典について解説した文章を読んだり作品の内容の大体を知ったりすることを通して，昔の人のものの見方や感じ方を知ること。

ウ 語句の由来などに関心をもつとともに，時間の経過による言葉の変化や世代による言葉の違いに気付き，共通語と方言との違いを理解すること。また，仮名及び漢字の

由来，特質などについて理解すること。

エ　書写に関する次の事項を理解し使うこと。

㋐　用紙全体との関係に注意して，文字の大きさや配列などを決めるとともに，書く速さを意識して書くこと。

㋑　毛筆を使用して，穂先の動きと点画のつながりを意識して書くこと。

㋒　目的に応じて使用する筆記具を選び，その特徴を生かして書くこと。

オ　日常的に読書に親しみ，読書が，自分の考えを広げることに役立つことに気付くこと。

〔思考力，判断力，表現力等〕

A　話すこと・聞くこと

⑴　話すこと・聞くことに関する次の事項を身に付けることができるよう指導する。

ア　目的や意図に応じて，日常生活の中から話題を決め，集めた材料を分類したり関係付けたりして，伝え合う内容を検討すること。

イ　話の内容が明確になるように，事実と感想，意見とを区別するなど，話の構成を考えること。

ウ　資料を活用するなどして，自分の考えが伝わるように表現を工夫すること。

エ　話し手の目的や自分が聞こうとする意図に応じて，話の内容を捉え，話し手の考えと比較しながら，自分の考えをまとめること。

オ　互いの立場や意図を明確にしながら計画的に話し合い，考えを広げたりまとめたりすること。

⑵　⑴に示す事項については，例えば，次のような言語活動を通して指導するものとする。

ア　意見や提案など自分の考えを話したり，それらを聞いたりする活動。

イ　インタビューなどをして必要な情報を集めたり，それらを発表したりする活動。

ウ　それぞれの立場から考えを伝えるなどして話し合う活動。

B　書くこと

⑴　書くことに関する次の事項を身に付けることができるよう指導する。

ア　目的や意図に応じて，感じたことや考えたことなどから書くことを選び，集めた材料を分類したり関係付けたりして，伝えたいことを明確にすること。

イ　筋道の通った文章となるように，文章全体の構成や展開を考えること。

ウ　目的や意図に応じて簡単に書いたり詳しく書いたりするとともに，事実と感想，意見とを区別して書いたりするなど，自分の考えが伝わるように書き表し方を工夫すること。

エ　引用したり，図表やグラフなどを用いたりして，自分の考えが伝わるように書き表し方を工夫すること。

オ　文章全体の構成や書き表し方などに着目して，文や文章を整えること。

カ　文章全体の構成や展開が明確になっているかなど，文章に対する感想や意見を伝え合い，自分の文章のよいところを見付けること。

⑵　⑴に示す事項については，例えば，次のような言語活動を通して指導するものとする。

ア　事象を説明したり意見を述べたりするなど，考えたことや伝えたいことを書く活動。

イ　短歌や俳句をつくるなど，感じたことや想像したことを書く活動。

ウ　事実や経験を基に，感じたり考えたりしたことや自分にとっての意味について文章に書く活動。

C　読むこと

(1)　読むことに関する次の事項を身に付けることができるよう指導する。

ア　事実と感想，意見などとの関係を叙述を基に押さえ，文章全体の構成を捉えて要旨を把握すること。

イ　登場人物の相互関係や心情などについて，描写を基に捉えること。

ウ　目的に応じて，文章と図表などを結び付けるなどして必要な情報を見付けたり，論の進め方について考えたりすること。

エ　人物像や物語などの全体像を具体的に想像したり，表現の効果を考えたりすること。

オ　文章を読んで理解したことに基づいて，自分の考えをまとめること。

カ　文章を読んでまとめた意見や感想を共有し，自分の考えを広げること。

(2)　(1)に示す事項については，例えば，次のような言語活動を通して指導するものとする。

ア　説明や解説などの文章を比較するなどして読み，分かったことや考えたことを，話し合ったり文章にまとめたりする活動。

イ　詩や物語，伝記などを読み，内容を説明したり，自分の生き方などについて考えたことを伝え合ったりする活動。

ウ　学校図書館などを利用し，複数の本や新聞などを活用して，調べたり考えたりしたことを報告する活動。

第3　指導計画の作成と内容の取扱い

1　指導計画の作成に当たっては，次の事項に配慮するものとする

(1)　単元など内容や時間のまとまりを見通して，その中で育む資質・能力の育成に向けて，児童の主体的・対話的で深い学びの実現を図るようにすること。その際，言葉による見方・考え方を働かせ，言語活動を通して，言葉の特徴や使い方などを理解し自分の思いや考えを深める学習の充実を図ること。

(2)　第2の各学年の内容の指導については，必要に応じて当該学年より前の学年において初歩的な形で取り上げたり，その後の学年で程度を高めて取り上げたりするなどして，弾力的に指導すること。

(3)　第2の各学年の内容の〔知識及び技能〕に示す事項については，〔思考力，判断力，表現力等〕に示す事項の指導を通して指導することを基本とし，必要に応じて，特定の事項だけを取り上げて指導したり，それらをまとめて指導したりするなど，指導の効果を高めるよう工夫すること。なお，その際，第1章総則の第2の3の(2)のウの(イ)に掲げる指導を行う場合には，当該指導のねらいを明確にするとともに，単元など内容や時間のまとまりを見通して資質・能力が偏りなく育成されるよう計画的に指導すること。

(4)　第2の各学年の内容の〔思考力，判断力，表現力等〕の「A話すこと・聞くこと」に関する指導については，意図的，計画的に指導する機会が得られるように，第1学年及び第2学年では年間35単位時間程度，第3学年及び第4学年では年間30単位時間程度，第5学年及び第6学年では年間25単位時間程度を配当すること。その際，音声言語のための教材を活用するなどして指導の効果を高めるよう工夫すること。

⑸　第２の各学年の内容の〔思考力，判断力，表現力等〕の「B書くこと」に関する指導については，第１学年及び第２学年では年間100単位時間程度，第３学年及び第４学年では年間85単位時間程度，第５学年及び第６学年では年間55単位時間程度を配当すること。その際，実際に文章を書く活動をなるべく多くすること。
⑹　第２の第１学年及び第２学年の内容の〔知識及び技能〕の⑶のエ，第３学年及び第４学年，第５学年及び第６学年の内容の〔知識及び技能〕の⑶のオ及び各学年の内容の〔思考力，判断力，表現力等〕の「C読むこと」に関する指導については，読書意欲を高め，日常生活において読書活動を活発に行うようにするとともに，他教科等の学習における読書の指導や学校図書館における指導との関連を考えて行うこと。
⑺　低学年においては，第１章総則の第２の４の⑴を踏まえ，他教科等との関連を積極的に図り，指導の効果を高めるようにするとともに，幼稚園教育要領等に示す幼児期の終わりまでに育ってほしい姿との関連を考慮すること。特に，小学校入学当初においては，生活科を中心とした合科的・関連的な指導や，弾力的な時間割の設定を行うなどの工夫をすること。
⑻　言語能力の向上を図る観点から，外国語活動及び外国語科など他教科等との関連を積極的に図り，指導の効果を高めるようにすること。
⑼　障害のある児童などについては，学習活動を行う場合に生じる困難さに応じた指導内容や指導方法の工夫を計画的，組織的に行うこと。
⑽　第１章総則の第１の２の⑵に示す道徳教育の目標に基づき，道徳科などとの関連を考慮しながら，第３章特別の教科道徳の第２に示す内容について，国語科の特質に応じて適切な指導をすること。

２　第２の内容の取扱いについては，次の事項に配慮するものとする。

⑴　〔知識及び技能〕に示す事項については，次のとおり取り扱うこと。
　ア　日常の言語活動を振り返ることなどを通して，児童が，実際に話したり聞いたり書いたり読んだりする場面を意識できるよう指導を工夫すること。
　イ　理解したり表現したりするために必要な文字や語句については，辞書や事典を利用して調べる活動を取り入れるなど，調べる習慣が身に付くようにすること。
　ウ　第３学年におけるローマ字の指導に当たっては，第５章総合的な学習の時間の第３の２の⑶に示す，コンピュータで文字を入力するなどの学習の基盤として必要となる情報手段の基本的な操作を習得し，児童が情報や情報手段を主体的に選択し活用できるよう配慮することとの関連が図られるようにすること。
　エ　漢字の指導については，第２の内容に定めるほか，次のとおり取り扱うこと。
　　㋐　学年ごとに配当されている漢字は，児童の学習負担に配慮しつつ，必要に応じて，当該学年以前の学年又は当該学年以降の学年において指導することもできること。
　　㋑　当該学年より後の学年に配当されている漢字及びそれ以外の漢字については，振り仮名を付けるなど，児童の学習負担に配慮しつつ提示することができること。
　　㋒　他教科等の学習において必要となる漢字については，当該教科等と関連付けて指導するなど，その確実な定着が図られるよう指導を工夫すること。
　　㋓　漢字の指導においては，学年別漢字配当表に示す漢字の字体を標準とすること。
　オ　各学年の⑶のア及びイに関する指導については，各学年で行い，古典に親しめるよ

う配慮すること。

カ　書写の指導については，第２の内容に定めるほか，次のとおり取り扱うこと。

(ア)　文字を正しく整えて書くことができるようにするとともに，書写の能力を学習や生活に役立てる態度を育てるよう配慮すること。

(イ)　硬筆を使用する書写の指導は各学年で行うこと。

(ウ)　毛筆を使用する書写の指導は第３学年以上の各学年で行い，各学年年間30単位時間程度を配当するとともに，毛筆を使用する書写の指導は硬筆による書写の能力の基礎を養うよう指導すること。

(エ)　第１学年及び第２学年の(3)のウの(イ)の指導については，適切に運筆する能力の向上につながるよう，指導を工夫すること。

(2)　第２の内容の指導に当たっては，児童がコンピュータや情報通信ネットワークを積極的に活用する機会を設けるなどして，指導の効果を高めるよう工夫すること。

(3)　第２の内容の指導に当たっては，学校図書館などを目的をもって計画的に利用しその機能の活用を図るようにすること。その際，本などの種類や配置，探し方について指導するなど，児童が必要な本などを選ぶことができるよう配慮すること。なお，児童が読む図書については，人間形成のため偏りがないよう配慮して選定すること。

３　教材については，次の事項に留意するものとする。

(1)　教材は，第２の各学年の目標及び内容に示す資質・能力を偏りなく養うことや読書に親しむ態度の育成を通して読書習慣を形成することをねらいとし，児童の発達の段階に即して適切な話題や題材を精選して調和的に取り上げること。また，第２の各学年の内容の〔思考力，判断力，表現力等〕の「A話すこと・聞くこと」，「B書くこと」及び「C読むこと」のそれぞれの(2)に掲げる言語活動が十分行われるよう教材を選定すること。

(2)　教材は，次のような観点に配慮して取り上げること。

ア　国語に対する関心を高め，国語を尊重する態度を育てるのに役立つこと。

イ　伝え合う力，思考力や想像力及び言語感覚を養うのに役立つこと。

ウ　公正かつ適切に判断する能力や態度を育てるのに役立つこと。

エ　科学的，論理的に物事を捉え考察し，視野を広げるのに役立つこと。

オ　生活を明るくし，強く正しく生きる意志を育てるのに役立つこと。

カ　生命を尊重し，他人を思いやる心を育てるのに役立つこと。

キ　自然を愛し，美しいものに感動する心を育てるのに役立つこと。

ク　我が国の伝統と文化に対する理解と愛情を育てるのに役立つこと。

ケ　日本人としての自覚をもって国を愛し，国家，社会の発展を願う態度を育てるのに役立つこと。

コ　世界の風土や文化などを理解し，国際協調の精神を養うのに役立つこと。

(3)　第２の各学年の内容の〔思考力，判断力，表現力等〕の「C読むこと」の教材については，各学年で説明的な文章や文学的な文章などの文章の種類を調和的に取り扱うこと。また，説明的な文章については，適宜，図表や写真などを含むものを取り上げること。

別 表

学年別漢字配列表

学年	漢字
第一学年	一右雨円王音下火花貝学気九休玉金空月犬見 五口校左三山子四糸字耳七車手十出女小上森 人水正生青夕石赤千川先早草足村大男竹中虫 町天田土二日入年白八百文木本名目立力林六 (80字)
第二学年	引羽雲園遠何科夏家歌画回会海絵外角楽活間 丸岩顔汽記帰弓牛魚京強教近兄形計元言原戸 古午後語工公広交光考行高黄合谷国黒今才細 作算止市矢姉思紙寺自時室社弱首秋週春書少 場色食心新親図数西声星晴切雪船線前組走多 太体台地池知茶昼長鳥朝直通弟店点電刀冬当 東答頭同道読内南肉馬売買麦半番父風分聞米 歩母方北毎妹万明鳴毛門夜野友用曜来里理話 (160字)
第三学年	悪安暗医委意育員院飲運泳駅央横屋温化荷界 開階寒感漢館岸起期客究急級宮球去橋業曲局 銀区苦具君係軽血決研県庫湖向幸港号根祭皿 仕死使始指歯詩次事持式実写者主守取酒受州 拾終習集住重宿所暑助昭消商章勝乗植申身神 真深進世整昔全相送想息速族他打対待代第題 炭短談着注柱丁帳調追定庭笛鉄転都度投豆島 湯登等動童農波配倍箱畑発反坂板皮悲美鼻筆 氷表秒病品負部服福物平返勉放味命面問役薬 由油有遊予羊洋葉陽様落流旅両緑礼列練路和 (200字)
第四学年	愛案以衣位茨印英栄媛塩岡億加果貨課芽賀改 械害街各覚潟完官管関観願岐希季旗器機議求 泣給挙漁共協鏡競極熊訓軍郡群径景芸欠結建 健験固功好香候康佐差菜最埼材崎昨札刷察参 産散残氏司試児治滋辞鹿失借種周祝順初松笑 唱焼照城縄臣信井成省清静席積折節説浅戦選 然争倉巣束側続卒孫帯隊達単置仲沖兆低底的 典伝徒努灯働特徳栃奈梨熱念敗梅博阪飯飛必 票標不夫付府阜富副兵別辺変便包法望牧末満 未民無約勇要養浴利陸良料量輪類令冷例連老 労録 (202字)
第五学年	圧囲移因永営衛易益液演応往桜可仮価河過快 解格確額刊幹慣眼紀基寄規喜技義逆久旧救居 許境均禁句型経潔件険検限現減故個護効厚耕 航鉱構興講告混査再災妻採際在財罪殺雑酸賛 士支史志枝師資飼示似識質舎謝授修述術準序 招証象賞条状常情織職制性政勢精製税責績接 設絶祖素総造像増則測属率損貸態団断築貯張 停提程適統堂銅導得毒独任燃能破犯判版比肥 非費備評貧布婦武復複仏粉編弁保墓報豊防貿 暴脈務夢迷綿輸余容略留領歴 (193字)
第六学年	胃異遺域宇映延沿恩我灰拡革閣割株干巻看簡 危机揮貴疑吸供胸郷勤筋系敬警劇激穴券絹権 憲源厳己呼誤后孝皇紅降鋼刻穀骨困砂座済裁 策冊蚕至私姿視詞誌磁射捨尺若樹収宗就衆従 縦縮熟純処署諸除承将傷障蒸針仁垂推寸盛聖 誠舌宣専泉洗染銭善奏窓創装層操蔵臓存尊退 宅担探誕段暖値宙忠著庁頂腸潮賃痛敵展討党 糖届難乳認納脳派拝背肺俳班晩否批秘俵腹奮 並陛閉片補暮宝訪亡忘棒枚幕密盟模訳郵優預 幼欲翌乱卵覧裏律臨朗論 (191字)

「中学校学習指導要領」 第2章各教科　第1節　国語（平成29年告示）

第1　目　標

言葉による見方・考え方を働かせ，言語活動を通して，国語で正確に理解し適切に表現する資質・能力を次のとおり育成することを目指す。

(1) 社会生活に必要な国語について，その特質を理解し適切に使うことができるようにする。

(2) 社会生活における人との関わりの中で伝え合う力を高め，思考力や想像力を養う。

(3) 言葉がもつ価値を認識するとともに，言語感覚を豊かにし，我が国の言語文化に関わり，国語を尊重してその能力の向上を図る態度を養う。

第2　各学年の目標及び内容

〔第1学年〕

1　目　標

(1) 社会生活に必要な国語の知識や技能を身に付けるとともに，我が国の言語文化に親しんだり理解したりすることができるようにする。

(2) 筋道立てて考える力や豊かに感じたり想像したりする力を養い，日常生活における人との関わりの中で伝え合う力を高め，自分の思いや考えを確かなものにすることができるようにする。

(3) 言葉がもつ価値に気付くとともに，進んで読書をし，我が国の言語文化を大切にして，思いや考えを伝え合おうとする態度を養う。

2　内　容

〔知識及び技能〕

(1) 言葉の特徴や使い方に関する次の事項を身に付けることができるよう指導する。

ア　音声の働きや仕組みについて，理解を深めること。

イ　小学校学習指導要領第2章第1節国語の学年別漢字配当表（以下「学年別漢字配当表」という。）に示されている漢字に加え，その他の常用漢字のうち300字程度から400字程度までの漢字を読むこと。また，学年別漢字配当表の漢字のうち900字程度の漢字を書き，文や文章の中で使うこと。

ウ　事象や行為，心情を表す語句の量を増すとともに，語句の辞書的な意味と文脈上の意味との関係に注意して話や文章の中で使うことを通して，語感を磨き語彙を豊かにすること。

エ　単語の類別について理解するとともに，指示する語句と接続する語句の役割について理解を深めること。

オ　比喩，反復，倒置，体言止めなどの表現の技法を理解し使うこと。

(2) 話や文章に含まれている情報の扱い方に関する次の事項を身に付けることができるよう指導する。

ア　原因と結果，意見と根拠など情報と情報との関係について理解すること。

イ　比較や分類，関係付けなどの情報の整理の仕方，引用の仕方や出典の示し方につい

て理解を深め，それらを使うこと。
⑶　我が国の言語文化に関する次の事項を身に付けることができるよう指導する。
ア　音読に必要な文語のきまりや訓読の仕方を知り，古文や漢文を音読し，古典特有のリズムを通して，古典の世界に親しむこと。
イ　古典には様々な種類の作品があることを知ること。
ウ　共通語と方言の果たす役割について理解すること。
エ　書写に関する次の事項を理解し使うこと。
㈠　字形を整え，文字の大きさ，配列などについて理解して，楷書で書くこと。
㈡　漢字の行書の基礎的な書き方を理解して，身近な文字を行書で書くこと。
オ　読書が，知識や情報を得たり，自分の考えを広げたりすることに役立つことを理解すること。
〔思考力，判断力，表現力等〕
A　話すこと・聞くこと
⑴　話すこと・聞くことに関する次の事項を身に付けることができるよう指導する。
ア　目的や場面に応じて，日常生活の中から話題を決め，集めた材料を整理し，伝え合う内容を検討すること。
イ　自分の考えや根拠が明確になるように，話の中心的な部分と付加的な部分，事実と意見との関係などに注意して，話の構成を考えること。
ウ　相手の反応を踏まえながら，自分の考えが分かりやすく伝わるように表現を工夫すること。
エ　必要に応じて記録したり質問したりしながら話の内容を捉え，共通点や相違点などを踏まえて，自分の考えをまとめること。
オ　話題や展開を捉えながら話し合い，互いの発言を結び付けて考えをまとめること。
⑵　⑴に示す事項については，例えば，次のような言語活動を通して指導するものとする。
ア　紹介や報告など伝えたいことを話したり，それらを聞いて質問したり意見などを述べたりする活動。
イ　互いの考えを伝えるなどして，少人数で話し合う活動。
B　書くこと
⑴　書くことに関する次の事項を身に付けることができるよう指導する。
ア　目的や意図に応じて，日常生活の中から題材を決め，集めた材料を整理し，伝えたいことを明確にすること。
イ　書く内容の中心が明確になるように，段落の役割などを意識して文章の構成や展開を考えること。
ウ　根拠を明確にしながら，自分の考えが伝わる文章になるように工夫すること。
エ　読み手の立場に立って，表記や語句の用法，叙述の仕方などを確かめて，文章を整えること。
オ　根拠の明確さなどについて，読み手からの助言などを踏まえ，自分の文章のよい点や改善点を見いだすこと。
⑵　⑴に示す事項については，例えば，次のような言語活動を通して指導するものとする。
ア　本や資料から文章や図表などを引用して説明したり記録したりするなど，事実やそ

れを基に考えたことを書く活動。

イ　行事の案内や報告の文章を書くなど，伝えるべきことを整理して書く活動。

ウ　詩を創作したり随筆を書いたりするなど，感じたことや考えたことを書く活動。

C　読むこと

(1)　読むことに関する次の事項を身に付けることができるよう指導する。

ア　文章の中心的な部分と付加的な部分，事実と意見との関係などについて叙述を基に捉え，要旨を把握すること。

イ　場面の展開や登場人物の相互関係，心情の変化などについて，描写を基に捉えること。

ウ　目的に応じて必要な情報に着目して要約したり，場面と場面，場面と描写などを結び付けたりして，内容を解釈すること。

エ　文章の構成や展開，表現の効果について，根拠を明確にして考えること。

オ　文章を読んで理解したことに基づいて，自分の考えを確かなものにすること。

(2)　(1)に示す事項については，例えば，次のような言語活動を通して指導するものとする。

ア　説明や記録などの文章を読み，理解したことや考えたことを報告したり文章にまとめたりする活動。

イ　小説や随筆などを読み，考えたことなどを記録したり伝え合ったりする活動。

ウ　校図書館などを利用し，多様な情報を得て，考えたことなどを報告したり資料にまとめたりする活動。

〔第2学年〕

1　目　標

(1)　社会生活に必要な国語の知識や技能を身に付けるとともに，我が国の言語文化に親しんだり理解したりすることができるようにする。

(2)　論理的に考える力や共感したり想像したりする力を養い，社会生活における人との関わりの中で伝え合う力を高め，自分の思いや考えを広げたり深めたりすることができるようにする。

(3)　言葉がもつ価値を認識するとともに，読書を生活に役立て，我が国の言語文化を大切にして，思いや考えを伝え合おうとする態度を養う。

2　内　容

〔知識及び技能〕

(1)　言葉の特徴や使い方に関する次の事項を身に付けることができるよう指導する。

ア　言葉には，相手の行動を促す働きがあることに気付くこと。

イ　話し言葉と書き言葉の特徴について理解すること。

ウ　第1学年までに学習した常用漢字に加え，その他の常用漢字のうち350字程度から450字程度までの漢字を読むこと。また，学年別漢字配当表に示されている漢字を書き，文や文章の中で使うこと。

エ　抽象的な概念を表す語句の量を増すとともに，類義語と対義語，同音異義語や多義的な意味を表す語句などについて理解し，話や文章の中で使うことを通して，語感を磨き語彙を豊かにすること。

オ　単語の活用，助詞や助動詞などの働き，文の成分の順序や照応など文の構成について理解するとともに，話や文章の構成や展開について理解を深めること。

カ　敬語の働きについて理解し，話や文章の中で使うこと。

(2)　話や文章に含まれている情報の扱い方に関する次の事項を身に付けることができるよう指導する。

ア　意見と根拠，具体と抽象など情報と情報との関係について理解すること。

イ　情報と情報との関係の様々な表し方を理解し使うこと。

(3)　我が国の言語文化に関する次の事項を身に付けることができるよう指導する。

ア　作品の特徴を生かして朗読するなどして，古典の世界に親しむこと。

イ　現代語訳や語注などを手掛かりに作品を読むことを通して，古典に表れたものの見方や考え方を知ること。

ウ　書写に関する次の事項を理解し使うこと。

(ア)　漢字の行書とそれに調和した仮名の書き方を理解して，読みやすく速く書くこと。

(イ)　目的や必要に応じて，楷書又は行書を選んで書くこと。

エ　本や文章などには，様々な立場や考え方が書かれていることを知り，自分の考えを広げたり深めたりする読書に生かすこと。

〔思考力，判断力，表現力等〕

A　話すこと・聞くこと

(1)　話すこと・聞くことに関する次の事項を身に付けることができるよう指導する。

ア　目的や場面に応じて，社会生活の中から話題を決め，異なる立場や考えを想定しながら集めた材料を整理し，伝え合う内容を検討すること。

イ　自分の立場や考えが明確になるように，根拠の適切さや論理の展開などに注意して，話の構成を工夫すること。

ウ　資料や機器を用いるなどして，自分の考えが分かりやすく伝わるように表現を工夫すること。

エ　論理の展開などに注意して聞き，話し手の考えと比較しながら，自分の考えをまとめること。

オ　互いの立場や考えを尊重しながら話し合い，結論を導くために考えをまとめること。

(2)　(1)に示す事項については，例えば，次のような言語活動を通して指導するものとする。

ア　説明や提案など伝えたいことを話したり，それらを聞いて質問や助言などをしたりする活動。

イ　それぞれの立場から考えを伝えるなどして，議論や討論をする活動。

B　書くこと

(1)　書くことに関する次の事項を身に付けることができるよう指導する。

ア　目的や意図に応じて，社会生活の中から題材を決め，多様な方法で集めた材料を整理し，伝えたいことを明確にすること。

イ　伝えたいことが分かりやすく伝わるように，段落相互の関係などを明確にし，文章の構成や展開を工夫すること。

ウ　根拠の適切さを考えて説明や具体例を加えたり，表現の効果を考えて描写したりするなど，自分の考えが伝わる文章になるように工夫すること。

エ　読み手の立場に立って，表現の効果などを確かめて，文章を整えること。

オ　表現の工夫とその効果などについて，読み手からの助言などを踏まえ，自分の文章のよい点や改善点を見いだすこと。

(2)　(1)に示す事項については，例えば，次のような言語活動を通して指導するものとする。

ア　多様な考えができる事柄について意見を述べるなど，自分の考えを書く活動。

イ　社会生活に必要な手紙や電子メールを書くなど，伝えたいことを相手や媒体を考慮して書く活動。

ウ　短歌や俳句，物語を創作するなど，感じたことや想像したことを書く活動。

C　読むこと

(1)　読むことに関する次の事項を身に付けることができるよう指導する。

ア　文章全体と部分との関係に注意しながら，主張と例示との関係や登場人物の設定の仕方などを捉えること。

イ　目的に応じて複数の情報を整理しながら適切な情報を得たり，登場人物の言動の意味などについて考えたりして，内容を解釈すること。

ウ　文章と図表などを結び付け，その関係を踏まえて内容を解釈すること。

エ　観点を明確にして文章を比較するなどし，文章の構成や論理の展開，表現の効果について考えること。

オ　文章を読んで理解したことや考えたことを知識や経験と結び付け，自分の考えを広げたり深めたりすること。

(2)　(1)に示す事項については，例えば，次のような言語活動を通して指導するものとする。

ア　報告や解説などの文章を読み，理解したことや考えたことを説明したり文章にまとめたりする活動。

イ　詩歌や小説などを読み，引用して解説したり，考えたことなどを伝え合ったりする活動。

ウ　本や新聞，インターネットなどから集めた情報を活用し，出典を明らかにしながら，考えたことなどを説明したり提案したりする活動。

〔第３学年〕

１　目　標

(1)　社会生活に必要な国語の知識や技能を身に付けるとともに，我が国の言語文化に親しんだり理解したりすることができるようにする。

(2)　論理的に考える力や深く共感したり豊かに想像したりする力を養い，社会生活における人との関わりの中で伝え合う力を高め，自分の思いや考えを広げたり深めたりすることができるようにする。

(3)　言葉がもつ価値を認識するとともに，読書を通して自己を向上させ，我が国の言語文化に関わり，思いや考えを伝え合おうとする態度を養う。

２　内　容

〔知識及び技能〕

(1)　言葉の特徴や使い方に関する次の事項を身に付けることができるよう指導する。

ア　第２学年までに学習した常用漢字に加え，その他の常用漢字の大体を読むこと。ま

た，学年別漢字配当表に示されている漢字について，文や文章の中で使い慣れること。
イ　理解したり表現したりするために必要な語句の量を増し，慣用句や四字熟語などについて理解を深め，話や文章の中で使うとともに，和語，漢語，外来語などを使い分けることを通して，語感を磨き語彙を豊かにすること。
ウ　話や文章の種類とその特徴について理解を深めること。
エ　敬語などの相手や場に応じた言葉遣いを理解し，適切に使うこと。
⑵　話や文章に含まれている情報の扱い方に関する次の事項を身に付けることができるよう指導する。
ア　具体と抽象など情報と情報との関係について理解を深めること。
イ　情報の信頼性の確かめ方を理解し使うこと。
⑶　我が国の言語文化に関する次の事項を身に付けることができるよう指導する。
ア　歴史的背景などに注意して古典を読むことを通して，その世界に親しむこと。
イ　長く親しまれている言葉や古典の一節を引用するなどして使うこと。
ウ　時間の経過による言葉の変化や世代による言葉の違いについて理解すること。
エ　書写に関する次の事項を理解し使うこと。
㋐　身の回りの多様な表現を通して文字文化の豊かさに触れ，効果的に文字を書くこと。
オ　自分の生き方や社会との関わり方を支える読書の意義と効用について理解すること。
〔思考力，判断力，表現力等〕
A　話すこと・聞くこと
⑴　話すこと・聞くことに関する次の事項を身に付けることができるよう指導する。
ア　目的や場面に応じて，社会生活の中から話題を決め，多様な考えを想定しながら材料を整理し，伝え合う内容を検討すること。
イ　自分の立場や考えを明確にし，相手を説得できるように論理の展開などを考えて，話の構成を工夫すること。
ウ　場の状況に応じて言葉を選ぶなど，自分の考えが分かりやすく伝わるように表現を工夫すること。
エ　話の展開を予測しながら聞き，聞き取った内容や表現の仕方を評価して，自分の考えを広げたり深めたりすること。
オ　進行の仕方を工夫したり互いの発言を生かしたりしながら話し合い，合意形成に向けて考えを広げたり深めたりすること。
⑵　⑴に示す事項については，例えば，次のような言語活動を通して指導するものとする。
ア　提案や主張など自分の考えを話したり，それらを聞いて質問したり評価などを述べたりする活動。
イ　互いの考えを生かしながら議論や討論をする活動。
B　書くこと
⑴　書くことに関する次の事項を身に付けることができるよう指導する。
ア　目的や意図に応じて，社会生活の中から題材を決め，集めた材料の客観性や信頼性を確認し，伝えたいことを明確にすること。

イ　文章の種類を選択し，多様な読み手を説得できるように論理の展開などを考えて，文章の構成を工夫すること。

ウ　表現の仕方を考えたり資料を適切に引用したりするなど，自分の考えが分かりやすく伝わる文章になるように工夫すること。

エ　目的や意図に応じた表現になっているかなどを確かめて，文章全体を整えること。

オ　論理の展開などについて，読み手からの助言などを踏まえ，自分の文章のよい点や改善点を見いだすこと。

(2)　(1)に示す事項については，例えば，次のような言語活動を通して指導するものとする。

ア　関心のある事柄について批評するなど，自分の考えを書く活動。

イ　情報を編集して文章にまとめるなど，伝えたいことを整理して書く活動。

C　読むこと

(1)　読むことに関する次の事項を身に付けることができるよう指導する。

ア　文章の種類を踏まえて，論理や物語の展開の仕方などを捉えること。

イ　文章を批判的に読みながら，文章に表れているものの見方や考え方について考えること。

ウ　文章の構成や論理の展開，表現の仕方について評価すること。

エ　文章を読んで考えを広げたり深めたりして，人間，社会，自然などについて，自分の意見をもつこと。

(2)　(1)に示す事項については，例えば，次のような言語活動を通して指導するものとする。

ア　論説や報道などの文章を比較するなどして読み，理解したことや考えたことについて討論したり文章にまとめたりする活動。

イ　詩歌や小説などを読み，批評したり，考えたことなどを伝え合ったりする活動。

ウ　実用的な文章を読み，実生活への生かし方を考える活動。

第3　指導計画の作成と内容の取扱い

1　指導計画の作成に当たっては，次の事項に配慮するものとする。

(1)　単元など内容や時間のまとまりを見通して，その中で育む資質・能力の育成に向けて，生徒の主体的・対話的で深い学びの実現を図るようにすること。

その際，言葉による見方・考え方を働かせ，言語活動を通して，言葉の特徴や使い方などを理解し自分の思いや考えを深める学習の充実を図ること。

(2)　第2の各学年の内容の指導については，必要に応じて当該学年の前後の学年で取り上げることもできること。

(3)　第2の各学年の内容の〔知識及び技能〕に示す事項については，〔思考力，判断力，表現力等〕に示す事項の指導を通して指導することを基本とし，必要に応じて，特定の事項だけを取り上げて指導したり，それらをまとめて指導したりするなど，指導の効果を高めるよう工夫すること。

(4)　第2の各学年の内容の〔思考力，判断力，表現力等〕の「A話すこと・聞くこと」に関する指導については，第1学年及び第2学年では年間15～25単位時間程度，第3学年では年間10～20単位時間程度を配当すること。その際，音声言語のための教材を積極的に活用するなどして，指導の効果を高めるよう工夫すること。

(5) 第２の各学年の内容の〔思考力，判断力，表現力等〕の「B書くこと」に関する指導については，第１学年及び第２学年では年間30～40単位時間程度，第３学年では年間20～30単位時間程度を配当すること。その際，実際に文章を書く活動を重視すること。

(6) 第２の第１学年及び第３学年の内容の〔知識及び技能〕の(3)のオ，第２学年の内容の〔知識及び技能〕の(3)のエ，各学年の内容の〔思考力，判断力，表現力等〕の「C読むこと」に関する指導については，様々な文章を読んで，自分の表現に役立てられるようにするとともに，他教科等における読書の指導や学校図書館における指導との関連を考えて行うこと。

(7) 言語能力の向上を図る観点から，外国語科など他教科等との関連を積極的に図り，指導の効果を高めるようにすること。

(8) 障害のある生徒などについては，学習活動を行う場合に生じる困難さに応じた指導内容や指導方法の工夫を計画的，組織的に行うこと。

(9) 第１章総則の第１の２の(2)に示す道徳教育の目標に基づき，道徳科などとの関連を考慮しながら，第３章特別の教科道徳の第２に示す内容について，国語科の特質に応じて適切な指導をすること。

２ 第２の内容の取扱いについては，次の事項に配慮するものとする。

(1) 〔知識及び技能〕に示す事項については，次のとおり取り扱うこと。

ア 日常の言語活動を振り返ることなどを通して，生徒が，実際に話したり聞いたり書いたり読んだりする場面を意識できるよう指導を工夫すること。

イ 漢字の指導については，第２の内容に定めるほか，次のとおり取り扱うこと。

(ア) 他教科等の学習において必要となる漢字については，当該教科等と関連付けて指導するなど，その確実な定着が図られるよう工夫すること。

ウ 書写の指導については，第２の内容に定めるほか，次のとおり取り扱うこと。

(ア) 文字を正しく整えて速く書くことができるようにするとともに，書写の能力を学習や生活に役立てる態度を育てるよう配慮すること。

(イ) 硬筆を使用する書写の指導は各学年で行うこと。

(ウ) 毛筆を使用する書写の指導は各学年で行い，硬筆による書写の能力の基礎を養うよう指導すること。

(エ) 書写の指導に配当する授業時数は，第１学年及び第２学年では年間20単位時間程度，第３学年では年間10単位時間程度とすること。

(2) 第２の内容の指導に当たっては，生徒がコンピュータや情報通信ネットワークを積極的に活用する機会を設けるなどして，指導の効果を高めるよう工夫すること。

(3) 第２の内容の指導に当たっては，学校図書館などを目的をもって計画的に利用しその機能の活用を図るようにすること。

３ 教材については，次の事項に留意するものとする。

(1) 教材は，第２の各学年の目標及び内容に示す資質・能力を偏りなく養うことや読書に親しむ態度を育成することをねらいとし，生徒の発達の段階に即して適切な話題や題材を精選して調和的に取り上げること。また，第２の各学年の内容の
〔思考力，判断力，表現力等〕の「A話すこと・聞くこと」，「B書くこと」及び「C読むこと」のそれぞれの(2)に掲げる言語活動が十分行われるよう教材を選定すること。

(2) 教材は，次のような観点に配慮して取り上げること。

ア　国語に対する認識を深め，国語を尊重する態度を育てるのに役立つこと。

イ　伝え合う力，思考力や想像力を養い言語感覚を豊かにするのに役立つこと。

ウ　公正かつ適切に判断する能力や創造的精神を養うのに役立つこと。

エ　科学的，論理的に物事を捉え考察し，視野を広げるのに役立つこと。

オ　人生について考えを深め，豊かな人間性を養い，たくましく生きる意志を育てるのに役立つこと。

カ　人間，社会，自然などについての考えを深めるのに役立つこと。

キ　我が国の伝統と文化に対する関心や理解を深め，それらを尊重する態度を育てるのに役立つこと。

ク　広い視野から国際理解を深め，日本人としての自覚をもち，国際協調の精神を養うのに役立つこと。

(3) 第２の各学年の内容の〔思考力，判断力，表現力等〕の「C読むこと」の教材については，各学年で説明的な文章や文学的な文章などの文章の種類を調和的に取り扱うこと。また，説明的な文章については，適宜，図表や写真などを含むものを取り上げること。

(4) 我が国の言語文化に親しむことができるよう，近代以降の代表的な作家の作品を，いずれかの学年で取り上げること。

(5) 古典に関する教材については，古典の原文に加え，古典の現代語訳，古典について解説した文章などを取り上げること。

【執筆者】〔　〕は担当執筆章

山元　隆春（やまもと　たかはる）
広島大学大学院人間社会科学研究科
〔一　国語科教育の目指すもの、三　文学教育、五　読書教育〕

難波　博孝（なんば　ひろたか）
広島大学大学院人間社会科学研究科
〔四　説明的文章教育〕

山元　悦子（やまもと　えつこ）
福岡教育大学
〔二　書くことの教育、六　話す・聞く・話合いの教育〕

千々岩　弘一（ちぢいわ　こういち）
鹿児島国際大学大学院福祉社会科学研究科
〔七「言語要素・言語文化」の指導〕

あたらしい国語科教育学の基礎

令和2（2020）年10月1日　初版第一刷発行

著　者　山元隆春、難波博孝、山元悦子、千々岩弘一

発行所　株式会社　溪水社
広島市中区小町1-4（〒730-0041）
電話 082-246-7909　FAX 082-246-7876
e-mail: info@keisui.co.jp

印刷製本　モリモト印刷株式会社

ISBN978-4-86327-536-2　C3081